"Andy es un comunicador bien dotado y profundo, que ha escrito un libro críticamente importante. El gran desafío de la vida consiste en fabricar una visión personal significativa y motivadora para el tiempo que vamos a estar en la tierra. En ese aspecto, *Visioingeniería* constituye lectura OBLIGADA."

JOEL MANBY
PRESIDENTE Y GERENTE EJECUTIVO, AUTOS SAAB, EE. UU.

"He podido observar que hay mucha confusión acerca de lo que es la visión, y lo que no es. Andy Stanley, con una perspicaz profundidad, ha escrito un libro que es sumamente bíblico y, por consiguiente, práctico para todo el que esté interesado y preocupado por su visión. Sin visión, las iglesias, las familias, los negocios y los ministerios no tienen esperanza. Este libro constituye 'lectura obligada'."

RON BLUE
RONALD BLUE & COMPANY

"No necesité mucho tiempo para apreciar a Andy Stanley. Su maravilloso nivel de comunicación, su estilo apasionado y su profundidad bíblica son memorables, como descubrirá usted mismo en este libro. La visión es imprescindible para el éxito, y nadie la explica mejor que Andy."

DR JOHN C. MAXWELL
FUNDADOR DEL GRUPO INJOY

"Helen Keller decía que lo único peor que no tener vista, es tener vista y no tener visión. Andy Stanley nos reta a mirar más allá de lo que nuestros ojos físicos ven en las cosas para verlas tal como Dios quiere que las veamos: desde su propia perspectiva."

BOB RECCORD
JUNTA MISIONERA NORTEAMERICANA

"Cuando Andy escribe acerca de la visioingeniería, no se trata de un ejercicio teórico. Es algo bíblico. Es algo práctico. Es algo real. La iglesia North Point Community Church es una comunidad de fe vibrante y próspera, porque Andy practica lo que predica, demostrando que es un hombre de visión con un llamado de Dios."

BRYANT WRIGHT
PASTOR PRINCIPAL, JOHNSON FERRY BAPTIST CHURCH

"Todo el que conozca bien a mi buen amigo Andy, sabe que él vive a diario lo que escribe de forma tan magistral acerca de la 'visioingeniería'. Leer este libro va a ser para usted como conseguir una receta nueva para sus lentes, que ya no sirven; le permitirá ver con mayor claridad la visión que Dios le ha dado para su futuro."

RANDY POPE
PERIMETER CHURCH, DELUTH, GEORGIA

RECONOCIMIENTOS

Los autores de libros son algo parecido a los corredores de autos. Conducen solos, pero no están solos en la carrera. Las carreras son un deporte de equipo. Aunque yo haya escrito solo, por supuesto que no produje solo el original de este libro.

Visioingeniería es un libro inspirado por la valentía y la pasión de aquellos que colaboraron conmigo para comenzar la iglesia North Point Community Church. Me siento especialmente agradecido al equipo de líderes y a nuestro comité de conducción original. Juntos, experimentamos por nosotros mismos la emoción de abrazar una visión cuyo autor es Dios mismo.

También les estoy agradecido a las personas de Multnomah, por darme esta oportunidad de compartir estos notables principios fuera de los muros de nuestra iglesia. Mi gratitud en especial a John Van Diest, por invitarme a formar parte de la familia de Multnomah. Y a mi nuevo amigo Jeff Gerke, gracias por entrenarme y darme ánimo hasta llegar a la línea final. No habría podido conseguir un editor mejor.

Los planes de Dios

para el desarrollo

y mantenimiento de

una visión personal

visioingeniería

ANDY STANLEY

EDITORIAL UNILIT

Publicado por
Editorial Unilit
Miami, Fl. 33172
Derechos reservados

© 2001 Editorial Unilit (Spanish translation)
Primera edición 2001

© 1999 por Andy Stanley
Originalmente publicado en inglés con el título: *Visioneering* por Multnomah
Publishers, Inc. 204 W. Adams Avenue, P O Box 1720, Sisters, Oregon 97759 USA.
Todos los derechos de publicación con excepción del idioma inglés son contrata-
dos exclusivamente por Gospel Literature International, P O Box 4060, Ontario,
CA 91761-1003, USA.

Traducido al español por: Andrés Carrodeguas

Citas bíblicas tomadas de la Santa Biblia, revisión 1960 © Sociedades Bíblicas
Unidas. Usada con permiso.

Producto 496691
ISBN 0-7899-0867-0

Impreso en Colombia
Printed in Colombia

CONTENIDO

Dedico con todo amor este libro a mi padre,
Charles Stanley,
sobre cuyos hombros he tenido el privilegio de
levantarme
Fue ese punto de vista privilegiado desde
donde capté un destello
de lo que podía ser y debía ser en mi vida.

Introducción

Visioingeniería. Una palabra nueva. Un concepto antiguo. Un proceso familiar. Donde las definiciones sirven de poco, muchas veces un relato ayuda a aclarar las cosas. Así que, comencemos con un relato.

El 17 de diciembre de 1903, a las 10:35 a.m., Orville Wright se aseguró un lugar en la historia al lograr el primer vuelo sostenido con motor desde el nivel del suelo. Durante doce segundos, desafió la ley de gravedad, volando durante treinta y seis metros y medio sobre las dunas de los Outer Banks, en Carolina del Norte, Estados Unidos.

En el campo de la aviación, este histórico acontecimiento representa un comienzo. Sin embargo, para Orville y Wilbur Wright, era el final de una larga y tediosa jornada. Una jornada que había comenzado con un sueño que es común a todos los niños pequeños. El deseo de volar. Pero lo que la mayoría de los niños abandonan al dominio de la fantasía, Orville y Wilbur Wright lo captaron como una realidad en potencia. Creyeron que podían volar. Más aún; creyeron que debían volar.

Wilbur describe de esta forma el nacimiento de su visión:

Nuestro interés personal en ella [la aviación] se remonta a los días de nuestra niñez. A fines del otoño de 1878, nuestro padre entró en casa una noche con un objeto parcialmente escondido en las manos y, antes de que nosotros pudiéramos ver lo que era, lo lanzó al aire.

En lugar de caer al suelo, como nosotros esperábamos, atravesó el cuarto volando hasta golpear el cielo raso, donde se agitó por unos instantes, pero después caer finalmente en picada al suelo. Era un pequeño juguete, conocido por los científicos como "hélicoptère", al cual nosotros, con una sublime despreocupación por la ciencia, le dimos de inmediato el nombre de "murciélago".

Era un marco ligero de corcho y bambú, cubierto con papel, que formaba dos tornillos, llevados en direcciones opuestas por unas bandas elásticas sometidas a torsión. El juguete era tan delicado, que sólo duró corto tiempo en las manos de unos niños tan pequeños, pero su recuerdo permaneció.[1]

Esta experiencia de su niñez, hizo brotar en ellos la chispa de un insaciable afán por volar. Lo único que les faltaba era el medio para hacerlo. Por eso, pusieron de inmediato manos a la obra, para quitar del medio los obstáculos que se interponían entre ellos y su sueño.

Comenzaron por construir sus propios "hélicoptères". Mientras los hacían, tropezaron con el principio de la física que le abriría el camino al primer vuelo guiado por el hombre con éxito. En resumen, comenzaron el proceso de ingeniería de su visión. Tomaron los pasos necesarios para asegurarse de que aquello que ellos creían que podía ser, llegara a ser. Este proceso capta la esencia de lo que es la visioingeniería.

La visioingeniería es el curso que sigue uno para convertir en realidad sus sueños. Es el proceso por medio del cual las ideas y las convicciones adquieren sustancia. Como lo ilustra la historia de los hermanos Wright, la visioingeniería es la ingeniería que produce una visión. Si la fuera a reducir a una fórmula, se parecería a esto:

Visioingeniería = inspiración + convicción +
acción + decisión + terminación

PUNTOS DE DESTINO

La vida es un viaje. Y, como usted sabe, todo viaje tiene su punto de destino. En las páginas que siguen, vamos a pasar algún tiempo hablando de su punto de destino. No del cielo o el infierno, sino de su punto de destino en esta vida. Dónde va a terminar en los diversos papeles que representa; qué va a lograr personal, profesional, doméstica y espiritualmente.

Todo el mundo termina en algún lugar en la vida. Unos cuantos terminan en algún lugar, a propósito. Son los que tienen visión. Tal vez tengan otras ventajas, pero podemos estar seguros de que tienen visión. No es imprescindible que sea *una* visión (en singular). Es visión para cada uno de los papeles clave que se les asignan a lo largo del camino.

La vida es un viaje multifacético. Esto exige una visión también multifacética.

Tanto si usted está consciente de ello, como si no lo está, las visiones que tiene para su vida son múltiples. Es decir, usted tiene una imagen mental del aspecto que quiere que tengan los diversos escenarios de su vida más adelante en el camino.

Si yo le pidiera que me describiera cómo concibe su vida dentro de diez años, es muy probable que me pueda dar una imagen bastante clara. Sin duda, va a trazar un perfil económico. Es posible que describa lo que espera alcanzar en cuanto a sus relaciones. También tiene cierta idea de dónde quiere estar en cuanto a su profesión. En otras palabras, usted sería capaz de mirar más allá de lo que es ahora, para pintar una imagen de lo que podría ser —y en algunos casos, lo que debería ser— cierto con respecto a su vida. Eso es visión.

La visión *clara,* junto con la valentía necesaria para llevarla adelante, aumenta de forma drástica sus probabilidades de llegar al final de su vida mirando atrás con un profundo sentido de satisfacción, mientras piensa: *Lo logré. Triunfé. Terminé bien. Mi vida sirvió de algo.*

Sin una visión clara, es muy probable que llegue al final de su vida haciéndose preguntas. Preguntas sobre lo que habría podido hacer y lo que habría debido hacer. Y como tantos otros, tal vez se pregunte si al fin y al cabo, su vida ha servido de algo.

La visión les da importancia a los detalles de nuestra vida que habrían resultado insignificantes. Y, seamos honrados: Mucho de lo que hacemos no parece importar demasiado cuando se evalúa fuera de un contexto o propósito más amplio.

En cambio, tome los detalles pequeños de este mismo día, échelos en la caldera de una visión recibida de Dios, agítelos, y de repente aparece su razón de ser. ¡Significado! ¡Adrenalina!

Ésa es la diferencia entre llenar sacos con tierra, y levantar un dique para salvar a una ciudad. Llenar sacos con tierra es una labor que no tiene nada de atractiva o de realizadora. En cambio, salvar a una ciudad es otra cosa muy diferente. El hecho de que estemos levantando un dique le da sentido a la labor de llenar los sacos con tierra. Lo mismo sucede con la visión.

Son demasiadas las veces en que comenzamos a sentir las rutinas de la vida como si estuviéramos paleando tierra. Ahora bien, tome esas mismas rutinas, esas mismas responsabilidades, y véalas a través del lente de la visión: Todo se verá diferente. La visión le da enfoque a su mundo. La visión pone orden en el caos. Una visión clara nos capacita para verlo todo distinto.

Concretamente, la visión pone cuatro cosas en el tejido de nuestra experiencia diaria.

1. Pasión

La visión hace brotar la emoción. No existen las visiones sin emoción. Piense en sus ensueños de todos los días. Lo que hace esos ensueños tan agradables es la emoción que traen consigo esas imágenes mentales. Cuando dejamos que nuestros pensamientos se muevan fuera de los muros de la realidad, nuestros sentimientos los siguen de inmediato.

De hecho, una visión clara y centrada nos permite experimentar antes de tiempo las emociones asociadas al futuro que estamos esperando. Esas emociones sirven para reforzar nuestra entrega a la visión. Nos proporcionan una especie de avance de las cosas que han de venir. Hasta la tarea o la rutina más carente de vida y de significado puede comenzar a sernos agradable cuando va unida a una visión. Por el camino de la visión, los sentimientos reservados para el mañana son canalizados hacia nuestra realidad presente.

Cuando yo estaba en la escuela secundaria, nunca salí con ninguna joven que viviera en mi sección de la ciudad. Nuestra iglesia se hallaba en el centro de Atlanta. Por consiguiente, atraíamos a familias procedentes de toda la ciudad. Como hijo del pastor, mi ámbito primordial de influencia (y aceptación) era la iglesia. Así que salía con jovencitas de la iglesia.

Lamentablemente, ninguna de las jovencitas que me interesaban vivía cerca de Tucker. Todas vivían a cincuenta o sesenta kilómetros de distancia. Así que yo soportaba el tránsito, el gasto de gasolina e incluso el tener que salir temprano de sus casas para llegar a la mía a la hora indicada por mis padres. ¿Por qué? ¡Porque valía la pena!

El viernes por la tarde, el pensamiento de ir al otro lado de la ciudad despertaba en mi corazón de adolescente unas emociones lo suficientemente fuertes para hacer que los dolores de cabeza y los gastos que significaba atravesar en auto toda la ciudad, valieran la pena. Eso es visión. Yo estaba dedicado a lo que podía ser (hallarme al otro lado de Atlanta), y no a lo que era (quedarme sentado en mi casa en Tucker).

Seamos francos: usted hizo cosas parecidas cuando era adolescente. Los pensamientos sobre lo que podía y debía ser —y las emociones relacionadas con esos pensamientos— lo llevaban a todo tipo de extremos, sobre algunos de los cuales es posible que aún se esté lamentando. Pero piense en lo poderosos, lo apremiantes que eran aquellos pensamientos y sentimientos. Las emociones asociadas con el hecho de estar allí (cualquiera que fuese ese *allí*) bastaban para motivarlo a través de todo el pesado esfuerzo necesario para lograrlo.

La visión va acompañada siempre de fuertes emociones. Y mientras más clara sea una visión, más fuertes serán las emociones.

2. Motivación

La visión proporciona motivación. Lo común y corriente comienza a ser importante. Los detalles, las labores y las rutinas de la vida se convierten en medios dignos para llegar a un fin que tenemos planificado. Los constructores de diques son un grupo de gente motivada. Salvar a una ciudad es suficiente para mantenernos trabajando durante toda la noche. En cambio, llenar sacos con tierra, sólo por llenarlos, es algo que nos va a hacer mirar continuamente al reloj.

Las personas movidas por la visión son personas motivadas. Encuéntreme un hombre o una mujer a los que les falte motivación, y yo le mostraré alguien que no tiene visión, o la visión que tiene es pequeña. Ideas, sí tendrá. Tal vez sueños. Pero visión, imposible.

La visión es una parte importante de la razón por la que usted terminó·su colegio universitario o sus estudios de posgraduado. La falta de visión es la razón por la que muchos nunca se gradúan. Piense en todas esas horas de estudio y de clase aparentemente malgastadas. Aun entonces, usted sabía que gran parte de lo que estaba aprendiendo de memoria para los exámenes era una pérdida de tiempo y de esfuerzo. Pero lo seguía haciendo. ¿Por qué? Porque pensaba en lo que podía ser. Un título. Y más allá del título, una carrera. Durante cuatro largos años (en mi caso, cinco), soportó laboratorios de ciencias, historia de Europa, trabajos de investigación y conferencias. Y se mantuvo firme en medio de todo, motivado por el pensamiento de que se iba a graduar, y las recompensas que esto traería consigo.

Ese es el poder de la visión.

3. Dirección

Tal vez la ventaja más práctica de la visión sea que le da una dirección a nuestra vida. Nos sirve como mapa de carreteras. De esta forma, la visión simplifica la toma de decisiones. Todo lo que nos mueva hacia la realización de nuestra visión, tiene luz verde. A todo lo demás nos acercamos con cautela.

La música me ha gustado toda la vida. Dios me ha bendecido con cierto talento musical. Todo el tiempo toqué en bandas musicales durante la secundaria y el colegio universitario. He escrito un par de docenas de cantos. Como la mayoría de los músicos serios, he acumulado una buena colección de materiales: equipos de grabación, guitarras, teclados, tambores electrónicos y varios kilómetros de cable. A lo largo de los años, se ha convertido en un pasatiempo costoso y entretenido.

Cuando me casé con Sandra, ella me permitió el lujo de preparar un pequeño estudio en el sótano de nuestro condominio. En aquel ambiente, el tiempo se detenía. No era raro que me retirara al estudio después de cenar y saliera de él justo a tiempo para el desayuno.

Cuatro años después de casarnos, llegó Andrew. Veinte meses más tarde, nació Garrett. Cuando Andrew comenzó a tener más aspecto de niño pequeño y menos de bebé, yo empecé a pensar seriamente en mis relaciones con mis hijos. Me comencé a centrar en lo que podía y debía ser. Después de haber pasado diez años trabajando con adolescentes, tenía una imagen aterradoramente clara de lo que podía ser y lo que no debía llegar a ser.

Así que, unos pocos meses después del nacimiento de Garrett, tomé una decisión. Fue una de las decisiones más fáciles de cuantas he tomado. Pero sorprendió a todos los que conocían mi amor por la música. Decidí vender los materiales que tenía en mi estudio. ¿Por qué? Porque podía ver que se estaba gestando una tormenta en el horizonte. Sabía que iba a estar dividido entre mi familia y el estudio. Algo tenía que desaparecer.

Mi visión para mi familia dictó que paralizara por un tiempo mi entretenimiento con la música. No iba a poder desarrollar con mis hijos la relación que había concebido que debía tener mientras me dedicaba a mis aspiraciones musicales.

La visión señala las prioridades en nuestros valores. Una visión clara tiene el poder de sacar a la superficie de nuestro horario y nuestro estilo de vida aquello que es más importante. Una visión clara hace fácil que limpiemos nuestra vida de aquellas cosas que son obstáculo para que logremos lo que más nos interesa lograr. La visión nos da poder para movernos con propósito en una dirección determinada de antemano. Una vez que aclaremos nuestra visión —o visiones—, ya habremos tomado muchas decisiones. Sin visión, las cosas buenas van a impedir que logremos las mejores.

He observado que la gente que no tiene una visión clara se desvía con facilidad. Tiene la tendencia de ir pasando de una actividad a otra, de un placer a otro, de una relación a otra. Sin visión, no hay brújula que guíe las relaciones, la economía ni la moral. Por consiguiente, los que así andan, toman decisiones absurdas; unas decisiones que les roban sus sueños.

4. Propósito

La visión se convierte en propósito. Una visión nos da una razón para levantarnos por la mañana. Si no me presento, hay algo importante que no se va a realizar. De repente, usted es importante. ¡Muy importante! Sin usted, lo que podría ser —lo que debería ser— no va a ser. La visión nos convierte en un importante eslabón entre la realidad actual y el futuro. Esa dinámica le da razón de ser a nuestra vida. Y la razón de ser trae consigo el impulso necesario para movernos a través de unas barreras que de otra forma nos habrían hecho aminorar la marcha y nos habrían hecho caer.

Su conjunto de visiones es algo exclusivamente suyo. Nadie más va a compartir sus pasiones personales sobre lo que podría ser. Habrá quienes las aplaudan. Tal vez acepten aquellos aspectos de su visión que hagan conexión con la vida de ellos. Hasta es posible que colaboren con usted en aquellos aspectos en los que compartan una visión común. Pero su conjunto de visiones es exclusivamente suyo. Esta exclusividad le da propósito a su vida. Usted tiene una razón para levantarse de la cama y hacerse presente.

EL ELEMENTO DIVINO

Claro; es probable que usted haya oído o leído antes este tipo de cosas. Los libros para ayudarse a sí mismo están repletos de este tipo de materiales. Todos hemos leído algo acerca de la fijación de metas. Si cree, puede triunfar. Ya sabe cuál es la rutina.

Pero aquí es donde tomamos un camino distinto al de los gurús seculares de la motivación tan abundantes en nuestra cultura. La persona promedio tiene derecho a soñar sus propios sueños, y a desarrollar su propia imagen de lo que su futuro podría y debería ser. Pero en la cruz, aquéllos de nosotros que han jurado fidelidad al Salvador, perdimos ese derecho. Al fin y al cabo, no nos pertenecemos. Hemos sido comprados a un precio. ¿Recuerda el resto? Debemos glorificar —u honrar— a Dios con nuestro cuerpo (1 Corintios 6:19-20).

Honrar a Dios comprende descubrir su imagen o su visión de lo que nuestra vida podría y debería ser. Glorificar a Dios comprende descubrir lo que podríamos y deberíamos lograr. Él nos creó y nos volvió a crear teniendo en mente sus propios propósitos. Y mientras no descubramos esos propósitos —y los sigamos hasta el final— vamos a tener un vacío en el alma.

Teniendo esto en cuenta, pensemos de nuevo en lo que implica este versículo tan conocido:

> Porque somos hechura suya, creados en Cristo Jesús para buenas obras, las cuales Dios preparó de antemano para que anduviésemos en ellas. (Efesios 2:10)

No deje que esto pase inadvertido. Usted es hechura suya. Dígalo en voz alta: "Yo soy hechura de Dios". ¿Sabe lo que eso significa? Significa que usted es el producto de la visión de Dios. Él ha decidido lo que usted podría y debería ser. Usted es el resultado de algo que Dios previó. Y por medio de Cristo, ha producido y sigue produciendo en usted unos cambios de acuerdo a la imagen que Él tiene de lo que usted podría y debería ser.

Pero su visión para usted no está completa. Usted tiene una parte. Vea las palabras siguientes. Hemos sido concebidos y creados con un propósito en particular. Y ese propósito es que hagamos las buenas obras que Él vio de antemano que haríamos.

Dios tiene una visión para la vida de usted. Es decir, tiene una imagen mental de lo que usted podría y debería ser, y también de lo que podría y debería hacer. En mi primer libro, llamado *Like a Rock* ["Como una roca"], me centré en su visión de lo que podemos y debemos llegar a ser. En este libro nos vamos a centrar en lo que Él quiere que realicemos.

Le digo con sinceridad que no ceso de maravillarme con la realidad de que el Dios del universo tenga pensadas unas cosas que quiere que nosotros hagamos. Al fin y al cabo, ¿no tiene Él otras cosas en qué pensar? Sin embargo, el apóstol Pablo nos asegura que Dios nos ha preparado algo concreto para que lo hagamos.

MÁS PARA ESTA VIDA

Todo esto ha sido para decir que, por ser cristianos, no tenemos derecho a tomar nuestros talentos, capacidades, experiencias, oportunidades y estudios, y salir corriendo en cuanta dirección se nos antoje. Perdimos ese derecho en el Calvario. Pero entonces, ¿por qué vamos a estar soñando sobre algo así? Dios tiene una visión para su vida. ¿Habría algo que pudiera ser más realizador que esto?

Al mismo tiempo, no tenemos derecho tampoco a llevar una vida sin visión. Si Dios —piense en esto—; si Dios tiene una visión sobre lo que usted debe hacer en los años que le ha concedido, lo mejor es que se ponga a hacerlo. Sería trágico quedarse sin hacerlo. No realizar el plan de Dios para nuestra vida debe ser la tragedia más grande que se pueda producir de este lado de la eternidad.

Por supuesto, este mundo nos ofrece una camionada de opciones cuando se trata de las visiones posibles que podemos tratar de alcanzar. Pero usted fue hecho a la medida, formado con todo cuidado, detallado de manera minuciosa para una agenda divina escogida. Para esto fue creado por primera vez, y creado de nuevo. Las visiones de Dios para su vida son *las cosas* que le van a dar a esa vida un impacto que irá más allá de esta existencia. Porque, tal como veremos, las visiones de Dios siempre tienen un elemento de eternidad. Su visión individual para la vida de usted es sólo una pequeña parte de todo un plan que Él concibió y puso en marcha mucho antes de que usted o yo entráramos a escena... Pero me estoy adelantando.

Sin la visión de Dios, es posible que usted se encuentre en la posición demasiado corriente de mirar hacia atrás a una vida dedicada a acumular pedazos de papel con los retratos de unos presidentes fallecidos pintados en ellos. Claro que eso es una visión. Tal vez haya sido su visión hasta estos momentos. Y a lo mejor hasta ha tenido muy buen éxito en este juego de acumular papeles.

Ahora bien, seamos sinceros. Con cada nuevo logro que obtiene en su búsqueda de más cosas, ¿se siente como se sentía de niño cuando se abrían todos los regalos en la mañana de Navidad? *"¿Y eso es todo?"* Lo más probable es que el recuerdo de sus éxitos cause poca pasión, o ninguna. Sólo se trata de eso: un recuerdo. Al fin y al cabo, un contrato es un contrato. Una venta es una venta. Un negocio es un negocio.

La acumulación de dinero o de cosas es una especie de visión. Pero es el tipo de visión que deja a la persona preguntándose. Preguntándose si no habrá más. Preguntándose que habrían podido —o debido— hacer con su breve estancia sobre esta pequeña bola de tierra.

No es posible sacarles vida ni significado suficientes a los logros seculares para poder satisfacer nuestra alma. El vacío que usted está tratando de llenar tiene una dimensión eterna y espiritual que sólo las cosas de la eternidad y la espiritualidad pueden satisfacer. Por eso es imprescindible que usted descubra la multifacética visión de Dios para su vida, y participe en ella. Es aquello para lo cual fue hecho. Sus visiones caseras —por desafiantes y exigentes que sean— se quedan cortas. Siempre lo van a dejar haciéndose preguntas.

Servimos a un Dios intensamente creativo. Hablamos acerca del hecho de que no hay dos copos de nieve idénticos, pero lo cierto es que Dios nunca ha hecho dos cosas de la misma clase que sean idénticas. La visión de Dios para usted no incluye meterlo a la fuerza en el molde de otra persona. Dios no se dedica a conformarnos a la imagen de otros cristianos. Su exclusividad e individualidad van a alcanzar su punto más alto en el contexto de su búsqueda del cumplimiento del plan de Dios para su vida. Las visiones que son hechura de hombre se comienzan a ver iguales todas después de un tiempo. A menos que descubra usted la visión exclusiva que tiene Dios para su futuro, es muy probable que su vida se convierta en una repetición.

Después de haber dicho todo esto, vamos a comenzar. Nuestro estudio se va a centrar en la vida y la visión de Nehemías. Hay varias cosas que hacen que su historia sea especialmente relevante para nuestra situación en los tiempos modernos. La que me parece más alentadora es que no hay ningún milagro abierto relacionado con el relato. Se trata de una historia de trabajo duro, oración e intervención divina (detrás de la cortina). No hay aquí nada fuera de lo ordinario.

Seamos francos: Si pudiéramos sanar cada vez que quisiéramos, abrir el mar Rojo con un movimiento de muñeca o caminar sobre el agua, esto haría mucho más sencillo el proceso de lograr nuestras metas. Nos sentimos tentados a mirar con suspicacia a los héroes del Antiguo Testamento y del Nuevo que tenían una carta sobrenatural escondida en la manga.

Nehemías no se encuentra entre ellos. Sólo era un hombre común y corriente que había captado un destello divino de lo que podía y debía ser. Y después, salió a buscarlo con todo el corazón.

BLOQUES DE CONSTRUCCIÓN

1. Las visiones comienzan como intereses.

2. Las visiones no siempre exigen una actuación inmediata.

3. Ore para pedir oportunidades, y planifique como si esperara que Dios respondiera a su oración.

4. Dios está usando sus circunstancias para situarlo y prepararlo a fin de que realice la visión de Él para su vida.

5. Lo que Dios origina, Él mismo lo dirige.

6. Camine antes de hablar; investigue antes de iniciar algo.

7. Comunique su visión como solución a un problema que se deba enfrentar de inmediato.

8. Comparta su visión con la gente adecuada y en el momento correcto.

9. No espere que los demás pasen riesgos o hagan sacrificios mayores que usted.

10. No confunda sus planes con la visión de Dios.

11. Las visiones se van refinando —no cambian, sino que se revisan los planos— raras veces permanecen estáticas.

12. Responda a las críticas con oración, recuerdo y, si es necesario, con una revisión del plan.

13. Las visiones florecen en un ambiente de unidad; mueren en un ambiente de división.

14. Abandone la visión antes que abandonar su autoridad moral.

15. No permita que nada lo desvíe.

16. Hay un potencial divino en todo lo que usted tenga la visión de hacer.

17. El final de una visión dada por Dios, es Él mismo.

18. Mantener una visión es algo que exige fidelidad a un conjunto de creencias y formas de conducta básicas.

19. Las visiones exigen una atención constante.

20. El mantenimiento de una visión exige firmeza en el liderazgo.

Capítulo uno

NACE UNA VISIÓN

El alma nunca piensa sin una imagen.
ARISTÓTELES

Visión... ¿Qué es eso?
¿De dónde vienen las visiones?

Las visiones nacen en el alma de un ser humano que se siente consumir por la tensión entre lo que es y lo que podría ser. Todo el que se involucra emocionalmente —frustrado, inconsolable, tal vez enojado— con la forma en que son las cosas, a la luz de la forma en que cree que deberían ser, es candidato para una visión. Las visiones se forman en el corazón de los que no están satisfechos con el estado de las cosas.

Muchas veces la visión comienza cuando la persona se siente incapaz de aceptar las cosas tal como están. Con el tiempo, esa insatisfacción madura hasta convertirse en una clara imagen de lo que *podrían ser*. Es algo que *se debería* hacer. Es algo que es necesario que suceda. Este elemento es el que lanza a los seres humanos fuera del ámbito del interés pasivo para llevarlos a la acción. Es el elemento moral el que le da a la visión un sentido de urgencia.

La visión es una clara imagen mental de lo que podría ser, alimentada por la convicción de que así debería ser.

La visión es un futuro preferido. Un punto de destino. La visión siempre se presenta en contraste con el mundo tal como es. La visión exige cambio. Implica movimiento. Pero necesita de alguien que adelante su causa.

Para que una visión se convierta en una realidad, alguien debe arriesgarse. La visión exige visionarios; gente que haya dejado que su mente y su corazón se muevan fuera de las fronteras artificiales que impone el mundo tal como es. Una visión exige que haya una persona con el valor necesario para actuar movido por una idea.

Y esto nos trae a nuestra historia.

HABÍA UNA VEZ...

Alrededor del año 587 a.C., los babilonios invadieron Judá y destruyeron la ciudad de Jerusalén, y con ella el Templo de Salomón. Era ya su tercera campaña militar en aquella región. En las tres ocasiones, habían tomado cautivo un cierto número de israelitas y los habían trasladado a Babilonia. Daniel, Sadrac, Mesac y Abed-nego habían sido llevados durante la primera invasión.

Unos setenta años después de la primera invasión de los babilonios, Ciro, rey de Persia (quien los había vencido), les dio permiso a los judíos para que regresaran a Jerusalén y reconstruyeran el Templo.

Bajo el liderazgo de un hombre llamado Zorobabel, aquellos judíos exiliados regresaron a Jerusalén y reconstruyeron el Templo. Por un tiempo, parecía que las cosas iban mejorando. Era como si Israel estuviera a punto de convertirse una vez más en una nación bendecida. Pero el pueblo se negó a apartarse de los mismos pecados por los que Dios había juzgado a sus antepasados en los días de Daniel y de Nabucodonosor.

Se descuidó el Templo. Cesaron los sacrificios. Los judíos siguieron adoptando las prácticas religiosas y la cultura de las naciones vecinas. En el momento de comenzar nuestra historia, el estado político, social y espiritual de Jerusalén era deplorable.

Mientras tanto, en Persia, un judío llamado Nehemías oyó hablar de la triste situación de su patria, y sintió algo. De hecho, lo que sintió, lo sintió tan hondo, que lloró. Y como veremos más tarde, Nehemías no era de ese tipo de hombres que lloran por cualquier cosa. No era débil. Y podemos estar seguros de que no era emocionalmente inestable tampoco. Pero sentía una carga. Y esa carga lo llevó a tener un largo período de oración y ayuno (Nehemías 1:4).

No se imaginaba que aquellos sentimientos tan profundos eran los dolores de parto iniciales de una visión sobre la cual leería la gente miles de años más tarde. Lo importante en este momento es que la visión de Nehemías no comenzó como visión. Comenzó como preocupación; como carga. Una carga por su nación y por los suyos.

BLOQUE DE CONSTRUCCIÓN # 1

La visión comienza como una preocupación.

Las visiones que nos da Dios comienzan como preocupaciones. Usted oye o ve algo que capta su atención. Un pensamiento relacionado con el futuro crea una emoción. Algo le molesta con respecto a la forma en que son las cosas, o el lugar hacia donde se dirigen. A diferencia de muchas preocupaciones pasajeras, éstas se quedan con usted. Entonces se da cuenta de que cada vez piensa más en ellas en sus tiempos libres. Hasta es posible que pierda el sueño por causa de ellas. No es capaz de soltarlas, porque ellas no lo sueltan a usted.

La preocupación de Nehemías por el estado de Jerusalén lo consumía. Le destrozaba el corazón. Los pensamientos sobre *lo que era,* tan opuesto a *lo que podía ser,* le llenaban de lágrimas los ojos. Su rostro se transformó. Todos los que lo conocían se dieron cuenta de que había algo que lo molestaba. No se trataba de una preocupación del momento. Era una visión que se estaba formando.

¿Qué hizo? Nada. *No hizo* absolutamente nada. No se escabulló para atravesar el desierto en medio de la noche. No inventó un motivo para marcharse de Persia. Ni siquiera compartió su carga con otros judíos que también estaban preocupados.

Sin embargo, tampoco permitió que sus responsabilidades diarias lo distrajeran de la carga que se había apoderado de su corazón. No; Nehemías escogió la tercera opción, la más difícil de todas. Decidió esperar. Él sabía lo que a muchos de nosotros nos cuesta tanto recordar: Lo que puede y debe ser, no puede ser hasta que Dios esté listo para que sea. Así que esperó.

BLOQUE DE CONSTRUCCIÓN # 2

Las visiones no siempre exigen una actuación inmediata.

Yo converso con muchas personas que tienen una gran cantidad de buenas ideas. En muchas ocasiones, siento que Dios se halla en el proceso de hacer nacer una visión en sus corazones. En casi todos los casos, están listos para comenzar AHORA MISMO. Una vez que se dan cuenta de que su idea procede de Dios, dan por sentado que todos los sistemas están abiertos para la acción, y que necesitan renunciar a su trabajo, dar un paso de fe y comenzar. Pero la historia de Nehemías, junto con muchos otros relatos bíblicos más, ilustra la verdad de que una visión clara no siempre indica que tengamos la luz verde para comenzar. De hecho, he visto un buen número de personas con una visión que parecía venida de Dios, lanzarse a la acción demasiado temprano, siempre con el mismo resultado. El fracaso. El desánimo. La desilusión.

Muy pocas veces, las visiones exigen una actuación inmediata. Siempre exigen paciencia.

¿POR QUÉ ESPERAR?

¿Por qué son así las cosas? ¿Por qué no nos podemos lanzar de inmediato a la acción?

El desarrollo o descubrimiento de una visión para un aspecto determinado de nuestra vida exige tiempo. La visioingeniería es un proceso. Algunas veces, un proceso doloroso. Por el tiempo que exige, puede volverse una agonía. Pero es un proceso cuyo producto vale todos y cada uno de los sufrimientos que hemos tenido a lo largo del camino.

Cuando nos ponemos a acelerar el motor en la línea de salida, nos parece que estamos perdiendo el tiempo. Al fin y al cabo, hay cosas que hacer. Gente que rescatar. Organizaciones que comenzar. ¿Para qué esperar?

Esta sensación de "estar perdiendo el tiempo" es lo que impulsa a la gente a lanzarse demasiado pronto. La idea es que, como no nos estamos moviendo, no está pasando nada. Sin embargo, las cosas no son así en absoluto. Hay tres cosas importantes que están sucediendo mientras esperamos.

1. La visión madura en nosotros

No todas las buenas ideas son material apto para convertirse en visión. No obstante, toda visión comienza siendo una idea. No todas las cargas son material apto para convertirse en visión. No obstante, toda visión comienza siendo una carga. El tiempo nos permite distinguir entre las buenas ideas y las visiones tras las cuales vale la pena lanzar toda nuestra vida. La espera nos da la oportunidad de examinar nuestras emociones y distinguir entre las preocupaciones menores y las mayores. Al fin y al cabo, si lo que nos preocupaba ayer, nos preocupa poco hoy, lo más probable es que no sea material apto para una visión. Al final de este capítulo, le voy a dar varias indicaciones sobre la forma de distinguir las buenas ideas de las ideas que vienen de Dios.

De la misma forma que no podemos apresurar el desarrollo de un niño en el seno materno, tampoco podemos apresurar el desarrollo de una visión. Es Dios quien establece el momento de su nacimiento. Actuar con demasiada rapidez acerca de una visión, es como dar a luz a un niño prematuro. Siempre son débiles. Y en algunos casos, un niño prematuro no puede sobrevivir a los rigores de la vida fuera del seno materno. Lo mismo sucede con una visión. Las visiones inmaduras son débiles. Muy raras veces llegan a entrar en el mundo real.

El mundo se comporta con dureza ante las visiones. Al fin y al cabo, las visiones significan cambios, y el cambio no tiene la bienvenida en la mayoría de los escenarios de la vida. Para que una visión sobreviva, debe estar madura y saludable antes de entrar en contacto con el ambiente cínico, crítico y obstinado en el cual se espera que sobreviva. Y la madurez exige tiempo.

Cuando yo estudiaba en la universidad, tuve dos amigos que se sentían llamados a ser misioneros. Uno de ellos, llamado Chip, sintió el llamado durante una conferencia misionera que hubo en nuestra iglesia. Para el otro, llamado David, lo que hubo fue toda una secuencia de acontecimientos que le hicieron ver el llamado de Dios sobre su vida.

Como yo los conocía muy bien, estoy seguro de que si hubieran tenido la oportunidad de enrolarse y salir hacia las misiones el mismo día en que se dieron cuenta del llamado de Dios sobre su vida, ambos habrían salido de inmediato rumbo al aeropuerto. Afortunadamente, el sistema no funcionaba así.

Durante su época final en la universidad, Chip comenzó a perder lentamente el interés. Después de graduarse, se casó y tomó un trabajo en otra ciudad. ¿Su explicación? "Hasta el presente, había creído que eso era lo que Dios me llamaba a hacer. Ahora me doy cuenta de que debo ser misionero en el mundo de los negocios." Por supuesto, en aquellos momentos eso sólo parecía una buena excusa. Pero Chip ha seguido adelante con esa visión. Está muy activo en su iglesia local, y su ministerio de evangelismo a través de su estilo de vida es eficaz.

En cambio David se fue a las Filipinas, donde fundó una iglesia. En estos momentos, él y su esposa Kathy acaban de comenzar su segunda iglesia en aquella región del mundo.

Seamos sinceros: cualquier orador que sea bueno para motivar es capaz de compartir una visión de una forma tan fascinante, que uno la llega a sentir como suya. Y en algunos casos, es posible que se convierta en suya. El tiempo dirá. Con el paso del tiempo, usted podrá distinguir entre las ideas de Dios para usted y la ideas de otras personas. Mientras esperamos, Dios les da forma a las ideas y las madura para convertirlas en visiones capaces de sobrevivir en el mundo real.

2. Maduramos como preparación para la visión

No sólo madura nuestra visión, sino que maduramos nosotros también. Es muy frecuente que no estemos listos para lanzarnos en busca de una visión. La tendencia suele ser dar por sentado que, como sé lo que voy a hacer, estoy listo para hacerlo. Sin embargo, ambas cosas no coinciden siempre. Dios necesita hacernos crecer al tamaño de nuestra visión. Es como la niña que se prueba un vestido de bodas de la madre, y no le sirve... aún. Pero con el tiempo, después de que crezca lo necesario, va a dar la impresión de que fue hecho para ella.

Si vio la película *The Empire Strikes Back,* recordará la escena en la que Luke quiere ir a rescatar a sus amigos antes de haber terminado su adiestramiento como caballero Jedi. Yoda le suplica que espere. "Luke, tienes que terminar tu adiestramiento."

Pero Luke ha visto el futuro, y sabe que la vida de sus amigos está en peligro. "No me puedo sacar la visión de la cabeza. Son mis amigos; tengo que ayudarlos."

Por último, Yoda le hace una grave advertencia: "Si te vas ahora, es posible que los ayudes, pero vas a destruir todo aquello por lo que ellos han luchado y sufrido."

Pero Luke está decidido a ir. Se ha metido tanto en lo que podría y debería ser, que se siente en la obligación de salir inmediatamente. Y lo hace. ¿Recuerda lo que sucedió? Que todo salió de maravilla.

Volviendo ahora a esta galaxia, la acción antes de la preparación suele terminar en desastre.

En el caso de una visión dispuesta por Dios, Él se pone a obrar en usted a fin de prepararlo para lo que sabe que tiene por delante. Como Luke, muchas veces la necesidad parece tan urgente, que es absurdo esperar. Pero Dios es soberano. Tenga esto siempre en cuenta. Su visión no es más que una extensión de la visión de Él. Y su horario es perfecto. El apóstol Pablo lo dijo así:

Porque Dios es el que en vosotros produce así el querer como el hacer, por su buena voluntad. (Filipenses 2:13)

Él está obrando en usted a fin de prepararlo para actuar de acuerdo con sus propósitos. Y creo que podemos dar por seguro que esos propósitos se ajustan a su horario. Tal vez ésa sea la razón de que le inspirara al apóstol que escribiera las palabras siguientes: "Haced todo sin murmuraciones y contiendas" (v. 14).

Supongo que ese *todo* comprende el que esperemos en Él. ¿Verdad que lo detesta? La queja que se asocia con mayor frecuencia al proceso de visioingeniería, tiene que ver con los momentos de Dios. Una vez que la visión está clara, damos por supuesto que estamos listos. De no ser así, ¿para qué nos habría dado la visión?

Me imagino que sin visión, nuestra disposición de permitirle que nos prepare disminuiría grandemente. ¿Quién sufriría los dolores de cabeza de los estudios universitarios sin la visión de las oportunidades de trabajo? Su visión lo va a capacitar para que soporte la preparación. La visión siempre precede a la preparación. Al principio, su visión va a ser superior a su grado de competencia. Dentro del contexto de esa tensión, Dios va a obrar en usted.

Buena idea/mal momento

¿Se acuerda de Moisés? Pobre hombre. Tenía la idea correcta, pero su horario y sus métodos fueron terribles. Su visión era liberar a su pueblo de la esclavitud en Egipto. Y aquella idea era tan de Dios como la que más. Entonces, ¿qué hizo Moisés? Se lanzó. Mató a un egipcio.

No sé si en realidad se sentaría a calcular cuánto tiempo le tomaría liberar a Israel matando a los egipcios uno a uno. Pero en el mejor de los casos, habría necesitado varias vidas para lograrlo.

¿Qué hizo Dios? Lo envió a la Universidad del Sinaí. No fue un plan de estudios de cuatro años. Estuvo diez años en primero, y lo mismo le pasó con los otros tres años. Además, no tuvo vacaciones.

Le tomó cuarenta años crecer a la altura de la visión que Dios había preparado para él. Cuarenta años. Mientras tanto, una o dos generaciones más murieron a manos de los capataces egipcios. ¿Qué estaría pensando Dios? ¿Acaso no sabía lo urgente que era aquello? Israel no podía esperar cuarenta años. ¿Por qué le iba a dar una visión a un hombre, y enviarlo después al desierto?

Podríamos gastar páginas sólo especulando sobre la razón por la que Dios hace las cosas como las hace. Baste decir que ésa es la forma en la que Él obra. Lo mismo hizo con el apóstol Pablo. Le dijo específicamente que lo iba a usar para alcanzar a los gentiles (Hechos 9:15-16). Y después, lo envió a él también al desierto (Gálatas 1:17-18).

¿Qué tiene el desierto de especial? No lo sé. Pero sí sé que el tiempo que pasa entre el momento en que captamos un destello de lo que Dios quiere hacer por medio de nosotros, y el momento en el que nos hace movernos, muchas veces se siente como una experiencia de desierto. El desierto siempre da la sensación de que estamos perdiendo el tiempo por completo. Sólo cuando podemos mirar a nuestras experiencias pasadas de desierto, adquiere sentido.

Nuestro héroe

Por otra parte, Nehemías salió adelante con bastante facilidad, en comparación. Según él mismo dice, sólo tuvo que esperar cuatro meses antes de que las cosas comenzaran a ponerse en movimiento. Pero también tuvo que esperar. A medida que se desarrolla la historia, se hace evidente que su servicio al rey de Persia fue en realidad su experiencia de desierto. Aquí tenemos a un hombre con una capacidad de liderazgo inmensa, que se despertaba todos los días para comenzar una labor en la que no utilizaba ninguna o casi ninguna de aquellas capacidades.

¿Se puede identificar con él? ¿Se despierta todos los días para vivir en medio de unas circunstancias que no tienen nada que ver, ni remotamente, con la visión que usted siente que Dios está desarrollando en usted? Entonces anda en buena compañía. José revisó su visión desde una mazmorra egipcia. Moisés pasó años cuidando ovejas. David, el rey adolescente, pasó años escondido en cuevas. Y Nehemías era el copero del mismo rey cuyos antepasados habían destruido la ciudad que él suspiraba por reconstruir. Cobre ánimo. Dios tiene sus razones para tenerlo donde está.

Desconozco su situación. Pero por lo que leo en las Escrituras, me imagino que el tiempo necesario para que Dios lo haga crecer a la altura de su visión para la vida de usted, debe estar entre los cuatro meses y los cuarenta años. Y si usted siente que está en el camino de los cuarenta años, le paso otra información más que tal vez le interese. Parece haber una correlación entre el tiempo de preparación y la magnitud de la tarea a la que somos llamados. Para sacar al pueblo de Dios de cuatrocientos años de esclavitud, hacía falta algo más que un plan de estudios de cuatro años. Se necesitaban cuarenta años de preparación. Pero lo digo de nuevo: aún estamos hablando de aquello hoy en día.

3. Dios trabaja tras el escenario, preparando el camino

Hay un tercer proceso de importancia que se produce entre el nacimiento de una visión y el momento en que nos lanzamos tras ella. En el caso de una visión dispuesta por Dios, Él trabaja detrás del escenario para prepararnos el camino. Por eso es tan importante que esperemos el momento dispuesto por Él. Recuerde: su visión personal sólo es una pequeña pieza del rompecabezas.

En última instancia, lo que está sucediendo es que estamos tomando parte en un asalto masivo que comenzó una tenebrosa tarde en una colina situada en las afueras de Jerusalén. La visión de Dios para su vida es mucho mayor que usted. Sin su intervención y preparación, ni usted ni yo somos capaces de realizar ni siquiera la pequeña parte que nos toca en la operación. No nos atrevamos a lanzarnos demasiado temprano.

Ciertamente, Nehemías sabía cómo funcionaba esto. Y sabía que, sin la intervención divina, no había forma alguna de que él pudiera tomar parte en la reconstrucción de Jerusalén. Así que esperó el momento propicio y oró. Ah, sí; también hizo una cosa más. Pensó mucho en todo aquello. Soñó con ello. De hecho, como veremos en el próximo capítulo, llegó incluso a pensar con detalles, exactamente lo que haría falta para sacar adelante un proyecto de tal magnitud. Y sin él saberlo, Dios estaba obrando todo aquel tiempo tras el escenario.

CÓMO SABER SI SU VISIÓN ES AUTÉNTICA

Uno de los aspectos más difíciles de la visioingeniería es la distinción entre las buenas ideas y las ideas de Dios. Todos tenemos buenas ideas. Todo el mundo siente preocupación o carga por algo. Ahora bien, ¿cómo saber cuáles ideas hay que convertir en actuaciones? Ciertamente, Nehemías no debe haber sido el único judío cuyo corazón estaba quebrantado por el estado de Jerusalén. ¿Cómo supo que él era el que debía hacer algo al respecto?

En mi pastorado, he aconsejado a docenas de hombres y mujeres que se hallaban en medio del proceso de determinar la fuente de una preocupación o una carga que sentían. He visto a muchos de ellos lanzarse tras unas visiones que parecen haber sido fraguadas en el cielo, y mantenerlas con éxito. Mientras desarrollaba el material para este libro, entrevisté a varios cristianos que han tratado con visioingeniería unas ideas hasta convertirlas en exitosas empresas. Durante el tiempo que pasemos juntos, le voy a presentar a varios de ellos.

Estos encuentros me han llevado a dos conclusiones con respecto a la distinción entre las buenas ideas y las ideas de Dios:

1. Terminamos considerando la visión que es impuesta por Dios, como un imperativo moral

Si es Dios quien ha comenzado a pintar un cuadro sobre lo que podría y debería ser en el lienzo de su corazón, con el tiempo va a comenzar a sentir que no lanzarse a realizarlo equivaldría a un acto de desobediencia. Va a comenzar a sentir su visión como un imperativo moral. A medida que crezca la carga en usted, se va a sentir impulsado a actuar.

Por eso es tan importante esperar. El tiempo le permite a su Padre celestial que haga la transición de lo que comienza como una idea, hasta llevarlo a una obligación moral. No habrá forma de separarse de la visión. Su única alternativa a la actuación va a ser decir: "No. No; no me voy a mover en esa dirección. No voy a recoger esta carga, ni voy a actuar en consecuencia."

2. Si una visión ha sido dispuesta por Dios, va a estar en sintonía con lo que Dios está haciendo en el mundo

Una segunda indicación es que siempre habrá sintonía entre una visión de origen divino y el plan maestro de Dios para estos tiempos. Siempre habrá correlación entre lo que Dios ha puesto en el corazón de una persona para que lo haga, y lo que está haciendo en el mundo en general.

Como dijimos al principio, en el Calvario perdimos el derecho a diseñar nuestros propios planes, y lanzarnos a realizar nuestras propias agendas. Como cualquier padre bueno, nuestro Padre celestial tiene una visión para cada uno de sus hijos; una visión que apoya su obra en este mundo.

Todas las visiones que son de inspiración divina están atadas de alguna forma al plan maestro de Dios. Tanto si es amar a su esposa, como si es invertir en sus hijos, testificarle a su vecino, lanzar un ministerio o comenzar una compañía, toda carga que ha sido puesta por Dios tiene su enlace con un cuadro mayor. Puesto que usted es creyente, hay un contexto mayor, más amplio, para todo lo que usted hace.

El plan estratégico de Israel dentro del plan de Dios fue el que hizo tan apremiante la visión de Nehemías. Como veremos, no fue el estado de las murallas el que le rompió el corazón. Fue el estado espiritual de su pueblo.

Si la idea o la carga que usted lleva dentro es de Dios, habrá una conexión abierta entre ella y la voluntad providencial de Dios. Se verá claramente la conexión entre la cosa a la que usted se siente impulsado, y lo que Dios está haciendo en esta generación.

Es posible que al principio usted no vea la conexión. Si así es, espere.

SU PARTE

Hay varias cosas productivas que usted puede hacer mientras espera. La primera, investigar. En el capítulo 6 vamos a explorar la importancia de la investigación detallada. Mientras tanto, haga preguntas. Hable con personas que se hayan lanzado a realizar visiones similares. Lea. Observe. Aprenda cuanto pueda.

La investigación va a lograr una de estas tres cosas. Va a confirmar el origen divino de su visión, le va a dar más definición y enfoque a la visión, o le va a indicar que estaba equivocado con respecto a la visión.

En el capítulo 2 descubriremos lo que hizo Nehemías mientras esperaba. Recuerde que con las visiones, el tiempo es crítico. La espera no refleja una falta de fe. Suele ser evidencia de que hay sabiduría.

VISIOINGENIERÍA
PROYECTO # 1

1. Usted tiene diversas visiones con respecto a su vida. Algunas son más claras que otras. Para comenzar a aclarar lo que cree que debería ser su futuro, escriba en una sola oración gramatical el resumen de la forma en que le parece que debería ser la vida en los siguientes aspectos. En otras palabras, describa la forma en que preferiría que fuera su futuro.

   - Profesión

   - Economía

   - Cónyuge

   - Hijos

   - Ministerio

   - _____

2. Muchas veces, las visiones nacen en el alma de un ser humano que ha sido atrapado por la tensión entre lo que es y lo que debería ser. ¿Se siente usted atrapado por alguna tensión en especial? Si es así, tome un minuto para describir su dilema.

   - ¿Qué lo está molestando?

   - ¿Cuál es la solución?

   - ¿Cómo deberían ser las cosas?

3. ¿Ha comenzado a sentir alguna de sus cargas como un imperativo moral?

4. ¿Ve alguna conexión entre sus diversas visiones y lo que Dios está haciendo en este mundo? Describa esa conexión. ¿De qué manera apoya a la voluntad providencial de Dios su imagen del futuro que usted preferiría?

Capítulo dos
_____

ORAR Y HACER PLANES

La visión es el arte de ver lo invisible
Jonathan Swift

H ablemos más de ese temido período en el cual nos parece imposible seguir adelante con la visión. Ya sabe: esas semanas, esos meses o tal vez esos años en los cuales las circunstancias no le permiten actuar a favor de la visión. Ese tiempo en el que usted no está libre para actuar.

No tiene el dinero necesario para terminar sus estudios. Su trabajo actual no le permite la flexibilidad de lanzarse al negocio que tiene en mente. Todo el mundo dice que usted necesita más experiencia. Sus responsabilidades familiares no le dejan tiempo libre alguno. Está viviendo en el lugar menos indicado. Tiene deudas que pagar.

Es frecuente que las visiones mueran durante estos tiempos de inactividad. Es desalentador seguir soñando en algo que al parecer, no tiene ni la más remota posibilidad de llegar a suceder jamás. Además, con tantas cosas que hacer en la vida, ¿para qué perder el tiempo soñando en un imposible? Cuando se pasan demasiadas horas en la línea de salida, se puede perder de vista lo que podría y debería ser. Después de un período de espera prolongado, la visión se puede deslizar hacia el ámbito de lo que nunca jamás llegará a ser.

MIENTRAS TANTO...

Entonces, ¿qué debe hacer usted mientras tanto? ¿Qué puede hacer para mantener vivo su sueño? Nehemías hizo dos cosas. Oró e hizo planes.

Cuando supo el estado en que se hallaba Jerusalén, no pudo hacer nada para remediar aquella situación. Nada. Estaba donde no debía estar, con un trabajo que no era el debido, y trabajando para el patrono menos indicado. Y no tenía forma de cambiar ninguna de esas circunstancias. No tenía libertad para actuar de acuerdo a su visión.

Pero no se quedó inactivo. Los cuatro meses que pasaron entre el momento en que oyó hablar del estado de los muros, y el momento en que por fin pudo hacer algo al respecto, fueron un tiempo productivo para él. Lo utilizó en la preparación para el día en el que Dios lo pusiera en libertad para lanzarse a convertir su visión en realidad. No permitió que aquel tiempo de inactividad lo desalentara o distrajera. No permitió que se le muriera su sueño. Utilizó aquel tiempo para orar y hacer planes.

1. Oró

La oración es crítica para el desarrollo de las visiones. Esta es la razón: Vemos lo que estamos buscando; muchas veces no vemos lo que no estamos esperando ver.

Cada vez que llega la primavera, la familia de Sandra alquila una gran casa en la playa para unas vacaciones en familia. Tías, tíos, abuelos, primos; todo el mundo aparece en algún momento de esa semana. Una tarde, mi cuñado anunció que iba a bajar a la playa para buscar dientes de tiburón. Mis muchachos se entusiasmaron de inmediato. "¿Podemos ir con tú (contigo), tío Wob (Rob)?"

"Por supuesto", les dijo. Así que salieron corriendo para la playa.

Mientras ellos se alejaban corriendo, yo pensé: *En esa playa no hay dientes de tiburón. Yo he estado caminando playa arriba y playa abajo toda la semana, y no he visto ninguno. No les habría debido levantar las esperanzas de esa forma.*

Una hora más tarde, para mi total asombro, regresaron con un puñado de dientes de tiburón. Yo no lo podía creer. "¿Dónde los consiguieron?", les pregunté con escepticismo.

Garrett anunció con orgullo: "Eztaban en larena, papá".

¿Sabe por qué yo no había visto ningún diente de tiburón? Porque no los había estado buscando.

Lo que vemos es lo que estamos buscando. Muchas veces no vemos lo que no esperamos ver. La oración nos mantiene buscando. Mantiene fresca la carga. Nos mantiene los ojos y el corazón expectantes. No le trata de forzar el brazo a Dios, sino que nos mantiene a nosotros a la espera de su intervención. La oración nos sensibiliza ante los cambios sutiles en el paisaje de nuestras circunstancias. Cuando Él se comienza a mover, nosotros lo podemos reconocer. La oración casi nos asegura que no nos perderemos las oportunidades que Dios nos ponga en el camino. Buscar algo no siempre significa que lo vayamos a encontrar. Sin embargo, podemos estar seguros de que aumenta las posibilidades de verlo, si está donde lo podamos ver.

Nehemías pidió en su oración dos cosas relacionadas con su visión. En primer lugar, oró para pedir una oportunidad. Veamos:

Te ruego, oh Jehová, esté ahora atento tu oído a la oración de tu siervo, y a la oración de tus siervos, quienes desean reverenciar tu nombre; *concede ahora buen éxito a tu siervo, y dale gracia delante de aquel varón.* Porque yo servía de copero al rey. (Nehemías 1:11, cursiva del autor.)

Nehemías quería una oportunidad para compartir su visión con el rey. Sabía que haría falta una intervención divina para que se presentara una oportunidad así. Por eso, oró para que Dios le concediera "buen éxito". ¿Buen éxito en qué? En comunicarle su visión al único hombre que se interponía entre él y su sueño.

Dudo que fuera la primera vez que hiciera esta oración. Es probable que la hiciera cada vez que estaba a punto de entrar a la presencia del rey. Sin embargo, una y otra vez se había presentado ante Artajerjes para cumplir con sus deberes, y no se le había dado nunca una oportunidad para hablar de su tierra natal. No obstante, Nehemías seguía orando.

Nosotros tenemos la tendencia de orar para pedir milagros. Sin embargo, en muchas situaciones es más adecuado orar para pedir oportunidades. Lo más probable es que usted necesite más una oportunidad, y no algo sobrenatural.

Si usted es padre o madre, es probable que tenga una visión para sus hijos. En lugar de limitarse a orar para que se conviertan en hombres y mujeres con personalidad, ore para pedir oportunidades de fortalecer esa personalidad en la vida de ellos. La visión que uno tiene, lo involucra. Usted tiene un papel que desempeñar. Usted tiene un papel que representar.

Si tiene visión por unos amigos que no son creyentes, no se limite a orar para que sean salvos. Ore para pedir una oportunidad de hablarles de Cristo. Si ora pidiendo una oportunidad, lo más probable es que la reconozca cuando Dios se la ponga delante.

Soñadores y visionarios

Es interesante que Nehemías nunca orara para que Dios reconstruyera los muros. Lo que pedía en su oración era *una oportunidad* para ir él a reconstruirlos. Esa es la diferencia entre un soñador y un visionario. Los soñadores sueñan que las cosas van a ser diferentes. Los visionarios se ven ellos mismos cambiándolas. Los soñadores piensan en lo estupendo que sería que se hiciera algo. Los visionarios buscan una oportunidad para hacerlo.

Nehemías no era un soñador, sino un hombre con una visión. No estaba esperando que Dios hiciera algo sin utilizarlo a él. Estaba buscando una oportunidad para trabajar junto a Dios. Por eso, oró para pedirla. Y, como veremos en el próximo capítulo, Dios se la dio.

La oración para pedir gracia

Además de pedir una oportunidad, Nehemías pidió gracia. Oró para que Dios hiciera que el rey Artajerjes se interesara en su visión y la apoyara.

> Concede ahora buen éxito a tu siervo, y dale gracia delante
> de aquel varón. (v. 11b)

La palabra *gracia* tiene aquí el sentido de *favor* o *misericordia*. Nehemías quería que el rey sintiera algo cuando lo oyera hablar de la triste situación en la que se hallaban los judíos de Jerusalén. Aquello era mucho pedir. El rey no era famoso por su compasión, precisamente. No formaba parte de su naturaleza. De hecho, cuando por fin Nehemías tuvo su gran oportunidad de hablarle, según él mismo dice, "temió en gran manera" (2:2).

A menos que Dios interviniera en el corazón del rey, no habría forma alguna de que sintiera simpatía por Israel. Al fin y al cabo, sus predecesores habían sido los que habían destruido la ciudad. Por eso, Nehemías pidió compasión y misericordia. Le pidió a Dios que inclinara el corazón del rey hacia él. Y Dios lo hizo. El rey Artajerjes se convirtió en uno de los protagonistas en la reconstrucción de los muros. En fin, una vez más me adelanto al tema.

Piense en esto. Si Dios pudo mover al rey Artajerjes para que costeara la reconstrucción de los muros que rodeaban a Jerusalén, usted puede estar seguro de que también les puede cambiar el corazón a los que se interponen entre usted y la visión que Él le ha dado. Humanamente hablando, no había posibilidad alguna de que el rey Artajerjes apoyara la visión de Nehemías. Pero la oración nos lleva mucho más allá de las posibilidades humanas.

Las oportunidades en bienes raíces

En 1995 formé parte de un grupo que comenzó una nueva iglesia en la ciudad de Alpharetta, al norte mismo de Atlanta. Antes de que comenzáramos oficialmente a buscar propiedades, Sandra y yo recorrimos en auto la zona para ver qué estaba disponible. Mientras lo hacíamos, nos hallamos en un nuevo proyecto de oficinas llamado Royal 400. Yo me volví hacia ella y le dije: "Este lugar sería ideal. Aquí es donde nos hace falta poner nuestra iglesia."

Un mes más tarde, estaba sentado con uno de los síndicos de nuestra iglesia en la oficina del propietario de Royal 400. Resultó ser cristiano. De hecho, había sido muy generoso con las iglesias y las organizaciones cristianas a lo largo de los años. Yo me sentía optimista con respecto a aquella reunión. Estaba seguro de que aquello no era una simple coincidencia.

Después de una larga e informativa reunión, él dijo que habría querido ayudarnos, pero que en esos momentos no lo podía hacer. Nosotros habíamos pedido la reunión con la esperanza de poderle comprar una propiedad. Durante la reunión se hizo evidente que no estaba interesado en vendernos nada dentro del proyecto Royal 400. Yo me imaginé que todo lo que pasaba era que no quería una iglesia dentro de su proyecto de oficinas. Por supuesto, que estaba en todo su derecho. Así que le dimos las gracias y nos marchamos.

Varias semanas más tarde, descubrimos que él estaba en el proceso de venderle todo el proyecto a una firma que se iba a

convertir en la mayor firma inversionista de todo el país. En ese momento pareció totalmente lógico que no se ofreciera a vendernos ningún terreno. Era cuando estaba tratando de llevar a cabo la transacción.

La persona que nos habló de aquella venta nos sugirió que hiciéramos contacto con el grupo de Nueva York que estaba a punto de comprar el proyecto. Aquello parecía un tanto prematuro, puesto que aún no habían cerrado el contrato sobre los terrenos. Pero nosotros nos lanzamos e hicimos contacto con ellos. Hasta les hicimos una oferta por un terreno de ochenta y tres acres.

El agente que representaba el grupo de Nueva York se sintió escéptico. El grupo estaba comprando aquellos terrenos como inversión. El mercado de bienes raíces de aquella zona estaba mejorando. Ellos iban a poner un precio muy alto, y a exigir un cierre rápido del contrato. Estaba seguro de que no nos iban a querer vender por un precio inferior. Tampoco iban a estar dispuestos a que el cierre del contrato se llevara una cantidad de tiempo poco razonable.

Si se miraba todo desde la perspectiva de ellos, se trataba de un gran riesgo. Nosotros sólo llevábamos cuatro meses de existencia. No teníamos miembros. No teníamos bienes. No teníamos crédito. No teníamos historia. Y teníamos muy poco dinero en el banco. Sin embargo, allí estábamos, tratando de comprar una propiedad de cinco millones de dólares. No había razón alguna en el mundo para que ellos se fueran a arriesgar por nosotros.

Para complicar más las cosas, varias de las personas que participaban en la toma de decisiones de aquella firma no estaban demasiado entusiasmadas ante la idea de que hubiera una iglesia en el proyecto. Por lo general, las iglesias hacen bajar el valor de las propiedades.

Y por si eso no fuera suficiente, nosotros no teníamos una relación directa con la gente de Nueva York. Todo se lo iba comunicando el agente.

Como mínimo, las cosas se veían muy difíciles. Pero nosotros también sabíamos que aquella era la ubicación perfecta para nuestra iglesia. Así que oramos. Y oramos y oramos. Oramos de manera específica para que Dios nos diera gracia con el grupo que estaba comprando la propiedad.

Después de cerca de un mes de comunicarnos por medio del agente, ellos decidieron darnos una oportunidad. Estábamos maravillados. Los agentes de ambas partes también estaban sorprendidos. Negociamos el precio del terreno antes de que fuera realmente suyo para poderlo negociar. Nueve meses más tarde, cerramos el contrato sobre el terreno donde poco después se levantaría North Point Community Church.

Centre sus oraciones en lo que usted sabe que es necesario que suceda para llevar su visión a la pista de lanzamiento. Ore por las personas que tienen el poder, los recursos o la influencia necesarios para hacer posible su visión. Pídale a Dios que le dé gracia ante esas personas. Y después, comience a preparar su discurso.

2. Hizo planes

Además de orar para pedir oportunidades y personas que lo ayuden, tómese el tiempo necesario para planificar una estrategia. Esto le va a parecer como la mayor pérdida de tiempo imaginable. No permita que la aparente improbabilidad de su visión impida que usted desarrolle una estrategia. Además, mientras se halla en esta situación, ¿qué otra cosa puede hacer?

Dedíquese a desarrollar un plan. Si usted tuviera los recursos necesarios, ¿qué haría? Si tuviera el tiempo, ¿qué haría primero? ¿Qué haría en segundo lugar? ¿Y en tercero? Planifique como si supiera que va a llegar alguien que le va a dar la oportunidad de lanzarse a realizar su visión.

¿Que le parece absurdo? ¿Que le parece una actuación tonta? A Nehemías no le pareció así. Desarrolló un plan. Piense en lo descabellado que era para él hasta el pensamiento mismo de tener la oportunidad y los recursos necesarios para llevar adelante su visión. Sin embargo, desarrolló su plan. La estrategia de Nehemías para reconstruir los muros se debe haber parecido a lo siguiente:

- Primer paso — Convencer al rey para que me permita dejar de servirlo a fin de reconstruir el muro que rodea una ciudad que años atrás constituía una amenaza militar para esta zona.
- Segundo paso — Convencer al rey para que apoye económicamente mi proyecto de construcción.

- Tercer paso — Conseguir que el rey me haga cartas para los gobernadores de las regiones vecinas, en las que les indique que me dejen pasar sin peligro por todo el camino.
- Cuarto paso — Llegar a un entendimiento con Asaf, el encargado del bosque del rey, a fin de conseguir la madera que se necesite para construir las puertas de la ciudad y una casa para mí.
- Quinto paso — Pedirle al rey que me haga gobernador de Judá.
- Sexto paso — Organizar y equipar a los habitantes de Jerusalén.
- Séptimo paso — Comenzar la construcción.

Comparados con los planes de él, es probable que los suyos no parezcan tan extraordinarios, al fin y al cabo. De hecho, sería buena idea revisar esos planes de vez en cuando, sólo para permanecer de buen ánimo. Y, como veremos en el próximo capítulo, él ya lo tenía todo pensado antes de que hubiera movimiento alguno de parte del rey.

Nehemías se pasó el tiempo necesario en los bloques iniciales de la oración y la planificación. Si Dios le daba la oportunidad de poner su visión ante el rey, estaría listo. En la mente de Artajerjes no cabría la menor duda sobre la seriedad de sus intenciones. No se trataba de un deseo fantasioso, ni de un sueño. Era una visión. Y si se le daba la oportunidad, Nehemías estaría dispuesto a convertirla en realidad.

Prepárese

Como mínimo, usted tiene una vaga idea de lo que debería y podría ser en los aspectos clave de su vida. ¿Tiene plan?

Si se presentara la oportunidad correcta, ¿sabría qué hacer? Si esa persona por la que ha estado orando le preguntara acerca de su ve, ¿sabe lo que le diría? Si de repente tuviera una oportunidad para cambiar de profesión, ¿sabe qué pasos necesitaría tomar para hacer con éxito la transición? Es probable que tenga una visión en cuanto a cómo quiere que le salgan sus hijos. ¿Tiene un plan? Tiene una visión con respecto a su matrimonio. ¿Tiene un plan?

En muchas ocasiones, la oportunidad sin preparación resulta siendo una oportunidad perdida. Hay oportunidades de las cuales usted no se va a poder aprovechar, si no se ha preparado primero. En cuanto a Nehemías, seguramente que no habría podido aprovechar ésta. Sin plan, sin preparación, es posible que usted se pierda la suya.

La historia de Michael

Cuando conocí a Michael, las dos cosas que noté primero fueron su automóvil y su ropa. Su auto era un desastre, pero él vestía como si hubiera acabado de salir de una revista de modas masculinas. Era todo un estudio de contrastes. Tenía un gran Impala verde de 1973. Para las normas actuales, era inmenso. Y para las normas de cualquier tiempo, estaba todo lleno de golpes. En cambio, allí estaba él, vestido de manera deslumbrante. Zapatos resplandecientes. Tirantes. Camisa almidonada. Una corbata estupenda. Muy profesional. Entonces, ¿por qué aquel auto?

Michael tenía una visión. Su visión consistía en dedicarse a los negocios. ¿Qué negocios? No lo sabía. ¿Cuándo? Tampoco lo sabía. ¿Cómo haría la transición entre sostenerse en su trabajo del momento a la inversión de tiempo necesaria para comenzar una compañía y lograr que despegara? Eso tampoco lo sabía.

Sin embargo, no se sentía desalentado. Había desarrollado un plan. En aquella etapa dentro de la vida de su visión, tenía unas cuantas incógnitas bien grandes. Varias de las piezas del rompecabezas tenían que ver con personas que ni siquiera conocía. Pero aquello no era problema alguno. Mientras tanto, decidió saber lo que podía hacer con lo que sabía. Y lo que sabía era que para ser dueño de su propio negocio, iba a necesitar un capital inicial.

Teniendo esto presente, Michael y su esposa Susie escogieron un nivel de vida muy inferior al que se podían permitir. Su trabajo exigía un aspecto profesional, así que en eso no ahorraba. Pero su jefe no podía decir nada en cuanto al auto que tenía. Así que tenía aquel Impala. Después de tener el Impala unos cuantos años más, lo regaló y se compró un Ford Escort.

¿Por qué? ¿Para qué estaba ahorrando? Bueno, no lo sabía con exactitud. Lo que sí sabía era que quería estar listo, por si se le presentaba la oportunidad correcta. Bajar su nivel d vida era prácticamente la única parte de su plan sobre la cual tenía control. Como

Nehemías, hizo lo que sabía hacer. Y oró para que Dios honrara su visión, y le concediera una oportunidad.

Siete años más tarde llegó su oportunidad. Por supuesto, se necesitaba un capital considerable. Pero Michael estaba preparado. Al que viera las cosas desde fuera, sin saber nada, le vendría la tentación de comentar sobre "la suerte" que tuvo. Michael *no tuvo suerte*. Michael *estaba preparado*. Tenía una visión. Y al principio, eso era todo lo que tenía. Pero mientras tanto, hizo lo que pudo. Oró, soñó e hizo planes. Ahora, puede tener el auto que quiera. ¡Y ya no necesita seguirse vistiendo tan formal!

Una de las cosas emocionantes que tiene el ser creyentes, es observar cómo Dios va revelando su plan para nuestra vida. Por una parte, no tenemos idea de lo que quiere hacer por medio de nosotros. Al mismo tiempo, nos llama a ponernos a su disposición. Tener visión de futuro y planificar ese futuro son partes de este proceso de ponerse a su disposición.

¿Para qué le va a presentar Dios una oportunidad, si usted no se halla preparado para aprovecharla? Si usted fuera Dios, ¿a quiénes les daría una oportunidad? ¿A los que sólo tienen deseos, a los soñadores, o a los planificadores?

Yo sé que parece algo inútil. Recuerde: la mayoría de las visiones parecen inútiles en sus primeras etapas. El presidente Kennedy estaba hablando de poner un hombre en la luna antes de que existiera la tecnología necesaria para hacerlo. Por lo general, la visión precede a casi todo lo necesario para llevarla a la esfera de la realidad. Digo "casi todo", porque por lo general suele haber por lo menos una cosa que puede hacer el visionario: planificar.

Listo antes de tiempo

Mientras trabajaba como ministro de estudiantes en la iglesia de mi padre, comencé a escribir la constitución de una iglesia. No era precisamente para la Primera Iglesia Bautista de Atlanta. En realidad, no sabía para qué iglesia era. Todo lo que sabía era que esperaba tener un día la oportunidad de pastorear una iglesia. Me sentía bien en aquel lugar. Pero sentía que no iba a ser ministro de estudiantes para siempre. No tenía un calendario en mente. De hecho, pensaba que me quedaría en aquella iglesia de manera indefinida, desempeñando en ella alguna función.

Lo que sí sabía era que si alguna vez iba a asumir la responsabilidad de pastor principal, quería trabajar dentro de la estructura de una iglesia que reflejara una visión y una misión concretas. Así que comencé a desarrollar un bosquejo detallado sobre la forma en que me parecía que se debía organizar una iglesia. Hasta llegué a hacer que otra persona desarrollara varias gráficas con el fin de ilustrar mis ideas. Trabajé en esto de manera intermitente durante dos años. Y sinceramente, no tenía idea sobre dónde lo pondría en práctica, o si alguna vez lo llegaría a hacer.

Cuatro años más tarde, tuve el privilegio de trabajar con un equipo de North Point Community Church, formado por personas que pensaban como yo. Una de las primeras cuestiones que surgieron fue la forma de gobierno que adoptaríamos en la iglesia. No me puedo imaginar cómo habrían sido las cosas si hubiera tenido que comenzar aquel proceso desde la nada. Sobre todo, con las demás cosas que estaban sucediendo en aquellos momentos.

Mis años de meditación y planificación habían dado su fruto. El resto del equipo consideró que mis ideas tenían sentido. Después de unos cuantos cambios de poca importancia, adoptamos la estructura básica que yo había bosquejado, como el marco para la nueva constitución de nuestra iglesia.

PERMANECER VIVO

Las visiones nuevas mueren con facilidad. Y es comprensible que así sea. Hay poco con qué seguir adelante. La oración y la planificación le van a ayudar a mantener viva su visión. Y esto es crítico. Cuando muere su visión, también muere parte de usted mismo. Así que ore. Ore para pedir oportunidades. Ore por las personas que le pueden ayudar a lanzar su visión. Y mientras espera, haga planes. Desarrolle una estrategia. Sueñe sobre el papel. Descubra una o dos cosas que *puede* hacer, y póngase a hacerlas.

Usted no sabe cuáles son los planes de Dios. Es mejor que esté listo, aun cuando no suceda nada, que correr el riesgo de perder una oportunidad cuando él se la ponga en el camino.

BLOQUE DE CONSTRUCCIÓN # 3

**Ore para pedir oportunidades, y planifique con
la esperanza de que Dios va a responder a sus oraciones.**

VISIOINGENIERÍA
PROYECTO # 2

Haga este ejercicio con cada una de sus visiones.

1. ¿Por cuáles oportunidades necesita usted comenzar a orar?

_____

_____

_____

2. ¿Quiénes son las personas que lo podrían ayudar a convertir en realidad su visión?

_____

_____

_____

3. ¿Qué cambios haría falta que se produjeran en la manera de pensar de ellos, para que apoyaran los esfuerzos de usted?

_____

_____

_____

4. Escriba un plan sencillo.

Primer paso. _____
Segundo paso. _____
Tercer paso. _____
Cuarto paso. _____

5. ¿Qué puede hacer usted ahora?

_____

_____

_____

Capítulo tres

¡EN SUS PUESTOS, POR FAVOR!

Las metas nos pueden dar vitalidad... cuando ganamos.
Pero una visión es algo más poderoso que una meta.
Las visiones dan vida; dan espíritu; son la fuerza guía
que se halla tras todas las grandes empresas humanas.
La visión tiene que ver con una energía compartida,
una sensación de veneración, una sensación
de posibilidad.

BENJAMÍN ZANDER,
DIRECTOR DE LA ORQUESTA
FILARMÓNICA DE BOSTON

Vamos a comenzar con una buena noticia. Desde el principio, casi todas las visiones que nos da Dios parecen imposibles. La razón de que esto sea una buena noticia es que usted ya estaba comenzando a sospechar que estaba loco, por pensar siquiera en llevar a cabo algunas de las ideas que le estaban dando vuelta en la cabeza. Y si se ha atrevido a compartir con otros su visión, es posible que ellos hayan confirmado sus sospechas. Se han limitado a mirarlo con escepticismo y decirle algo como "¡Qué idea tan interesante!" Esas cosas que usted interpreta que significan como "Eso nunca va a suceder".

Tal vez fuera esa la razón por la que Nehemías se mantuvo callado por tanto tiempo. Durante cuatro meses, lo mantuvo todo

en su interior. Al fin y al cabo, ¿quién lo habría tomado en serio? Piénselo.

Él era un esclavo. Trabajaba para el rey. No había manera de que se escabullera sin que lo notaran. Además, los babilonios habían echado abajo los muros de Jerusalén por una razón. Una ciudad sin defensas no significaba amenaza alguna. Podía estar seguro de que los persas no se iban a quedar de brazos cruzados mientras alguien volvía a convertir a Israel en una presencia militar dentro de aquella región. Nehemías tenía que estar loco para pensar siquiera en algo así.

A esto añádale que los muros habían sido derribados casi ciento cincuenta años antes. Si la gente que vivía en Jerusalén no había hecho ningún esfuerzo por reconstruirlos antes de aquel momento, ¿qué llevaba a Nehemías a pensar que si él se presentaba allí, las cosas cambiarían? Al fin y al cabo, él no tenía autoridad. Sólo era el copero del rey. El mismo rey cuyos predecesores habían echado abajo los muros.

Sin duda, usted se podrá identificar con algunos de los sentimientos de Nehemías al pensar en la magnitud de su visión. Tal vez usted sea pastor y tenga una visión para producir un cambio necesario en su iglesia. O tal vez su cónyuge no sea creyente, y usted quiere un matrimonio cristiano. Puede que esté pensando en un cambio importante de profesión. Tal vez se trate de que está pensando en poner su propio negocio. Cualquiera que sea el caso, cuando contempla el paisaje de sus circunstancias, resulta abrumador. Sencillamente, no da la impresión de que haya forma alguna de salir adelante.

Así son siempre las cosas cuando Dios nos pone algo que hacer en el corazón. La tarea siempre parece estar fuera de nuestro alcance. Y da esa impresión, porque así es en realidad. Las visiones que da Dios siempre son demasiado grandes para que nosotros las manejemos. No nos deberíamos sorprender. Piense en su origen.

Cada vez que Dios hace nacer una visión en nuestro corazón, siempre tenemos más preguntas que respuestas. Siempre hay obstáculos. Siempre hay falta de recursos. Por lo general, el hombre o la mujer que tiene una visión siente la soledad; incluso el aislamiento. Con frecuencia, hay muy poco de qué aferrarse para seguir adelante, aparte de un poderoso anhelo insaciable, imposible de mitigar. Y es de esperar que tengamos también un sentido de

destino; la sensación de que para eso fuimos hechos, la seguridad de que Dios nos ha llamado a navegar por aguas nunca antes surcadas con un propósito en su mente. Si alguna de estas cosas tiene que ver con lo que usted está pasando, es posible que se halle al borde de algo divino.

LA COLOCACIÓN DE LOS ACTORES

"Entonces", se preguntará usted, "si me hallo al borde de algo divino, ¿por qué estoy aquí atascado, haciendo algo que no tiene una relación ni siquiera remota con lo que siento que Dios me ha puesto en el corazón que haga?" Sin duda, Nehemías se hacía esta misma pregunta cada vez que le pasaban por la mente las imágenes de Jerusalén. "Señor, ¿qué estoy haciendo yo en Persia? Tú me llamaste a ser constructor, no encargado de bar."

Ah, pero Dios sabía exactamente lo que hacía. Tenía a Nehemías en el lugar correcto, haciendo lo correcto y en el momento exacto. Sin que Nehemías y Artajerjes lo supieran, Dios había pasado años preparando y situando a aquellos hombres para lo que estaba a punto de desarrollarse.

Piense en esto: desde que Nehemías era niño, Dios había estado trabajando en sus circunstancias para asegurarle un lugar entre los servidores del palacio. Desde allí, maniobró entre los funcionarios influyentes de Persia para que se diera a conocer por su integridad y su fidelidad. Por fin, algún personaje desconocido del personal de palacio se lo recomendó al rey. Y entonces, un día, fue puesto en el cargo de copero.

A primera vista, daría la impresión de que Dios estaba moviendo a Nehemías en un sentido que haría imposible que llegara a realizar jamás su sueño. Sin embargo, lo cierto era lo diametralmente opuesto. Le había dado un trabajo que le permitía entrar en la intimidad del rey. Pero tenía algo más. Por ser copero, tenía también una relación especial con el propio rey. Todos los días, el rey le confiaba su vida al hombre que le servía el vino. El copero tenía la responsabilidad de proteger al rey para que sus enemigos no lo envenenaran. El propio padre de Artajerjes había sido asesinado por un sirviente de confianza. Él conocía demasiado bien la posibilidad de que alguien de su círculo íntimo lo traicionara.

Como un gran estratega, Dios había estado obrando tras el escenario, poniendo en sus posiciones a todos los actores. Y ahora estaba a punto de alzarse el telón, con lo que se señalaba el comienzo de una obra de teatro cuyo guión lo había escrito Dios, y cuyo elenco era el perfecto.

Por supuesto que a mí me es muy fácil decir esto. Yo ya he leído el final de esta historia. Sé cómo termina todo. Pero Nehemías no lo sabía. No tenía idea sobre si sus años de servicio al rey tendrían importancia alguna para Dios. Que él supiera, parecía como que Dios lo había olvidado a él, y también a su pueblo. Durante años, había parecido que sus oraciones no tenían respuesta. No veía mejoras, ni esperanzas de que llegaran. Todos los días eran básicamente iguales. Sus dones como líder y su capacidad organizativa seguían dormidos mientras él continuaba sirviendo a Artajerjes un mes tras otro, y tras otro. Al fin y al cabo, él sólo era el copero del rey. Pero Dios lo tenía exactamente donde Él quería. Estaba en la posición perfecta.

BLOQUE DE CONSTRUCCIÓN # 4

Dios está usando sus circunstancias para situarlo y prepararlo de manera que convierta en realidad la visión que Él tiene para la vida de usted.

¡A SUS PUESTOS, POR FAVOR!

Créalo usted o no, Dios quiere hacer eso mismo en su vida. Lo que Él quiere es obrar a través de sus circunstancias, de manera que lo pueda maniobrar hasta ponerlo en la posición correcta. Cuando miramos al pasado, nos es fácil verlo. En cambio, lo tenemos que tomar por fe cuando miramos al futuro. Con frecuencia, no hay una conexión palpable entre nuestras circunstancias y la visión que Dios nos ha dado.

En 1969, mientras pastoreaba la Primera Iglesia Bautista de Bartow, en la Florida, mi padre recibió una llamada de un amigo suyo para preguntarle si le interesaría venir a la Primera Iglesia Bautista de Atlanta como pastor auxiliar.

Desde el punto de vista humano, no era un buen cambio en su carrera. Él siempre había sido el pastor principal en sus iglesias

anteriores. Como pastor principal, tenía la oportunidad de predicar dos o tres veces por semana. La predicación era una parte importante de lo que él concebía como la visión de Dios para su vida. Si se iba para Atlanta, perdería esa oportunidad.

La PBA era una gran iglesia con un personal numeroso. Tendría muchas menos oportunidades de predicar. Y corría el riesgo de quedar limitado a ser pastor auxiliar para toda la vida. No había nada en aquel paso a Atlanta que indicara que se trataba de un movimiento centrado en su visión. Sin embargo, al orar, sintió que nos debíamos trasladar a Atlanta.

Después de unas cuantas semanas en su nueva posición, descubrió cosas que no le habían dicho antes. No iba a tener la autoridad que se le había prometido. Tendría mucha menos responsabilidad de la que esperaba. Y al trasladarse a su nueva oficina, descubrió que las gavetas del escritorio estaban cerradas con llave, y nadie sabía dónde estaban las llaves.

Mirándolo desde el momento actual, es evidente que nuestro traslado a Atlanta fue la forma que usó Dios para poner a mi padre en la posición correcta para lo que vendría. Pero en aquellos tiempos, parecía como un error colosal. La vida en Bartow había sido estupenda. Después de un mes en Atlanta, Bartow parecía un paraíso.

Tres años después de trasladarnos a Atlanta, renunció el pastor principal y la iglesia nombró un comité de púlpito para buscar un sustituto. Mientras tanto, mi padre predicaba los domingos por la mañana. Como se podrá imaginar, la mayoría de la gente lo estimaba. Lo lamentable es que quienes detentaban el poder en la PBA no sentían lo mismo.

Mi padre era una amenaza para el control que ellos tenían sobre la iglesia; por consiguiente, le pidieron la renuncia. No lo hicieron de manera formal. Nunca se la pidieron en una reunión de negocios legítima. En cambio, detrás del escenario —de uno en uno, mientras cenaban juntos— se pusieron a hacer promesas. Era la política en la iglesia, en la peor de sus manifestaciones.

Una vez más, según parecían indicarlo las circunstancias, todo se estaba moviendo en un sentido equivocado. Desde el punto de vista del ministerio, las cosas no habrían podido andar mejor. Todas las semanas, la gente respondía de manera positiva a su predicación. Se

transmitían los cultos a toda la ciudad. Y ahora, lo estaban presionando para que renunciara. ¿Qué estaba haciendo Dios?

Por fin se produjo un enfrentamiento. Se convocó una reunión de negocios con el expreso propósito de obligarlo a renunciar. Todo el tiempo, él había dicho que si la gente votaba para que se fuera, no tendría problema alguno en irse. Lo aceptaría como voluntad de Dios. Pero no tenía paz en cuanto a renunciar.

Cuando llegó la gran noche, las cosas tomaron un giro inesperado. Después de varias horas de burlas y bromas, se llamó a una votación. La congregación se puso de su parte. No votó que se fuera. De hecho, aquella misma noche fue elegido pastor principal. La oposición estaba furiosa. Se marcharon de la iglesia y se aseguraron de que la estación local de CBS quitara a la PBA de su programación.

Lo que resultó fue que su salida, y la decisión de la estación local de cancelar el programa pusieron los cimientos para el ministerio En Contacto. Mirando las cosas desde el presente, es como si Dios hubiera escrito el guión de todo lo sucedido. Hizo entrar a mi padre por la puerta trasera. Lo situó en la posición correcta. Después, hizo nacer un ministerio internacional.

Usted no sabe lo que Dios está haciendo detrás de las escenas de su vida. No sabe lo cercano que se halla de dar un paso decisivo. No ha sido un accidente que se halle donde está. Y no tiene que ser un problema el que no se halle donde le parece que debería estar. Dios tiene un control total de la situación. Él lo obra todo para el bien de "los que conforme a su propósito son llamados" (Romanos 8:28). Su propósito es la visión que Él tiene para la vida de usted.

Dios está usando sus circunstancias para prepararlo de manera que convierta en realidad la visión que Él tiene para su vida. Sus circunstancias presentes forman parte de la visión. Usted no está malgastando el tiempo. No está moviéndose sin llegar a ninguna parte. No anda vagando perdido por el desierto. Si está "buscando primero" su reino allí donde está, entonces allí es donde Él lo ha colocado. Y lo ha puesto allí con un propósito en mente. Como Nehemías, es posible que en estos momentos le sea difícil establecer la conexión. Pero con el tiempo, todo tomará forma. Siempre es así.

¡FELICIDADES!

Una de las cosas que hacen tan difícil esta etapa en el desarrollo de una visión, es nuestra confusión con respecto al éxito. Hay tendencia a confundir el *éxito* con las *recompensas* del éxito. Si usted se halla donde Dios lo quiere, cumpliendo con las responsabilidades que Él le ha encomendado, está triunfando. De hecho, cuando son así las cosas, está obteniendo el mayor de los triunfos posibles. Claro, es muy posible que usted no esté viendo ni experimentando las recompensas de su éxito. No obstante, está triunfando.

El éxito consiste en permanecer fiel al proceso que Dios le tiene trazado. Ciertamente, a lo largo del camino hay cosas significativas y agradables. Pero el éxito no consiste en esas cosas. El éxito no es el aumento de suelto, el ascenso, el reconocimiento, el hogar cristiano o unos hijos maravillosos. Todas estas cosas sólo son agradables hitos situados a lo largo del camino. El éxito consiste en permanecer fiel al proceso que ha contribuido a que esas cosas se conviertan en realidades. Lamentablemente, muchas veces no pensamos que estamos triunfando mientras no experimentamos las recompensas.

En 1995, los Bravos de Atlanta ganaron por fin una Serie Mundial. Pero nadie habría dicho que se convirtieron en un equipo triunfador en la novena entrada del sexto juego en la Serie Mundial de 1995. ¿Cuándo se convirtieron en triunfadores? Por supuesto, ganar el título de su división fue uno de esos hitos; una recompensa. Pero, ¿cuándo se convirtieron en triunfadores? Fueron triunfadores durante toda la temporada. De hecho, su éxito había comenzado en las temporadas anteriores, durante las cuales habían comenzado a tomar las decisiones necesarias para formar un equipo campeón. Al ganar la Serie Mundial, se convirtió en realidad una visión. Pero el éxito había llegado mucho antes de la grandiosa experiencia de ganar aquel juego final.

Piénselo. ¿Cuándo triunfó Nehemías? Yo sé cuándo *sintió* que había triunfado. El día en que pusieron la última piedra en el muro. Aquél fue uno de los días más llenos de gozo de su vida. Pero Nehemías había triunfado mucho antes.

Triunfó el día que abrazó la visión que Dios le había puesto en el corazón. ¿Por qué? Porque fue fiel a lo que Dios lo había llamado a hacer aquel día en particular. Triunfó la noche que desarrolló

acostado en su lecho un inventario mental de lo que haría falta para reconstruir las puertas. ¿Por qué? Porque hizo todo lo que pudo para adelantar la visión que Dios le había dado. Triunfó en la mañana en que le pidió a Dios que le diera gracia ante el rey. Triunfó antes de que el rey le concediera lo que pedía. ¿Por qué? Porque estaba haciendo todo lo que sabía hacer.

¿Cuándo triunfó mi padre? Yo sé cuándo se hizo famoso. Pero, ¿cuándo triunfó? El día que abrazó la visión que Dios le había dado para su vida. Había triunfado mucho antes de ser conocido. Su éxito de fidelidad en aquellos primeros años fue lo que le dio capacidad para disfrutar de las recompensas de su éxito durante estos últimos años. Pero ante los ojos de Dios, no está triunfando más ahora, que entonces.

¿Cuándo triunfan los padres? ¿Cuando sus hijos salen de la adolescencia sin un expediente en la policía? ¿Cuando su hijo o su hija se gradúa en la universidad? ¿Cuando su hijo consigue su primer trabajo? ¿Cuando su hija les trae a su casa el primer nieto? No. Ésas son las recompensas de unos padres que han triunfado. Son hitos significativos en el camino. Pero un padre que tiene una buena relación con un hijo adulto maduro y responsable lleva años triunfando. Cada día de paternidad o maternidad responsable ha sido un día de éxito.

No se pierda esta distinción tan importante. Como padre, mi visión definitiva es tener unos hijos responsables con los cuales yo pueda disfrutar de una relación adulta para toda la vida. Pero puedo ser un padre con éxito mucho antes de alcanzar esa situación tan satisfactoria.

Usted tiene éxito cada día cuando se levanta y se presenta al trabajo. Cada día de fidelidad en el que usted actúa con lo que tiene, es un día de éxito. ¿Provechoso? Tal vez. ¿De éxito? Sin duda alguna. Usted tiene tanto éxito en estos momentos, como lo tendrá el día en que vea materializarse su visión. Tal vez los demás no reconozcan su éxito hasta ese momento. Pero eso no hace nada para disminuir la importancia de lo que se ha estado produciendo a lo largo del camino.

Si usted mide su éxito a base de ver si su visión se ha materializado o no, es candidato para la desilusión. Al fin y al cabo, hay días en los que parece que nos movemos a la velocidad de la luz en la dirección contraria. Es posible pasar semanas, meses e incluso

años, sin señal alguna de progreso. La confusión entre el éxito y las recompensas del éxito es una de las principales razones por las que la gente abandona sus sueños.

LA CELEBRACIÓN DE LOS PEQUEÑOS ÉXITOS

Si yo no considero que haya triunfado hasta que *vea* que sucede algo, entonces sólo estoy a pocos centímetros de considerarme un fracasado. Y no estamos dispuestos a dejarnos fracasar más allá de lo imprescindible. Una vez que la sensación de fracaso comienza a echar raíces, tenemos una apremiante razón para abandonar la visión. A fin de cuentas, si de todas formas yo no quiero hacer algo, no me siento tan fracasado cuando lo echo de lado. Retirarse de la visión se convierte así en una forma de defensa propia.

Mientras tanto, debemos ver el éxito tal como realmente es: la fidelidad al proceso. Y debemos celebrar los pequeños éxitos que se van produciendo a lo largo del camino. En lugar de maldecir el lugar donde está, celebre su fidelidad a pesar de estar en él. El problema cuando uno maldice el lugar donde se encuentra es que, como cualquier otra cosa que uno maldice, se convierte en el centro de atención. Y *cuando centramos la atención en lo que nos rodea, disminuye nuestra capacidad para centrarla en lo que tenemos por delante.*

Lamentablemente, es fácil perder visión y darse por vencido. Nos es tan fácil obsesionarnos con el lugar donde estamos, que cedemos ante la vocecita que nos susurra: "¿A quién estás engañando?"

"Tú no vas a ninguna parte, ni vas a reconstruir nada."

"Ella nunca va a volver al hogar."

"Él nunca se va a hacer cristiano."

"Nunca vas a tener los recursos necesarios para hacer eso."

"Nadie va a aceptar algo así."

"Tus hijos han ido demasiado lejos."

"Nunca vas a tener un matrimonio así."

"Nadie te va a escuchar."

Es difícil ignorar esa vocecita cuando todo lo que nos rodea parece estarla apoyando. Es casi imposible recuperar la perspectiva en un ambiente que es hostil a nuestros sueños.

Pero es más difícil aún pasarse la vida preguntándose. Preguntándose qué habría hecho Dios. Preguntándose si no le faltaría poco para abrirse paso. Preguntándose qué habría sucedido si usted no se hubiera dado por vencido.

EL TIEMPO DE ESPERA

En *I Was Wrong* ["Estaba equivocado"], Jim Bakker describe la terrible depresión por la que pasó estando en la prisión. Durante uno de sus momentos más bajos, recibió una carta de aliento de Bob Gass, un pastor amigo suyo. Bob creía que Dios no había acabado con Jim. Estaba convencido de que la prisión formaba parte de la visión de Dios para la vida de Jim. Más tarde, Jim llegó a compartir esa convicción. En el libro documenta los notables cambios que se produjeron en su vida como consecuencia de aquellos tenebrosos días en prisión.

La depresión de Jim se debía en parte al hecho de que tenía una sentencia de cuarenta y cinco años, y no podía ministrar dentro de la prisión. Desde su punto de vista, se enfrentaba a cuarenta y cinco años de vida desperdiciados, estériles y sin sentido. Es fácil comprender por qué se sentía deprimido.

En su carta, Bob Gass dijo algo que en aquellos momentos le debe haber sonado a Jim como "palabras de predicador". Pero más tarde se demostró que era cierto. Esto es lo que escribió: "El tiempo de espera no es un tiempo desperdiciado."[1] Por difícil que le fuera creerlo a Jim, me imagino que fuera igualmente difícil para Nehemías. El tiempo de espera no es tiempo desperdiciado para todo aquel en cuyo corazón Dios haya puesto una visión. Es un tiempo difícil. Doloroso. Frustrante. Pero no desperdiciado.

Dios lo tiene donde Él quiere que esté. Él es su gran estratega. Usted es un componente importante de esa estrategia. Él es la cabeza. Usted es un miembro del cuerpo. Él es el que tiene el control. Usted se debe rendir a ese control.

Mientras, Él está usando sus circunstancias para situarlo y prepararlo de manera que realice la visión que Él tiene para su vida.

VISIOINGENIERÍA
PROYECTO # 3

1. ¿Qué le exige permanecer fiel en su situación presente?

_____

_____

_____

_____

2. ¿Cuál es la principal cosa dentro de su situación actual dentro de su situación actual que le dificulta creer que Dios lo está preparando para su visión?

_____

_____

_____

_____

Sin duda, Nehemías habría respondido a esta pregunta diciendo: "Que soy el copero del rey de Persia". Y sin embargo, eso mismo fue lo que utilizó Dios para echar a andar su visión. ¿Estaría usted dispuesto a detenerse por un instante para expresar su fe en que Dios es capaz de utilizar sus circunstancias del presente para situarlo de manera que logre realizar su visión para la vida de usted?

Capítulo cuatro

EL DIOS DEL CÓMO

*La visión de una organización actúa como
si fuera su polo norte magnético.*
THE LEADERSHIP CHALLENGE

Chris tenía una visión. Su visión consistía en compartir el Evangelio con todos los estudiantes de la escuela secundaria de Dunwoody. Cuando me comunicó por vez primera su visión, estaba comenzando su último año de estudios en ella. Los martes por la tarde, nos habíamos estado reuniendo los dos para discipularlo. Yo era su pastor de jóvenes y me sentía contento y avergonzado a la vez. Contento por su celo. Avergonzado por los recuerdos de mi último año de secundaria. No sé cómo serían las cosas con usted, pero mis "visiones" de último año no eran lo que se llamaría material para una ilustración positiva. En fin, cuando Chris me habló de su visión, comenzamos a trabajar para buscar una forma de convertirla en realidad.

Uno de nuestros obstáculos estaba en que Chris no era lo que uno llamaría un joven destacado. No era presidente de nada. No estaba en ningún equipo. No salía con ninguna de las animadoras de los juegos. No estaba en la lista de honor de los estudiantes. Ni siquiera se vestía como los demás. Era patinador.

En algunas comunidades de los alrededores de Atlanta, ser patinador lo habría puesto en uno de los lugares de más prestigio en la escuela secundaria. Pero no en Dunwoody. En la escuela

secundaria de Dunwoody no respetaban a los patinadores. En primer lugar, no eran muchos. Y el puñado que había allí eran distintos, antes de que ser distinto fuera fantástico. En resumen, que a Chris no le iban a pedir que le hablara al estudiantado jamás en la vida. No tenía influencias. Todo lo que tenía era una visión.

Pero Chris no se desanimó. Sentía que aquello era algo que Dios quería que él intentara. Sentía como responsabilidad suya asegurarse de que en su escuela todo el mundo tuviera por lo menos una oportunidad para oír una presentación clara del Evangelio antes de graduarse de secundaria. Así que exploramos todas las opciones imaginables. Pensamos en escribirles una carta a todos. Hablamos de lanzarnos al ataque por medio del teléfono. Yo sugerí que pusiera notas en los armarios de todos los estudiantes. Pero ninguna de aquellas ideas parecía la correcta. Se pasó todo el año, y la visión de Chris nunca se hizo realidad... o eso parecía.

Sin embargo, al igual que Nehemías, Chris fue fiel e hizo lo que podía, al mismo tiempo que confiaba en que Dios haría lo que él no pudiera. Durante su último año, aprovechó todas las oportunidades que tuvo para compartir su fe con los demás estudiantes. Uno de aquéllos con los que la pudo compartir, fue Mark.

Mark había crecido con su madre en Miami. Sus padres se habían separado cuando él era pequeño, y su padre había terminado por trasladarse a Atlanta. Cuando Mark llegó a la adolescencia, sintió deseos de venganza. Cayó presa de la seducción del alcohol y las drogas. Estaba fracasando en la escuela. Al final de su décimo año, su madre se cansó. Empacó sus cosas y se lo envió al padre a Atlanta, para que viviera con él.

Mark no quería dejar a sus amigos de Miami. En realidad, tampoco quería vivir con su padre. En cuanto a él, la vida... En fin, ya se da cuenta de la situación. Sabiendo todo esto, imagínese su primer día en la escuela secundaria de Dunwoody. Tenía una mala actitud que iba por delante de él por lo menos diez minutos dondequiera que iba. No era de esos jovencitos a los que uno se acerca en los pasillos para saludarlos. Por consiguiente, nadie se le acercaba. Nadie, menos... sí, lo adivinó: Chris.

Una de las cosas más notables de Chris era que nadie lo intimidaba. Mark no lo hacía sentir incómodo. Lo veía tal como era: un joven herido y enojado que necesitaba un amigo y un Salvador. Así que se le acercó, se presentó a sí mismo y lo llevó a

conocer el lugar. Resultó que a ambos les gustaba la misma música. No sólo eso, sino que Mark tocaba la batería y Chris el bajo. Aquel fin de semana, lo invitó a pasar una noche en casa de sus padres.

En aquellos momentos de su vida, Chris daba por supuesto que se habían acabado las posibilidades con su visión. No había forma humana de que lograra compartir el Evangelio con el cuerpo estudiantil. Dios no le había proporcionado un medio. Lo mejor que podía hacer era hablar uno a uno con ellos cada vez que pudiera, antes de que terminara el año.

No sabía que Dios no se había dado por vencido en cuanto a la visión. Aún estaba obrando calladamente detrás del escenario. Y Mark iba a desempeñar un papel clave en lograr que la visión de Chris se convirtiera en realidad.

Tarde en la noche, después de varias horas de oír música, Mark se confió a Chris. Le habló de su vida en Miami. Compartió con él sus pocas ganas por trasladarse a Atlanta. Admitió que estaba muy enojado con el mundo.

Cuando terminó, Chris, un estudiante de secundaria de diecisiete años, le dijo que tenía un Padre celestial que lo amaba a pesar de todo lo que él había hecho. Le habló de que Cristo había muerto por sus pecados para que él pudiera ser perdonado. Aquella noche, Mark puso su confianza en Cristo y se hizo cristiano. Entonces Chris le habló de su pastor de jóvenes, que era tan estupendo (¡yo!), y de su iglesia. El domingo siguiente, Mark apareció en el culto. Terminó uniéndose a nuestro ministerio con los estudiantes.

Pasó el año escolar. Chris se graduó y se fue al colegio universitario. Mientras tanto, a Mark le quedaba un año más en la secundaria. Yo le pedí que asistiera a mi clase de discipulado. Durante aquel año, nos hicimos buenos amigos.

Un miércoles por la noche, antes de nuestro estudio bíblico para los estudiantes, Mark corrió hacia mí con una mirada de pánico en los ojos. "Andy, no lo vas a creer." Él comenzaba así todo lo que decía. "No lo vas a creer, pero me han pedido que le hable a todo el cuerpo estudiantil durante nuestra reunión sobre la seguridad al conducir."

Cada año, en la tarde del viernes inmediatamente anterior a las vacaciones de primavera, la escuela llevaba a cabo un programa en el que reunía a todo el estudiantado, y lo dedicaba a advertir a los estudiantes acerca de lo peligroso que es beber y conducir. Lo típico

era que invitaran a alguien que tuviera alguna historia sangrienta que contar. Las historias solían comprender cosas como choques de frente, fracturas múltiples y una larga permanencia en el hospital. De vez en cuando, el conferencista señalaba una o dos cicatrices.

La idea era motivar a los estudiantes a ser cuidadosos mientras disfrutaban de sus vacaciones de primavera. Con frecuencia, ponían en el césped del recinto como ayuda visual un automóvil que había sido destrozado por un conductor ebrio.

La señora Dolworth, la directora de la escuela, sabía que Mark había estado fuertemente metido en el alcohol y las drogas antes de llegar allí. Sabía también que se había producido un notable cambio en su vida. Pensaba que sería una buena idea que Mark, siendo uno de los estudiantes, hablara después del conferenciante invitado para la asamblea. Así que lo llamó y le pidió que compartiera su historia.

"¿Te parece que deba compartir con ellos *toda* mi historia?", me preguntó él.

Yo sonreí. "Mark, cuando yo hablo en una escuela pública, ni siquiera anuncian dónde trabajo. Me presentan como consejero de adolescentes. Dios te ha dado una oportunidad única. Eres estudiante y puedes decir todo lo que quieras. Sí, me parece que les debes contar toda tu historia."

Nunca olvidaré el momento en que entré en el gimnasio de la escuela aquel viernes por la tarde. El corazón me latía tan fuerte, que lo podía oír. Pocas veces me pongo nervioso cuando hablo. Pero estaba tan nervioso porque iba a hablar Mark, que no estaba seguro de poderme quedar hasta el final.

El gimnasio estaba repleto. Literalmente, había que quedarse de pie. Estudiantes, facultad, maestros; todos estaban allí. La señora Dolworth presentó a su orador principal. Se había graduado de aquella misma escuela varios años antes. Contó muy bien su historia. Mucha sangre y gente herida. A los estudiantes les encantó. Pero su conclusión fue pobre. Después de treinta minutos de accidentes de automóvil y heridas capaces de acabar con la vida, dijo: "Así que, estudiantes, anden juntos. Se tienen unos a otros. Gracias." Y se sentó.

Todo el mundo aplaudió por cortesía. Entonces la señora Dolworth caminó hasta el centro del gimnasio y anunció: "Esta tarde tenemos a uno de nuestros propios estudiantes, que les va a hablar

por unos pocos minutos sobre algunos cambios que se han producido en su vida. Démosle la bienvenida a Mark Hannah."

Yo creía que me iba a morir. Mark caminó lentamente hasta la cancha central, tomó el micrófono de su pie y comenzó. "Cuando llegué a la escuela secundaria de Dunwoody, yo odiaba a todo el mundo." Habló acerca de su vida en Miami. Mencionó su intensa ira acumulada. Se refirió también a su experiencia con el alcohol y las drogas.

Se podía oír el vuelo de una mosca, aunque el corazón me estaba latiendo tan fuerte, que estoy seguro de haber distraído a la gente que me rodeaba.

Entonces fue cuando Mark pasó a otra parte del tema. "Un día, un joven llamado Chris Folley se me presentó y me invitó a ir a su casa. Aquella noche, le conté toda mi vida. Le dije lo mucho que odiaba a todo el mundo. Él me escuchó. Y después me dijo que Jesús me amaba. Me explicó que Él había muerto en la cruz por mis pecados. Me dijo que yo podía recibir perdón. Aquella noche oré con Chris y mi vida cambió.

"Las cosas no han sido fáciles desde entonces. Aún tengo mis luchas. Pero ahora ya no me tengo que enfrentar solo a ellas. Si tienen preguntas acerca de algo de lo que he dicho, con todo gusto hablaré con ustedes después. Muchas gracias."

Una vez dicho esto, volvió a poner el micrófono en su pie y subió de nuevo al puesto que tenía asignado en las gradas. Mientras tanto, todo el cuerpo estudiantil se puso en pie para aplaudir. Aplaudieron y gritaron durante varios minutos. Aquello era demasiado para mí. Me salí del gimnasio y me dirigí a mi automóvil.

Aunque parezca raro, cuando salí fuera fue cuando me di cuenta de lo que significaba lo que acababa de suceder. "Señor, esto tuvo que ver con Chris, ¿no es cierto?"

Todavía hoy, mientras escribo estas palabras, se me llenan de lágrimas los ojos al pensar en un estudiante de último año de secundaria que fue fiel, hizo todo lo que pudo y confió en que Dios haría lo que él no pudiera. Los intereses de Chris estaban en sintonía con los del Padre. Así que Él obró detrás del escenario para asegurarse de que aquella visión se convirtiera en realidad.

EL QUÉ ANTES DEL CÓMO

La historia de Chris y Mark ilustra un principio terriblemente importante: el *qué* precede siempre al *cómo*. Usted va a saber lo que Dios le ha puesto en el corazón que haga, antes de saber cómo piensa hacer que suceda. Con frecuencia, sabemos el *qué* mucho antes de comprender el *cómo*. Chris tuvo que esperar casi dos años. Su *cómo* llegó tan tarde en el juego, que él ya había dado por sentado que aquello que pensaba que debería ser, no sería. Al fin y al cabo, ya se había graduado. No es que su plan fracasara. Para comenzar, nunca fuimos capaces de pensar en un plan. Su *cómo* se produjo de forma independiente a su planificación. Pero no fue independiente de su fidelidad.

Ciertamente, ésta misma fue la experiencia de Nehemías. Él sabía lo que Dios lo había llamado a hacer. No tenía idea de cómo o cuándo Dios lo iba a sacar adelante. Durante cuatro meses, no sucedió nada. Y al parecer, no tenía indicación alguna de que fuera a suceder algo jamás. Estaba en un punto muerto. Y sabía que, humanamente hablando, no había forma de que su visión fuera a despegar del suelo alguna vez.

Pero Dios tenía un plan. Él sabía cómo liberar a Nehemías del servicio al rey. Tenía un plan para financiar y supervisar la reconstrucción de los muros. Tenía el *cómo* completamente resuelto. Lo que necesitaba era el *quién*. Nehemías se convirtió en la respuesta de Dios a ese *quién*.

Son muchas las visiones que mueren en el tiempo que transcurre entre el qué y el cómo. Y se entiende que así sea. Cuando el *cómo* parece ausente del panorama, es tentador sacarse de la mente el *qué*. ¿Para qué pasar por todo ese sufrimiento? ¿Para qué vivir en un estado constante de frustración? En el caso de Nehemías, ¿para qué andar por ahí con el aspecto de quien ha perdido a su mejor amigo (2:1)? Hay un punto en el que es más fácil bajar la vista, echar a un lado la visión y lanzarse en pos de una meta que uno tiene al menos alguna esperanza de alcanzar.

Por esta razón, es peligroso enredarse demasiado en el intento de calcular de qué forma se puede convertir la visión en realidad. Planifique lo mejor que pueda, pero recuerde: las visiones divinas suponen por obligación intervenciones divinas también. Y esto nos lleva al bloque de construcción # 5:

BLOQUE DE CONSTRUCCIÓN # 5

Lo que Dios origina, también lo dirige.

Tal vez le haga falta poner este en el espejo de su baño durante un mes o dos. El *cómo* nunca es problema para Dios. En cambio, sí suele ser un gran problema para nosotros. Pero es la especialidad de Dios. Si hay algo que nos enseñan claro el Antiguo Testamento y el Nuevo, es que no hay nada demasiado difícil para Dios. Lo que Él origina, también lo dirige.

Un caso destacado: María. Eso sí que fue una visión. Se le apareció Gabriel y le describió un cuadro demasiado claro de lo que estaba a punto de suceder en su vida. Entonces, ella hizo la pregunta que hubiera hecho cualquiera de nosotros en esa situación: *¿Cómo?*

> Entonces María dijo al ángel: ¿Cómo será esto? pues no conozco varón. (Lucas 1:34)

> ¿Recuerda la respuesta del ángel? "Nada hay imposible para Dios" (v. 37).

El *cómo* nunca es problema para Dios. Cuando Él nos pone en el corazón que hagamos algo, se pone a obrar tras el escenario para asegurarse de que suceda. Mientras tanto, nosotros debemos permanecer fieles a Él y centrados en la visión. La responsabilidad sobre la forma de echar adelante la visión de Dios sobre su vida, no es de usted. Su responsabilidad consiste en hacer lo que usted sabe hacer, y lo que puede hacer. Entonces, tiene que esperar.

Piénselo un minuto. ¿Recuerda alguna historia del Antiguo Testamento o del Nuevo en la cual hayan sido los seres humanos a quienes Dios les dio una visión los que han tenido que tomar sobre sí la responsabilidad de calcular la forma de cumplir esa visión? ¿Tuvo Moisés que inventar la forma de sacar a los israelitas de Egipto? ¿Atravesando el mar Rojo? ¿Por el desierto? ¿Fue responsabilidad de David decidir de qué forma podía quitar del medio a Saúl para ascender al trono de Israel? Cuando Jesús les dijo a los apóstoles que alimentaran a los cinco mil, ¿tuvieron ellos que buscar la forma de hacer que cinco panes y dos peces rindieran tanto? ¿Tuvieron los discípulos la responsabilidad de buscar la manera de llevar el Evangelio hasta los confines de la tierra?

No. En todas estas situaciones, Dios dirigió los acontecimientos de una forma tal, que quienes participaban en ellos reconocieran su huella. Eran seres humanos comunes y corrientes, que sólo hicieron lo que sabían hacer, al mismo tiempo que nunca perdían de vista la visión que Dios había hecho nacer en sus corazones.

LAS BUENAS IDEAS CONTRA
LAS IDEAS DE DIOS

Si estuviéramos hablando de buenas ideas, las cosas serian diferentes. Las buenas ideas se ven limitadas por nuestro potencial, nuestras conexiones y nuestros recursos. Si usted sólo está tratando de convertir en realidad una buena idea, entonces es necesario que le dedique gran cantidad de tiempo y de energía a calcular la forma de hacerla funcionar.

En cambio, los únicos límites que tiene una visión divina son el potencial y los recursos de Dios. Eso significa que todo es posible. Si sólo es una buena idea, usted tiene que *hacer* que suceda. Cuando Dios le da una visión, en cierto sentido usted se echa atrás y la *ve* suceder.

El reto consiste en que algunas veces, es necesario echarse atrás por largo tiempo. Como nunca sabemos con exactitud cuándo o cómo va a intervenir Dios, es imprescindible que permanezcamos centrados en la visión. Nos debemos centrar en lo que Él nos ha llamado a hacer, y no en la forma en que Él la va a llevar adelante.

Cuando nos mantenemos centrados en la visión, también nos mantenemos centrados en Dios. La visión nos recuerda nuestra dependencia. Permanecemos conscientes de que si Dios no hace nada, no hay manera de seguir adelante. Por esa razón, la gente que tiene visión vive con una sensación de expectación. Busca que Dios haga algo. Vive en fe, en el sentido más real de la expresión. Es decir, está viviendo como si Dios fuera a hacer lo que cree que ha prometido hacer.

A la luz de una visión divina, nuestra fidelidad diaria toma un nuevo significado. Ya no es ser fiel por ser fiel. Hay algo importante en juego. Si el visionario no actúa, hay algo importante que va a quedar sin hacer. Los creyentes con visión, viven con el conocimiento de que el cómo puede presentarse sin relación alguna con lo que ellos hayan planificado. Pero no vendrá sin relación con su fidelidad. La fidelidad es crítica para el éxito.

Encuéntreme un creyente que ya no sea fiel a la causa de Cristo, y le mostraré un hombre o una mujer que no tiene visión procedente de Dios, ni sentido alguno de destino divino. Esas personas, o lo han perdido, o nunca lo tuvieron. Los creyentes visionarios están marcados por su intensa fidelidad a su visión y a su Salvador. Para ellos, la cuestión del *cómo* no es un obstáculo. Sólo es una oportunidad para que Dios haga lo que Él hace tan bien: lo imposible.

El apóstol Pedro es un buen ejemplo de alguien con tendencia a perder su enfoque. ¿Recuerda el incidente de cuando caminó sobre el agua? Todo iba bien, mientras no se preocupaba sobre *cómo* iba a caminar sobre el agua. Todo iba bien mientras se centraba en el que lo había llamado a salir de la barca. Caminó sobre el agua mientras hizo lo que sabía, al mismo tiempo que confiaba en que Cristo hiciera lo que él no podía hacer.

Pero en el mismo momento en que perdió su enfoque; en el momento en que su enfoque pasó del *qué* y el *quién* al *cómo*, comenzó a hundirse en el agua. No sabía *cómo* hacer para caminar sobre el agua. Pero aquello no le preocupaba, mientras su enfoque era el correcto. Mientras mantuvo los ojos fijos en Jesús, el *cómo* no fue problema alguno.

Lo mismo nos sucede a nosotros. Una vez que Dios nos pone en el corazón que hagamos algo, nos debemos centrar en aquello que nos ha llamado a hacer. Nuestra responsabilidad consiste en hacer lo que sabemos hacer, y esperar que Él vaya llenando los espacios en blanco. Nehemías hizo lo que podía hacer. Chris también. Entonces, Dios hizo lo que Él podía hacer. Y al final, todo quedó hecho.

- El *cómo* es la especialidad de Dios.
- Él sabe cómo llegar hasta su esposo/esposa/jefe/vecino.
- Él sabe cómo proteger a sus hijos, aunque su padre ya no esté.
- Él sabe cómo comenzar un grupo de oración donde usted trabaja.
- Él sabe cómo hacer despegar su empresa de negocios.

- Él sabe cómo va a poder pagar usted sus estudios. Él sabe cómo hacer que usted supere sus sufrimientos.
- Él sabe cómo enderezar su matrimonio.
- Él sabe cómo echar a andar ese ministerio.
- Él sabe cómo lograr que su iglesia cambie de rumbo.

¡A LA CARGA!

Mientras que hay quienes se sienten tentados a darse por vencidos cuando se enfrentan a la pregunta sobre *cómo* se va a convertir algo en realidad, hay otros que tienden a irse al extremo opuesto. Estos son los cristianos de las fuerzas especiales de choque. Aquéllos para los que no hay tarea demasiado difícil, montaña demasiado alta, o problema demasiado complejo. El versículo de su vida es Filipenses 4:13a: "Todo lo puedo". Funcionan bajo el supuesto de que si Dios les da una visión, también les está dando luz verde para ir adelante con ella. Y, como todas las cosas son posibles con Dios, y Dios vive en ellos, entonces tampoco hay nada imposible para ellos.

No tienen miedo a agarrar a un tigre por la cola, tirarle de la capa a Supermán o escupir al viento. Son audaces. Y si he de ser sincero, y me siento un tanto envidioso con la gente que manifiesta este tipo de valentía. Su sentido de entrega a la causa es admirable. Sin embargo, muchas veces su sentido de oportunidad es terrible.

Así fue como comenzó Pedro. Él no iba a permitir que nadie arrestara a Jesús. Aunque eso significara cortar cuanta oreja hubiera en el Imperio Romano, estaba decidido a permanecer firme junto a su líder. Al fin y al cabo, estaban cumpliendo una misión. Pero todo terminó convertido en un gran lío.

Tal vez usted se pueda identificar con esto. A lo mejor está listo para lanzarse a la carga de inmediato, una vez señalada la dirección. Si usted hubiera sido Nehemías, habría hecho las maletas el mismo día que oyó hablar del desastre que había en Jerusalén. Al anochecer, habría estado al otro lado del muro, y de camino. Al fin y al cabo, Dios le había encargado la reconstrucción de los muros. Y no, usted no sabía cómo los iba a levantar. Pero claro, donde hay hombres no hay fantasmas. Y donde es Dios el que quiere, Dios mismo abre camino. Además, lo cierto era que no podría levantar los muros mientras siguiera viviendo en Persia, haciéndole reverencias y cumplidos a un rey al que no le importaba su pueblo.

Sin embargo, por convincente que haya parecido su discurso; por impresionante que le haya salido su bravata, lo cierto es que habría estado equivocado por completo.

Nada antes de tiempo

Hace varios años, Sandra y varias de sus amigas sintieron carga por las mujeres jóvenes de nuestra iglesia. Les preocupaban en especial las que estaban geográficamente separadas de su madre, o aquéllas cuyas relaciones con su madre hacían difícil la comunicación.

Sandra preguntó si podían tratar de comenzar un ministerio femenino edificado alrededor de la idea de unas mujeres de más edad que les hicieran de mentoras a las más jóvenes. A mí me pareció una idea excelente, así que comencé a hacerle docenas de preguntas sobre el *cómo*.

"¿Cómo van a hallar a las mujeres que necesitan de una mentora?"

"¿Cómo van a hallar mujeres que les hagan de mentoras a esas jóvenes?"

"¿Les van a dar adiestramiento a las mentoras?"

"¿Cuánto tiempo va a durar ese programa?"

"¿Quién va a estar al frente de todo?"

"¿Cómo van a reunir a cada joven con su mentora?"

"¿Tienen un plan de estudios para que lo sigan estas mujeres?"

No hay nada peor que recibir este tipo de preguntas cuando la visión se halla en su etapa embrionaria. Si no tenemos cuidado, podemos matar la visión a base de preguntar *cómo*. Yo no estaba tratando de ser incómodo. Estaba expresando interés... y tal vez un poco de preocupación.

Por supuesto, ella no tenía la respuesta para ninguna de esas preguntas. Pero sí tenía una gran respuesta. Me dijo: "Querríamos tomarnos un año entero para orar y planificar".

¿Un año? Querían esperar todo un año antes de lanzar aquel ministerio a las mujeres. En el trabajo de las iglesias, esto es algo inaudito. La costumbre es que se comience antes de estar listo. Se le hace publicidad aun antes de tener el personal. Entonces se pasan años quejándose de que ya nadie se quiere comprometer a nada.

Durante doce meses, Sandra y su equipo se estuvieron reuniendo para orar y planificar. Al final del año, publicaron sus planes. Desde el primer día se hizo evidente que Dios les había dado una estrategia. Yo me limité a descansar mientras este equipo, formado por unas señoras bastante jóvenes, movilizaba y adiestraba a las señoras de más edad en nuestra congregación. Entonces, de una manera que demostraba que Dios las estaba guiando, fueron haciendo parejas de damas de más edad y más jóvenes. Fuimos oyendo, una tras otra, historias sobre lo bien que se coordinaban aquellas mujeres. Eso sucedió hace cinco años. Muchas de esas mujeres se siguen reuniendo aún hoy. Dios sabía *cómo* lanzar un ministerio femenino en nuestra iglesia. Todo lo que necesitaba era alguien que preparara las cosas, y esperara el momento oportuno.

Es asombroso lo que podemos lograr cuando esperamos a que Dios nos guíe. Igualmente asombroso es el desastre que podemos hacer con las cosas cuando nos lanzamos por nuestra cuenta y riesgo. Las visiones divinas no dependen de que nosotros las hagamos suceder. Dependen de que Dios haga que las cosas pasen. Jesús se lo explicó a sus discípulos de esta forma:

Yo soy la vid, vosotros los pámpanos; el que permanece en mí, y yo en él, éste lleva mucho fruto; porque separados de mí nada podéis hacer. (Juan 15:5)

A lo cual, sentimos la tentación de responder: "Un momento. Tiene que haber *algo* que yo pueda hacer." Así es, pero no será nada que tenga consecuencias eternas. La visión de Dios para su vida está repleta de consecuencias eternas.

Cuando quedamos a la merced de nuestro propio ingenio, podemos echar a perder una visión en corto tiempo. Pero la obra de Dios, hecha a su manera y en su momento, siempre tiene éxito. Y se produce de tal forma, que nos señala su fuente: Dios mismo.

UNA VEZ MÁS

Por si no se dio cuenta las doce veces anteriores, repito que el *cómo* no es problema para Dios. Si hay algún problema para Dios, ése somos nosotros. Nosotros, que tenemos la tendencia a permitir que la pregunta sobre el *cómo* nos abrume, o a lanzarnos a un frenesí de actividad impulsado por nosotros mismos.

Si se siente abrumado, recuerde: está invitado a aprovecharse de los inagotables recursos de Dios. Él no está esperando que usted realice todo lo que sea necesario realizar para lograr la visión que ha hecho nacer en usted.

Por otro lado, si su sana estima de sí mismo lo engaña de tal forma que ha llegado a pensar que tiene todo lo necesario para realizar el trabajo, recuerde esto: es cosa de Dios. Es Él quien lo ha llamado. Y Él no depende de usted. Usted sólo es un jugador; no el equipo completo.

En cualquiera de ambos casos, Dios anda buscando dependencia. Una dependencia que espere activamente a que Él resuelva la pregunta del *cómo*.

VISIOINGENIERÍA
PROYECTO # 4

1. ¿Cómo reacciona usted normalmente ante un desafío?

   ____ Me siento abrumado con facilidad.

   ____ Tengo la tendencia de lanzarme.

   ____ No me gusta comenzar mientras no hayan quedado respondidas la mayoría de mis preguntas.

   ____ Otra. Explique:

2. Imagínese que se encuentra en la situación de Nehemías. A partir de su historia personal, ¿cómo le parece que habría respondido si Dios le hubiera dado a usted la visión de reconstruir los muros de Jerusalén?

3. Me encanta pasar tiempo con personas que estén siguiendo una visión. Siempre salgo de esas conversaciones sintiéndome retado y animado. ¿A quién conoce y respeta usted, que esté siguiendo una visión?

   Busque un tiempo para hablar con esa persona acerca de la forma en que trató esta cuestión del *cómo* cuando comenzó a seguir su visión.

Capítulo cinco

LA FE, EL INGREDIENTE ESENCIAL

La prueba de vuestra fe produce paciencia.
SANTIAGO 1:3

Hay pocas cosas que le den tanta fortaleza a nuestra fe, como una visión dispuesta por Dios.

En sentido espiritual, la fe es la confianza en que Dios es quien Él dice ser, y va a hacer lo que ha prometido hacer. La fe no es un poder ni una fuerza. No es tampoco un vehículo por medio del cual podamos obligar a Dios a hacer algo contrario a su voluntad. Sólo es una expresión de confianza en la persona y el carácter de Dios. Es la respuesta adecuada a la promesa o revelación de Dios.

Abrazar la visión y aceptarla como nuestra es ya en sí un acto de fe. Hacer esto es vivir por fe, en su sentido más verdadero. Cuando abrazamos una visión en su infancia, antes de que no haya "sucedido" nada en realidad, estamos proclamando nuestra confianza en la persona y el carácter de Dios. Ciertamente, seguir una visión divina es un acto de adoración. Es una declaración de confianza en Dios. Es una proclamación sobre lo importante que creemos que es su agenda. Y es Dios quien recibe la honra.

Actuar en fe equivale a la máxima expresión de entrega, admiración y adoración. Cuando usted actúa en fe, demuestra que cree que Dios es quien Él dice ser, y que va a hacer lo que ha prometido hacer. No hay nada que le dé más honra a su Padre celestial, que tomar decisiones vitales a partir de lo que Él ha afirmado acerca de sí mismo. Esto es especialmente cierto cuando las circunstancias parecen dictar una respuesta distinta.

Lo difícil para nosotros es que, mientras más contrarias sean las circunstancias, más honra recibe Dios. Es decir, que mientras más improbable parece el cumplimiento de nuestra visión, más fe se necesita. Y por consiguiente, mayor es el potencial de gloria para Dios.

Si así son las cosas, Nehemías estaba listo para causar el impacto máximo en el departamento de la gloria. Su visión iba contra la corriente, en todas las formas imaginables. Por supuesto, esto era una buena noticia para Dios, pero era para Nehemías una verdadera tribulación que hacía crecer su fe y su confianza.

EL LEGADO DE FE

Nehemías sólo fue uno entre los tantos personajes de la Biblia que vivieron con la tensión de la fe y la visión. Las Escrituras están llenas de relatos sobre hombres y mujeres que batallaron con esta relación. Los héroes de la Biblia que celebramos con tanta frecuencia no eran sólo hombres y mujeres de fe, sino que también eran visionarios. Se habían entregado a lo que podía y debía ser, a pesar de lo que veían a su alrededor.

Piense en la honra que le dieron Noé y su familia a Dios al obedecerle y construir el arca. La fe de Noé alimentaba su visión. Le estaba tomando la palabra a Dios. Iba a llover. Iba a haber un diluvio. Noé no era sólo un hombre de fe, sino también un hombre de visión.

> Por la *fe* Noé, cuando fue advertido por Dios acerca de cosas que aún no se *veían*, con temor preparó el arca en que su casa se salvase; y por esa *fe* condenó al mundo, y fue hecho heredero de la justicia que viene por la *fe*. (Hebreos 11:7, cursiva del autor)

Lo mismo sucedió con Abraham. Fue capaz de ver una tierra donde Dios multiplicaría a sus hijos hasta el punto de que adquirirían una importancia internacional. Pero era una visión sostenida por la fe. Al fin y al cabo, Él no sabía dónde lo llevaba Dios. Y Sara no podía tener hijos. No obstante, vea lo que se dice de Abraham.

Por la fe Abraham, siendo llamado, obedeció para salir al lugar que había de recibir como herencia; y salió sin saber a dónde iba. (v. 8)

Su fe alimentaba su visión. Sin una gran fe, Abraham no habría podido progresar. La visión habría muerto en Harán. Pero Abraham creyó a Dios. Creyó su promesa de que le daría un nuevo hogar nacional, y una familia que bendeciría a toda la tierra. Creyó, no porque pudiera ver, sino que su fe estaba enraizada en el carácter de Dios. Si Dios decía que habría una nación, habría una nación. Y la fe de Abraham le dio honra a Dios.

Podemos encontrar el mismo curso de acción en la historia de Josué en Jericó, de Gedeón y los madianitas, y de David en su aspiración al trono. Todos estos hombres habían recibido una visión sobre lo que podía y debía ser. Y cada uno de ellos dio el paso de fe, poniendo todas sus esperanzas en la fidelidad de Dios a su palabra.

Para seguir una visión hace falta fe. Para seguir una gran visión hace falta una gran fe. Cuando seguimos una visión, sentimos que nuestra fe es probada y extendida hasta llegar a veces al punto del agotamiento. Y mientras usted se tira del cabello aquí abajo, Dios se deleita en la gloria que recibe.

Mientras nosotros esperamos, esperamos y esperamos, y confiamos, confiamos y confiamos, Él se agrada en la gloria que reflejan en Él sus siervos fieles. Se gloría en el hecho de que hayamos estado dispuestos a aceptar su palabra. Se deleita en nuestra perseverancia ante unas probabilidades debilitantes. Nuestra fe y nuestra fidelidad continua le dan a Él una honra inmensa; la honra que con todo derecho se merece.

Todo esto nos señala hacia una verdad que exploraremos más tarde con mayor detalle. Pero no me puedo resistir a comenzarla ahora. Las visiones inspiradas por Dios terminan llevándonos de vuelta a Él. Cualquiera que sea el papel que desempeñemos, nunca somos nosotros el centro de atención de una visión genuinamente dispuesta por Dios. El centro es Él.

MIENTRAS TANTO, VOLVAMOS A PERSIA

En Persia, la fe de Nehemías se extendía hasta el punto de quedar irreconocible. Él estaba muy consciente de que dependía de Dios. Y sin duda, Dios se estaba complaciendo en la gloria que esto le proporcionaba.

Entonces, sucedió algo inesperado por completo. Mientras Nehemías estaba sirviendo al rey Artajerjes, éste se dio cuenta de que su copero estaba triste. Era la primera vez que Nehemías le había revelado sus emociones al rey (Nehemías 2:1). En lugar de sacarlo del salón del trono, que era lo corriente cuando un sirviente expresaba cualquiera otra cosa que no fuera deleite en su presencia, el rey le preguntó a Nehemías por qué se sentía tan perturbado.

En un inesperado acto de valor, que le habría podido costar tanto su posición como su vida, Nehemías se lanzó a darle una descripción abreviada, aunque en detalle, sobre el ruinoso estado de su patria.

Me imagino que se produciría una larga pausa, mientras el rey meditaba en la respuesta de Nehemías. Entonces, el rey Artajerjes lanzó la pregunta mágica. La pregunta que le proporcionó a Nehemías la oportunidad por la que había estado esperando y orando. Había llegado el gran momento. Y Nehemías sabía que era muy probable que no tuviera una segunda oportunidad.

Me dijo el rey: ¿Qué cosa pides? (Nehemías 2:4a)

El corazón se le debe haber querido salir del pecho a Nehemías. Iba a tener una oportunidad de desplegar todo su plan delante del único hombre en el mundo que podía hacer algo al respecto. ¿Su reacción? "Entonces oré al Dios de los cielos" (v. 4b).

A lo largo de todo aquel proceso, Nehemías nunca había perdido de vista su dependencia. Aunque con aquella oportunidad única en la vida delante de su rostro, no se atrevió a dar un paso solo. Estaba suficientemente curado en cuanto a su propia voluntad. En él no existía ese espíritu envalentonado e independiente de "Dios, déjamelo en mis manos". Estaba tan unido a la fuente de su fortaleza, que ni siquiera los sucesos de aquel día tan cargado de emoción en el salón del trono lo lograron descentrar. No dijo una sola palabra antes de pedirle ayuda a Dios.

Piénselo. Había ensayado su discurso mil veces. Estaba preparado. Pero su confianza no estaba puesta en esa preparación. Tampoco estaba dependiendo del rey. Estaba dependiendo, más que nunca, de su Dios.

Éste es el tipo de fe que Dios está desarrollando en usted mientras espera en el bloque inicial de su visión.

Esta actitud se refleja de nuevo en el relato de Nehemías acerca de la forma en que terminó la escena en el salón del trono.

> Además dije al rey: Si le place al rey, que se me den cartas para los gobernadores al otro lado del río, para que me franqueen el paso hasta que llegue a Judá; y carta para Asaf guarda del bosque del rey, para que me dé madera para enmaderar las puertas del palacio de la casa, y para el muro de la ciudad, y la casa en que yo estaré. Y me lo concedió el rey, según la benéfica mano de mi Dios sobre mí. (Nehemías 2:7-8)

Observe quién fue el que se llevó el crédito. Nehemías sabía que no había sido su paciencia, ni su preparación, su capacidad para comunicarse o su persuasiva personalidad lo que había hecho posible aquel momento. "Y me lo concedió el rey, según la benéfica mano de mi Dios sobre mí." Sólo Dios habría podido preparar de esa forma las circunstancias. Y Nehemías le dio de inmediato el crédito a Aquél que lo merecía. Reconoció la fuente de su éxito.

GRACIAS, DIOS MÍO. AHORA CREO QUE YO PUEDO SEGUIR ADELANTE SOLO

Hay pocas cosas que distorsionen tanto nuestra perspectiva, como el éxito público. Las recompensas que acompañan al éxito pueden convertir a una persona humilde en un tirano. El éxito lleva muchas veces a la autosuficiencia. Son pocas las personas de éxito que no han perdido de vista lo que serían sin Dios.

El éxito en las empresas seculares no es el único tipo de éxito que echa a perder a una persona. El lanzamiento de una visión exitosa, de cualquier clase que sea, puede llevar a lo mismo. Mi profesión se destaca en cuanto a esto. Es irónico que haya hombres y mujeres que le atribuyan a Dios su *llamado* al ministerio, pero no estén tan dispuestos a darle crédito por su *éxito* en él.

En parte, son la profundidad y la autenticidad de nuestra fe las que determinan nuestra capacidad para manejar el éxito. La fe nos centra en el hecho de nuestra insuficiencia, ante su suficiencia. La fe madura es capaz de mantener esa perspectiva, aunque la fe se haya convertido en vista.

Por raro que parezca, nos es más difícil mantenernos caminando en fe cuando comenzamos a ver que nuestros sueños se hacen realidad. Cuando las esperanzas se convierten en realidades, nos es fácil desplazar nuestra fe a aquellas cosas sobre las que hemos estado soñando, quitándola de Aquél que ha sido la fuente de nuestra provisión.

Son pocos los visionarios capaces de mantener un espíritu de dependencia y de humildad ante el éxito público. Así que Dios obra el tiempo que haga falta para enraizar, fortalecer, extender y madurar nuestra fe en las etapas iniciales de la visioingeniería. Nuestra capacidad para seguir caminando hasta el final depende de ello.

Seamos sinceros: es mucho más fácil confiar en Dios cuando tenemos pocas cosas por las cuales confiar en Él. ¿Qué podemos perder? En cambio, cuando la fe se convierte en vista; cuando por fin la visión toma forma palpable, dentro de cada uno de nosotros hay algo que dice: "Hasta aquí me habrá traído Dios, pero a mí me corresponde ahora mantener las cosas". Y sin que hayamos tomado una decisión consciente, cambiamos de estrategia. Tomamos el control.

Un hombre llamado Jack me vino a ver una tarde para hablar de un problema de personal que estaba teniendo en su compañía. Un antiguo empleado descontento lo estaba llevando ante los tribunales. Jack lo estaba acusando también a él, y todo aquello se había convertido en un gran desastre.

Sin saber con exactitud cómo ayudarlo, le dije: "Jack, ¿cómo se metió usted en esta línea de trabajo?" Él sonrió, se arrellanó en su asiento y me hizo una increíble historia sobre la forma en que Dios le había dado una visión con respecto a la compañía. Paso a paso, Dios le había abierto camino para que pudiera seguir su visión y levantar la compañía hasta convertirla en una empresa multimillonaria.

Entonces, sin que yo le sugiriera nada, sacudió la cabeza y me dijo: "No tengo por qué llevar a ese hombre a los tribunales. Ni a él, ni a nadie." Entonces me confesó que los pleitos legales se habían convertido para él en un estilo de vida. Eran un procedimiento normal dentro de su negocio. Después me dijo: "Cuando comencé, las cosas no eran así. Yo no me abrí paso en los negocios a base de pleitos legales." Una vez más, sacudió la cabeza y se quedó sentado en la silla.

A medida que seguíamos hablando, fue quedando claro para ambos que, en algún momento, Jack se había apoderado de las riendas. En algún momento, Jack se había convencido de que Dios lo podía llevar donde él quería estar, pero que él tendría que trabajar duro para mantenerse allí. Como muchos de nosotros, Jack sucumbió ante la presión de responsabilizarse por el mantenimiento de la visión, como si aquella tarea fuera demasiado grande para Dios.

El éxito tiene su forma de desprendernos de nuestra dependencia de Dios. Cuando estamos triunfando, nos es fácil apoderarnos de la responsabilidad de mantener nuestro éxito. Sin siquiera desearlo, pasamos de una orientación hacia Dios, a una orientación hacia nosotros mismos.

Por esa razón, Dios usa el tiempo anterior al momento en que es lanzada nuestra visión, para atar a Él nuestra fe. Nos permite que calentemos motores en los bloques de salida el tiempo suficiente para que nos recalentemos y los tengamos que apagar. Nos permite esperar hasta que tengamos puesta nuestra fe en Él, y sólo en Él. Porque ésa es nuestra única esperanza de que nuestra visión tenga un final verdaderamente triunfal.

Mientras mayor es la visión, más importante es que nuestra fe tenga sus raíces en las capacidades de Dios, y no en las nuestras. Mientras mayor sea la visión, más presión sentiremos para apropiarnos del crédito por nuestro éxito. Antes de que Dios le pueda confiar las recompensas que acompañan al éxito, es necesario que usted sea dependiente. La forma en que Él lo lleva hasta ese punto es a base de extender, e incluso poner en tensión su fe. Pero a medida que aumente la capacidad de su fe, también aumenta su potencial para pasarle a Él la gloria que sólo Él merece.

Así que tenga ánimo. La agonía por la que usted está pasando es normal. La soledad que siente, es de esperarse. Las noches de insomnio durante las cuales piensa, con la mirada fija en el techo:

"¿En qué me he metido?", forman parte del proceso. Todas esas experiencias lo llevarán finalmente a una conclusión: "¡Señor, si tú no acudes, me hundo!" Y allí es exactamente donde él quiere que usted esté... y permanezca. Por esta razón, los hombres y mujeres de visión son hombres y mujeres de fe. Y Dios se honra en la fe de ellos.

UN SALTO DE FE

Nosotros tenemos detrás de la casa un muro de retención hecho con ladrillos que tiene de largo unos veinte metros. Andrew, mi hijo de cinco años, ha estado loco por caminar sobre el muro desde que tuvo edad suficiente para caminar. Esta tarde lo hizo por vez primera.

En cada uno de los lados, el muro tiene cerca de un metro de alto. De allí sube a casi dos metros. En el centro tiene casi tres. La sección más alta tiene unos diez metros de largo, antes de volver a tener cerca de dos metros de altura.

Después de una larga conferencia en la que le repetí una y otra vez que nunca se debe subir al muro si papá no lo está viendo, y después de responder a una serie de preguntas acerca de otros adultos que serían aceptables como supervisores, lo puse nerviosamente en la sección del muro que tiene un metro de alto. Sin titubear, caminó a lo largo de la sección más baja. Se las arregló para subirse a la sección que mide casi dos metros, y allí tampoco tuvo problemas.

Cuando llegó a la parte más alta del muro, me di cuenta de que su seguridad y su osadía se estaban desvaneciendo. Caminó a lo largo de casi todo el muro antes de terminar mirando hacia abajo y diciéndome: "Papá, ya no quiero seguir haciendo esto".

De inmediato, yo extendí los brazos y le dije: "Salta".

El miró el muro. Después me miró a mí. Volvió a mirar el muro. Y me volvió a mirar a mí. Dobló ligeramente las rodillas y me dijo: "¿Me vas a recoger?"

Yo le respondí: "No; en el último segundo me voy a mover y dejar que te caigas al suelo." Estaba bromeando.

"Sí, Andrew", le dije. "Yo te voy a recoger."

Sin dudarlo un instante más, saltó a mis brazos. Cuando yo lo comencé a bajar, se me agarró al cuello. Así que estuve allí durante unos maravillosos y profundos segundos, sosteniéndolo.

Cuando saltó, seguía teniendo mucho miedo. Pero su confianza en mí fue más fuerte que su temor a saltar. Me honró con su acto de valor. Nunca tuvo dudas sobre si yo podría o querría recogerlo. La cuestión estaba en si su confianza en mí vencería a su temor. Y lo hizo. En aquel momento, yo experimenté de una forma muy limitada lo que experimenta nuestro Padre cuando nosotros actuamos apoyándonos en nuestra fe, en lugar de apoyarnos en nuestros sentimientos y en lo que nos rodea.

Mientras más alto sea el muro, mayor será la honra.

Las visiones grandes son como los muros grandes.

VISIOINGENIERÍA
PROYECTO # 5

1. Evalúe el éxito de otras personas.

Yo tengo dos mentores. Una de las cosas que me atrajeron inicialmente a estos hombres, fue la grandeza de su visión. De hecho, uno de ellos comienza frecuentemente nuestras conversaciones con esta pregunta: "Andy, ¿cuáles son las cosas grandes en las que estás trabajando?" Teniendo en cuenta la forma en que él define "grandes", por lo general me cuesta hallar una buena respuesta.

Ambos hombres han tenido gran éxito en sus respectivos campos de trabajo. Ambos han recibido aclamación a nivel nacional. Sin embargo, ninguno de los dos ha perdido de vista quién es el que se halla en última instancia detrás de su éxito. Tal vez sea esto lo que más aprecio en ellos. El éxito no los ha hecho pasar de la dependencia a la independencia. Son hombres genuinamente humildes.

¿Conoce a alguien así? ¿Hay alguien dentro de su red de relaciones que haya sido cristiano por lo menos durante quince años, que ha triunfado en su campo, y que demuestra tener una fe activa en Dios? Si así es, inicie con esa persona una conversación relacionada con el tema de este capítulo. Hágale las preguntas siguientes.

¿Cómo comenzó usted (con respecto a su visión y su éxito)?

Cuando usted comenzó, ¿sentía que Dios lo iba dirigiendo?

¿Sintió alguna vez que Dios lo había abandonado mientras usted seguía su visión?

Si así fue, ¿qué hizo?

¿Cuál fue la experiencia que más fe le exigió a lo largo de su camino?

Cuando comenzó a experimentar las recompensas del éxito, ¿se le fue alguna vez a la cabeza?

¿Hay algo en particular que lo ayude a mantener su éxito en la perspectiva correcta?

¿Qué habría hecho usted de otra manera si pudiera comenzar de nuevo?

2. Evalúe sus oraciones

Me parece prudente dar por supuesto que la mayoría de los cristianos no están intentando hacer nada que exija la intervención divina. No están esperando que Dios haga nada especial. No están conscientes de que necesitan que Él haga nada especial. Están confiando en que Él va a entrar en escena una vez que exhalen el último suspiro. Pero mientras tanto, viven como si todo estuviera bajo su propio control.

Si usted quiere saber qué puntuación le corresponde en esta cuestión, escuche sus oraciones y peticiones. ¿Qué pide cuando ora? ¿Cuáles son las cosas por las que ora noche tras noche? Ésas son sus pasiones. Ésas son las cosas más importantes para usted. Un tanto espantoso, ¿no es cierto? ¿Un poco vergonzoso? ¿Algo centrado en usted mismo?

¿Cuál fue su reacción la última vez que alguien le preguntó por qué quería que orara? ¿Tuvo que pensar un instante antes de contestar? ¿Fue su respuesta.. digamos... poco inspiradora? ¿O se le iluminaron los ojos al pensar en aquella cosa, aquella persona, aquel ministerio con respecto a los cuales usted está confiando en Dios? Aparte del cielo, y tal vez su salud, ¿cuáles son las cosas en cuanto a las cuales usted depende conscientemente de Dios?

Capítulo seis

EL INVENTARIO

Si tu visión es para un año, siembra trigo.
Si tu visión es para diez años, siembra árboles.
Si tu visión es para toda la vida, siembra gente.

PROVERBIO CHINO

La última vez que vimos a nuestro héroe, iba dando saltos por los pasillos del palacio. El rey Artajerjes lo había liberado para que llevara adelante su visión de reconstruir los muros que rodeaban a Jerusalén. Las cosas se estaban acelerando. Estaban comenzando a suceder. La visión había despegado del suelo.

Tal como le había prometido el rey, Nehemías recibió una carta en la que se lo autorizaba para tomar árboles del bosque real. Además, recibió cartas dirigidas a los gobernadores de las regiones por las cuales viajaría. Aquellas cartas le garantizaban el paso hasta Jerusalén. Además, el rey envió a varios de sus propios oficiales del ejército, a fin de que acompañaran a Nehemías en su viaje con sus hombres de a caballo.

Nehemías pasó los cinco meses siguientes absorto con su visión. Debe haber sido un tiempo muy emocionante. Después de años de rutina y de servirle de criado al rey, se debe haber sentido como un ave enjaulada que ha sido puesta en libertad. Por vez primera en largo tiempo, tal vez en toda su vida, se estaban poniendo en uso sus capacidades organizativas.

Al cabo de unas pocas semanas, salía con su séquito para cortar la madera que se usaría en las puertas de la ciudad. Una vez terminada aquella tarea, se abrieron paso lentamente hacia Jerusalén. En total, viajaron alrededor de mil seiscientos kilómetros.

Nehemías no tenía manera de saber qué hallaría cuando llegara a Jerusalén. Sabía lo que Dios le había puesto en el corazón que hiciera. Pero también sabía que sin el apoyo de los que vivían en Jerusalén, el éxito sería imposible. Una vez más se estaba enfrentando con circunstancias que se hallaban fuera de su control. Después de un asombroso comienzo, Nehemías se enfrentaba a la posibilidad de que todo su proyecto se viniera abajo. A pesar del impulso que tenía, si Dios no volvía a intervenir, no habría muro.

Aquel territorio era familiar para Nehemías.

CAMINE ANTES DE HABLAR

Por fin se divisaba en el horizonte la ciudad de Jerusalén. Debe haber sido un momento de emoción para Nehemías cuando vio que la silueta de aquella ciudad que tanto reverenciaba iba aumentando de tamaño en la distancia. Lo más probable es que estuviera por vez primera en su tierra de origen. Había llorado al oír las descripciones de Jerusalén. No hay duda de que también lloró mientras se acercaba a la ciudad.

La llegada de Nehemías no pasó inadvertida. La entrada de un funcionario persa a la ciudad, seguido de una escolta armada a caballo no era un suceso de todos los días. Además, ¿para qué era toda aquella madera?

Es muy probable que la noticia de su llegada hubiera corrido ya por toda la ciudad antes de pasar el último caballo por lo que quedaba de la puerta frontal. ¿Quiénes eran aquellas personas? ¿Por qué habían venido? ¿Quién los comandaba? Nadie sabía. Y Nehemías tampoco se lo dijo a nadie (2:12). De hecho, no compartió su visión con nadie de Jerusalén por lo menos durante tres días. Imagíneselo. Cuando a mí se me ocurre una buena idea, me cuesta trabajo mantenerme con la boca cerrada durante tres minutos. En cambio, Nehemías sabía que era demasiado pronto para anunciar sus intenciones. En lugar de hacerlo, pasó algún tiempo estudiando la situación.

Me levanté de noche, yo y unos pocos varones conmigo, y no declaré a hombre alguno lo que Dios había puesto en mi corazón que hiciese en Jerusalén; ni había cabalgadura conmigo, excepto la única en que yo cabalgaba. Y salí de noche por la puerta del Valle hacia la fuente del Dragón y a la puerta del Muladar; y observé los muros de Jerusalén que estaban derribados, y sus puertas que estaban consumidas por el fuego. (Nehemías 2:12-13)

Nehemías se dedicó a caminar antes de hablar. No anunció sus intenciones en el momento de entrar en la ciudad. En lugar de hacerlo, se dedicó a investigar. No se dejó llevar por las emociones del momento. Aunque debe haber estado muy emocionado, se mantuvo ecuánime.

BLOQUE DE CONSTRUCCIÓN # 6

Camine antes de hablar; investigue antes de comenzar.

Cuando Dios le ponga en el corazón que haga algo, no se lo diga a nadie. Al fin y al cabo, nadie se va a sentir ni con mucho tan emocionado como usted. Su falta de celo tiene el potencial de detenerlo antes de que comience. Por lo general, cuando compartimos una visión de forma prematura, tendremos garantizada una recepción poco cálida.

Además de esto, suele haber algún trabajo previo que es necesario hacer antes de publicar la idea. Como Nehemías, es posible que usted tenga que buscar datos, explorar, preparar el terreno, antes de comenzar a decirle a la gente lo que piensa hacer. Recuerde: una visión no siempre exige acción inmediata. En cambio, es probable que exija que investiguemos con profundidad.

No tiene nada de heroico, ni de inteligente, actuar de manera osada y sin información para llevar adelante una visión, cualquiera que sea su origen. Por otra parte, no es evidencia de que haya falta de fe el que hagamos las preguntas difíciles que la sabiduría nos indica que hagamos.

Es sabio conocer con qué nos vamos a encontrar. Inicialmente, es posible que usted se sienta abrumado por la magnitud de una visión que le haya dado Dios. Pero aun a riesgo de sentirnos asustados o intimidados, es importante que sepamos todo lo que podamos saber, antes de seguir adelante. Jesús se refería a esto cuando les preguntó a sus discípulos: "Porque ¿quién de vosotros, queriendo edificar una torre, no se sienta primero y calcula los gastos, a ver si tiene lo que necesita para acabarla?" (Lucas 14:28). En otras palabras, averigüen primero. Caminen antes de hablar.

La cabalgata de media noche realizada por Nehemías no fue motivada por una falta de fe. No estaba cambiando de idea. No investigó los muros para ver si se decidía a realizar el proyecto. Los investigó porque estaba comprometido con el proyecto. Cuando por fin les anunció sus intenciones a los que realizarían el trabajo, sabía con exactitud qué encontrarían. Nadie lo podría acusar de no comprender la magnitud del proyecto.

Una vez que usted anuncia su visión, la ha abierto a discusión... y a crítica. Todo aquél con quien hable, le va a responder con la misma pregunta: ¿CÓMO? Y si usted no se ha tomado el tiempo necesario para investigar debidamente, corre el riesgo de que alguien le aplaste el entusiasmo. Todo, porque usted no puede responder sus preguntas.

En la mayoría de los ambientes, si no podemos presentar nuestra visión con grandes detalles racionales, la van a dejar pasar como una idea loca. Por eso es importante que usted sepa todo lo que pueda, antes de anunciar sus intenciones. Por supuesto, hay un cierto sentido en el cual todas las visiones son poco prácticas. En las primeras etapas del proceso de visioingeniería, muchas de las preguntas que le hagan no van a tener respuesta. Pero usted necesita saber todo lo que se puede saber antes de abrir su visión para que le hagan preguntas.

Por sencillo y obvio que parezca este principio, es fácil pasarlo por alto cuando se apodera de nosotros el entusiasmo de una idea nueva. Me sorprende la cantidad de personas con las que me he encontrado a lo largo de los años, que se han centrado en una idea, la han proclamado ante el mundo, y después han chocado de frente con las realidades que rodeaban a su "visión". Muchos de estos choques mortales se habrían podido evitar si ellos hubieran hecho una buena preparación previa.

PARA EVITAR EL CHOQUE

La investigación hace por lo menos una de estas tres cosas. Nos confirma el origen divino de nuestra visión, le da mayor definición y enfoque, o nos indica que estábamos equivocados por completo con respecto a la visión.

La confirmación de la visión

Una de las ilustraciones más dramáticas sobre la forma en que Dios puede usar la investigación para confirmar una visión, se halla en el libro de Josué. El pueblo de Israel acababa de terminar su viaje de cuarenta años por el desierto. Esta pequeña excursión la había iniciado Dios después de que el pueblo permitió que lo intimidara la magnitud de la visión que Él había preparado para ellos. Moisés había enviado un grupo de espías a Canaán, a fin de que adquirieran algunas ideas acerca de aquello que se encontrarían al cruzar el río Jordán. Su propósito al enviarlos no era decidir *si* debían entrar a Canaán, sino descubrir qué debían esperar *cuando* lo hicieran.

Cuando los espías informaron sobre lo que habían visto, los israelitas decidieron suspender la misión. Habían llegado a la conclusión de que lo mejor era regresar a Egipto. Pero no era esto precisamente lo que Dios estaba pensando. Así que los dejó dando vueltas por el desierto hasta que murió toda la generación de incrédulos. Entonces, se dirigió a Josué y le dijo, y estoy parafraseando: "Muy bien, vamos a intentarlo una vez más. Lleva a mi pueblo a Canaán."

Una vez que Dios decide que es necesario hacer algo, nunca es cuestión de *si* se va a hacer. La cuestión suele ser *cómo* se va a hacer. ¿Quién va a dar un paso al frente, abrazar la visión y seguir adelante por fe?

Ahora le tocaba a Josué guiar (o empujar) al pueblo para que entrara en Canaán. Como Moisés, envió espías a la Tierra Prometida para que les dieran una idea de qué iban a encontrar. Para sorpresa y aliento suyos, descubrieron que la población de Canaán sentía un miedo mortal por los israelitas. De hecho, aún estaban hablando sobre la forma en que el Dios israelita había abierto el mar Rojo.

Cuando los espías regresaron, éste fue su informe.

Y dijeron a Josué: Jehová ha entregado toda la tierra en nuestras manos; y también todos los moradores del país desmayan delante de nosotros. (Josué 2:24)

Eso era todo lo que Josué necesitaba oír. La visión estaba confirmada. Todos los sistemas tenían que ponerse en marcha. A la mañana siguiente, la nación comenzó una campaña que Dios había dispuesto que se realizara centenares de años antes de que Josué naciera. Aquello venía de Dios. La información recogida por los espías lo confirmaba.

La diferencia principal entre el primer grupo de espías y el segundo, no fue lo que vieron. Fue la forma en que interpretaron lo que vieron. Ambos grupos vieron los mismos muros altos y las mismas ciudades fortificadas. Ambos vieron los gigantes y la tierra productiva. Los espías que envió Moisés interpretaron aquellos datos desde el punto de vista del potencial militar y la fuerza de Israel. ¿Su conclusión? "Estaríamos mejor en Egipto."

En cambio, los espías de Josué interpretaron los datos de otra forma. No entraron a la tierra para evaluar si aquella empresa era posible. No estaban allí para decidir si su ejército era capaz o no de derrotar a las fuerzas de los cananeos. Estaban buscando confirmación, evidencias de que había llegado el momento oportuno y estaban en el lugar debido para lanzar la visión. No se limitaron a mirar, sino que estuvieron atentos. Y su investigación los llevó a la confirmación.

Recuerde: las visiones dadas por Dios parecen imposibles muchas veces desde una perspectiva puramente práctica. Sin embargo, cuando usted investiga más, si se trata realmente de una visión que viene de Dios, va a encontrar algún elemento de confirmación mezclado en algún lugar con los datos que usted acumule. Y si, frente a unas posibilidades tan abrumadoramente negativas, usted sigue teniendo un ardiente deseo de seguir adelante, lo más probable es que esté amarrado a algo divino.

La definición de la visión

Además de confirmar la visión, la investigación sirve para darle más definición y mejor enfoque. Es probable que el plan original de Nehemías comprendiera la restauración de los muros que rodeaban a Jerusalén a sus medidas y extensión originales. Sin embargo, después de analizar las ruinas, revisó su plan. Hizo más estrecho su enfoque. Como consecuencia, el muro construido bajo su dirección tuvo unas dimensiones mucho menores que el anterior.

Imagínese lo necio que habría parecido Nehemías si hubiera entrado cabalgando a la ciudad para anunciar que iban a reconstruir los muros hasta su tamaño y su gloria originales. En primer lugar, no era eso lo que Dios le había encargado que hiciera. Habría sido una visión suya; no la de Dios. En segundo lugar, habría fracasado. Muy pronto se habrían dado cuenta los trabajadores que la tarea era imposible. Se habrían dado por vencidos.

O Nashville, o nada

Matt tenía un insaciable deseo de involucrarse en la música cristiana. Aún estaba en la escuela secundaria cuando comenzó a sentirlo. Así que, como hacemos la mayoría de nosotros en esa edad, empezó a buscar un instrumento que pudiera aprender. Lo intentó con la guitarra. No le iba bien. Se compró un bajo. También perdió el interés en él. Por fin, se quedó con la batería.

Cuando se acercaba el final de su último año de estudios, se hizo evidente que tampoco se iba a poder ganar la vida tocando la batería. De hecho, por mucho que le costara admitirlo, lo tenía el talento necesario para triunfar en la música. Sin embargo, seguía teniendo el ardiente deseo de relacionarse con el mundo de la música cristiana.

Como se podrá imaginar, la gente lo animaba a abandonar su fantasía de niño e irse a estudiar a un colegio universitario para conseguir un verdadero trabajo. Hizo sus maletas y se fue a la Universidad de Auburn a estudiar mercadeo. Sin embargo, durante el primer año se le ocurrió que la industria de la música cristiana tenía un aspecto relacionado con los negocios en el cual él nunca se había fijado.

Mientras más descubría Matt este "escenario" tras el escenario, no explorado anteriormente, más interesado se sentía. Después de un año en Auburn, se pasó a la Universidad de Belmont, en Nashville, y solicitó una posición de interino en una compañía cristiana de grabaciones. Una cosa llevó a otra, y al cabo de tres años estaba trabajando como publicista para uno de los principales artistas cristianos del país.

Mientras Matt estudiaba el aspecto de negocios dentro de la industria de la música cristiana, su visión tomó un nuevo rumbo. Dios usó su investigación para cambiarle y centrarle su enfoque. Si no se hubiera tomado el tiempo necesario para mirar detrás del escenario, habría abandonado su visión. Habría llevado a la conclusión de que él no estaba hecho para el negocio de la música. Y eso habría sido una gran tragedia.

Este mundo está repleto de gente que se ha detenido a una pregunta de distancia de un camino que, de haberlo hallado, le habría permitido perseguir su visión. No permita que el desaliento de unas cuantas puertas cerradas de golpe en su cara haga que se aleje de la visión que Dios ha hecho nacer en su corazón. Investigue. Mire a su alrededor. Piense fuera de lo establecido.

Son pocos los lugares de destino que sólo tienen un punto de acceso. Lo mismo sucede con su visión. Si está bloqueado su enfoque inicial, busque alternativas. No se dé por vencido enseguida. A lo mejor sólo se halla a una pregunta de distancia de la llave que va a abrir la puerta que se alza entre usted y la visión de Dios para su vida. Dios va a usar este período de investigación para confirmar, aclarar y algunas veces reorientar su visión.

La eliminación de la visión

Clayton tenía una visión para su hijo Clay. Cuando creciera su pequeño, iba a ser un futbolista estrella, como su padre. Sólo había un problema. Clay no tenía ni el talento ni la energía que hacían falta para ser una gran estrella del deporte. Peor aún: en realidad, no tenía gran interés que digamos en el fútbol. De hecho, a Clay no le interesaban los deportes en absoluto.

Durante años pude observar cómo aumentaba la tensión entre padre e hijo. Al principio, Clay trataba de hacer cuanto podía por satisfacer las expectaciones de su padre. Así se las arregló para seguir adelante hasta el sexto grado y el séptimo. Pero una vez que entró en la secundaria, comenzó a resentirse ante las constantes presiones de su padre. Para empeorar las cosas, para sus entrenadores estaba claro que él no había nacido para jugar fútbol.

En cambio, su padre no quería ni oír hablar del asunto. Empujó y empujó, hasta que por fin Clay se negó a jugar. Así comenzaron varios años de rebelión abierta. Si su padre hubiera hecho un poco de investigación, se habría dado cuenta de lo que todos los demás parecían saber: Clay no estaba destinado a ser una gran estrella del deporte. Si él hubiera abandonado su visión antes, y lo hubiera animado a superarse en los aspectos para los que estaba bien dotado, se habrían podido evitar años de angustias y conflictos.

Es posible que la investigación lo lleve a la conclusión de que su visión no era en realidad tal visión. A lo mejor sólo se trataba de una buena idea. O, como en el caso de Clayton, tal vez haya sido una mala idea. Lo que le parece a usted una visión puede ser en realidad una visión de otra persona. Un conferencista motivador es capaz de hacernos sentir "llamados" a participar en su visión particular. Junte unas cuantas estadísticas con algunos relatos de esos que parten el corazón, ponga unas cuantas imágenes en la pantalla, y estoy listo para firmar.

Es importante distinguir entre una causa digna y una visión personal. Como muchas personas, yo doy mi contribución para algunas causas dignas, y trabajo de voluntario en ellas. Sin embargo, eso no quiere decir que formen parte de la visión que me ha dado Dios para mi vida.

Tengo una amiga llamada Karen, que fue pionera de un ministerio único dirigido a los niños poco privilegiados que viven en los barrios pobres de Atlanta. Cada vez que la oigo hablar acerca de la forma en que Dios está usando su organización para rescatar niños de sus ambientes infestados por las drogas, el corazón me salta de gozo.

En muchas ocasiones le he dicho que estoy dispuesto a hacer cuanto pueda por ayudarla. He dirigido hacia ella a varios donantes en potencia. Pero Karen y yo no compartimos la misma visión. A ella la consume lo que podría y debería ser en la vida de esos niños. Y yo creo con todo el corazón que su visión viene de Dios. Pero no es ésa la visión de Dios para *mi* vida.

La investigación lo va a ayudar a distinguir entre una buena causa y una visión dispuesta por Dios. O bien va a confirmar su visión, o le va a dar mejor enfoque, o va a hacer que usted se haga preguntas con respecto a ella. Si, después de un cuidadoso análisis del panorama, usted sale con una imagen más clara de lo que podría ser, y una pasión más ardiente por lo que debería ser, lo más probable es que haya encontrado una veta de oro.

Si su investigación lo deja con un puñado de datos y una preocupación general por un grupo o una situación, es probable que no sea aquí donde Dios quiere que usted centre su vida. El reconocimiento de una necesidad no tiene que traducirse siempre en una visión. El que sintamos una tristeza general por el estado de un grupo de personas no es tener una visión. Eso es compasión. La visión siempre contiene compasión, pero la compasión sólo es uno de los componentes de la visión.

Antes de firmar nada, haga preguntas. Haga muchas preguntas. Experimente. Ofrézcase voluntario. Explore. Mójese los pies. Pruebe las cosas.

No se comprometa en respuesta a la pasión del momento. Así no es como se debe hacer para hallar compañera, y tampoco se debe hacer así para hallar una visión. Lo que es cierto en cuanto a las relaciones, también lo es en cuanto a una visión. Los compromisos adquiridos por emoción sólo son tan fuertes como la emoción misma. Y las emociones se aplacan... bueno, usted sabe lo demás.

EL LANZAMIENTO DE LA VISIÓN

La investigación no es importante sólo por nuestro bien. También es importante por el bien de los que trabajan junto a nosotros. Con frecuencia, las visiones dadas por Dios involucran a representantes de todo el cuerpo de Cristo. Tanto si usted tiene la visión de una organización nueva, o un nuevo nivel de relación con un miembro de su familia, va a necesitar apoyo. Y los miembros del equipo necesitan saber las cosas.

En el próximo capítulo vamos a ver el tema del lanzamiento de la visión. Antes de poder lanzar con éxito su visión ante otra persona o ante un grupo de personas, es necesario que haya captado con claridad la realidad presente. Necesita saber qué se va a encontrar. Más importante aún: necesita saber a qué está llevando a los demás. Necesita saber cuanto pueda acerca del ambiente en el que espera que lo sigan las demás personas.

Nehemías lo sabía. Tenía conocimiento directo de la magnitud del proyecto al que quería lanzar a los habitantes de Jerusalén. Este conocimiento le dio la ventaja que necesitaba para lanzar una visión fascinante.

Una de las razones por las que nos inclinamos a compartir demasiado pronto nuestra visión, es que sentimos su carga sobre los hombros. La visión siempre va acompañada por una sensación de responsabilidad. Esa sensación continua de responsabilidad prepara nuestra mente para el "Si yo no hago algo, no se va a hacer nada". Tenemos por naturaleza la tendencia a tomar la visión y correr con ella, como si fuera exclusivamente nuestra. Es fácil olvidar que las visiones que Dios nos da no son responsabilidad nuestra. Nosotros tenemos un papel que desempeñar. Y de ese papel somos responsables. Pero la visión en sí, es responsabilidad de Dios.

De nuevo me viene a la mente María, la madre de Jesús. Estaba tan segura de la naturaleza divina de la visión que tenía en cuanto a su Hijo, que se avino a cumplir con sus responsabilidades de madre mientras esperaba a que Dios convirtiera la visión en realidad.

El ejemplo clásico de esto se produce sólo horas después de haber nacido Jesús. Sin advertencia alguna, aparecen de pronto unos pastores con la noticia de que unos ángeles les habían anunciado el nacimiento de su Hijo. Su visión quedaba confirmada. Todo iba a ser tal como los ángeles habían prometido. Poco después se marcharse los pastores, llegaron unos extranjeros para ver al niño.

Vinieron, pues, apresuradamente, y hallaron a María y a José, y al niño acostado en el pesebre. Y al verlo, dieron a conocer lo que se les había dicho acerca del niño. Y todos los que oyeron, se maravillaron de lo que los pastores les decían (Lucas 2:16-18).

¿Acaso no sabe que dentro de María había algo que quería ponerse de pie para anunciar ante el mundo todo cuanto el ángel le había dicho cuando había descubierto la identidad divina de su Hijo? ¿Se puede imaginar la emoción que debe haber sentido mientras la gente hacía llover preguntas sobre ella y sobre José con respecto a lo que afirmaban los pastores? Con toda seguridad, mientras contemplaba el lamentable ambiente en el que había nacido su hijo, le quería mandar un mensaje a alguien que pudiera hacer algo acerca de su alojamiento. Aquél no era un niño cualquiera. Los ángeles habían anunciado su nacimiento. Había que proteger su vida y su salud a toda costa.

Sin embargo, no hizo nada de esto. Lucas nos dice: "Pero María guardaba todas estas cosas, meditándolas en su corazón" (Lucas 2:19). No había urgencia. María no se dejaba controlar por su instinto maternal natural. No cedió ante el anhelo de decirles a todos lo que ella sabía acerca de su hijo. Al parecer, no sentía la necesidad de hacer que sucediera algo. Al contrario; descansaba en el conocimiento de que se trataba de una visión de Dios. Por consiguiente, Dios haría las cosas en su momento. Ella tenía una responsabilidad, pero la responsabilidad con respecto a la visión le pertenecía a Dios.

Lo que podría y debería ser, no va a ser mientras Dios no permita que sea. Los momentos oportunos forman una parte crítica del proceso de la visioingeniería. No se precipite. ¡Investigue!

VISIOINGENIERÍA
PROYECTO # 6

1. Desarrolle un plan para investigar el ambiente que rodea a sus diversas visiones.

   * ¿Hay alguien con quien debería hablar?

   * ¿Hay algún libro que debería leer?

   * ¿Hay algún lugar que debería visitar?

2. Hay tres cosas que impiden que las personas hagan una investigación completa acerca de sus visiones. ¿Cuál de estas líneas de razonamiento se siente más tentado a seguir?

   * *La impaciencia* — "No tengo tiempo para ponerme a caminar alrededor de un montón de muros derruidos. Además, yo ya sé cuál es el problema. Es hora de comenzar la reconstrucción."

   * *El orgullo* — "¿De qué sirve ponerse a caminar entre unos muros derruidos, y a contemplarlos? ¿Qué podría aprender que ya no sepa?"

   * El temor — "Tengo miedo de que si descubro lo malas que están las cosas en realidad, me desanime."

Capítulo siete

Revelarse al público, primera parte

Y Jehová me respondió, y dijo:
Escribe la visión, y declárala en tablas,
para que corra el que leyere en ella.
Aunque la visión tardará aún por un tiempo, mas se
apresura hacia el fin, y no mentirá; aunque tardare,
espéralo, porque sin duda vendrá, no tardará.

HABACUC 2:2-3

Todas las visiones que vienen de Dios son visiones compartidas. Nadie camina solo con ellas. Pero Dios por lo general levanta a una persona clave para que presente una imagen verbal atrayente. Una imagen que cape el corazón y la imaginación de aquéllos a quienes Él está llamando a abrazar la tarea que es necesario realizar.

Al final, usted va a tener necesidad de compartir su visión con alguien. Puede ser desde una plataforma, o junto a la mesa servida. Cualquiera que sea el contexto, llegará el día en que usted tenga que hacer público lo que Dios le ha puesto en el corazón que haga. Si Dios está desarrollando en usted una imagen de lo que podría y debería ser, lo va a llamar a verbalizar esa imagen. La esencia del lanzamiento de una visión está en saber pintar una imagen mental.

Después de examinar los muros, Nehemías supo que por fin había llegado el momento de darles a conocer a los habitantes de Jerusalén la razón de su viaje. Era hora de lanzar su visión. Me imagino que debe haber ensayado en su mente aquel discurso mil veces. Ciertamente, era el momento que había estado esperando.

Como sucede con cualquiera que esté lanzando una visión, Nehemías no tenía idea de la forma en que reaccionaría el pueblo. Al fin y al cabo, él era un recién llegado. Ellos se habían contentado con vivir durante generaciones sin el beneficio de los muros protectores. Que él supiera, lo mismo lo podían sacar a la fuerza de la ciudad, reírse o peor aún, ignorarlo.

Pero un hombre que tiene una visión recibida de Dios es un hombre con una misión. Y no puede callar para siempre. Nehemías se las arregló para reunir al pueblo, y entonces lanzó su visión para la ciudad.

Les dije, pues: Vosotros veis el mal en que estamos, que Jerusalén está desierta, y sus puertas consumidas por el fuego; venid, y edifiquemos el muro de Jerusalén, y no estemos más en oprobio. Entonces les declaré cómo la mano de mi Dios había sido buena sobre mí, y asimismo las palabras que el rey me había dicho (Nehemías 2:17-18a).

LOS CUATRO COMPONENTES DE UNA VISIÓN EFICAZ

Esta corta cita del discurso de Nehemías comprende cuatro componentes vitales. Toda visión atrayente lleva en sí los cuatro componentes:

1. El problema
2. La solución
3. La razón por la que hay que hacer algo
4. La razón por la que hay que hacer algo *ahora*

BLOQUE DE CONSTRUCCIÓN # 7

Es necesario actuar de inmediato.

Para poder compartir su visión de manera convincente, usted deberá ser capaz de presentar el problema al que se enfrenta su visión, junto con una solución a ese problema. Además, debe estar en capacidad de dar una razón atrayente por la que es necesario hacer algo, y hacerlo ahora mismo. Mientras usted no sea capaz de tratar estas cuatro cuestiones de manera clara y sucinta, lo más probable es que no esté listo para comenzar a hablar acerca de su visión.

Veamos en detalle cada uno de estos componentes.

1. El problema

El problema al que se enfrentaban los habitantes de Jerusalén era evidente. Las murallas estaban en ruinas. Sin embargo, Nehemías comenzó su discurso poniendo en palabras lo que era obvio.

> Vosotros veis el mal en que estamos, que Jerusalén está desierta, y sus puertas consumidas por el fuego. (v. 17a)

¿Por qué le pareció necesario hacer semejante declaración? Ellos sabían el estado en que se hallaban los muros. Algunos de los que estaban escuchando a Nehemías habían vivido en Jerusalén toda la vida. Todos los días entraban y salían por aquellas puertas quemadas. No necesitaban que él les dijera que las puertas habían sido consumidas por el fuego.

¿Cómo se sentiría usted si un huésped suyo recorriera su casa y le fuera señalando todo lo que esté roto, resquebrajado, manchado, anticuado o necesitado de pintura? Lo más probable es que se sienta ofendido. Al fin y al cabo, la casa es suya. Además, usted sabe mejor que nadie lo que necesita atención en ella.

Pero una vez que se vaya su huésped, lo más probable es que se ponga a arreglar algunas de esas cosas. No porque no supiera antes que necesitaban reparación, sino porque de repente, ha podido ver esos viejos problemas a través de los ojos de otra persona.

La gente que vivía en Jerusalén se había ido acostumbrando tanto al hecho de que los muros estaban derribados, que apenas se daban cuenta ya. Les había dejado de preocupar. Habían aprendido a soportarlo. Las incomodidades y los peligros que aquello les imponía se habían convertido en parte de su estilo de vida. A lo largo de los años, habían perdido de vista lo que podía y debía ser. Y nadie parecía recordar cómo habían sido las cosas antes.

Las palabras de Nehemías fueron un llamado para que despertaran. Fundamentalmente, les estaba diciendo: "¡Abran los ojos! ¡Las cosas están malas! Estamos metidos en un problema." Sus ojos nuevos traían consigo una nueva perspectiva. Y sin que hiciera falta que los aguijoneara mucho, los habitantes de Jerusalén vieron su situación de una nueva forma. En aquellos momentos pudieron ver a su ciudad a través de los ojos de Nehemías. Y una vez sucedido esto, captaron su visión.

El lanzamiento de una visión siempre va a incluir el elemento de sacar a la gente de su apatía. Los que lanzan visiones raras veces traen a la mesa información nueva. Lo que traen es una apasionada preocupación por un problema ya existente. Traen unos ojos nuevos. Con frecuencia, todo se reduce a una interpretación contemporánea de un problema antiguo. Como el niño inocente del cuento de hadas, el lanzador de la visión declara: "El rey no lleva ropa ninguna puesta". Y si es eficaz, sus oyentes van a declarar: "¡Es cierto! Hagamos algo para arreglar esto."

¿Cuál es el problema al que se refiere su visión? La visión no está en el problema, sino en su solución. Pero el problema nos proporciona un claro contexto para presentar la visión. Cuando identificamos el problema y lo planteamos con claridad, estimulamos el interés de nuestros oyentes. Captamos sus mentes.

En algunos casos, la explicación que usted dé sobre el problema va a reorientar a la gente hacia algo que han conocido, pero han aprendido a soportar. En el grado en que usted logre que las personas vean el mundo que las rodea de la forma en que lo ve usted, en ese mismo grado van a estar dispuestas a escuchar su solución al problema. Mientras sus oyentes permanezcan ciegos ante las necesidades que tienen delante, su interés por acabarlo de escuchar va a ser muy poco.

Pensémoslo de esta manera. Toda organización que triunfa resuelve un problema o llena un vacío en un mercado. Los negocios nuevos comienzan como respuesta a unas necesidades que se han percibido. Las organizaciones paraeclesiales son lanzadas en respuesta a unas necesidades no resueltas, o a unas oportunidades de ministerio no aprovechadas. ¿Cuál es el problema que podría resolver? ¿Qué necesidad podría satisfacer? ¿Qué punto de tensión o de conflicto se propone mejorar?

Cuando usted tenga una respuesta clara y concisa a estas preguntas, habrá dado el primer paso en la preparación para lanzar su visión. Mientras se sienta inseguro, o su respuesta no sea precisa, no diga una sola palabra. Medite, investigue, ore. Pero resístase al impulso de lanzarse.

2. La solución

Los oyentes de Nehemías estaban todos de acuerdo con respecto al problema. Los muros estaban en ruinas. Nadie podía discutirlo. Una vez planteado el problema, Nehemías pasó a proponer una solución. "Venid, y edifiquemos el muro de Jerusalén".

Una vez más, la solución es obvia. Pero hizo falta que alguien lo dijera para motivar al pueblo a hacer algo al respecto. Y al poner en palabras la solución, Nehemías lanzó su visión. Dicho en pocas palabras, la visión de Nehemías consistía en una Jerusalén amurallada.

La visión siempre es la solución de un problema. Se enfrenta a una necesidad que se siente o percibe.

¿Puede usted proclamar de forma sucinta su visión o visiones? Si le dieran la oportunidad, ¿podría comunicar de forma convincente y exacta, en una sola frase, lo que usted siente que Dios lo está llamando a hacer? ¿Es capaz de pintar una clara imagen verbal de lo que podría y debería ser?

Esto es crítico para poder lanzar la visión. Mientras que una clara explicación del problema ayuda a la mente, la solución capta la imaginación. La visión nos invita a imaginarnos el futuro de una manera tal que exija un cambio del presente. La visión exige de los oyentes que estén dispuestos a pasar por alto la realidad presente por un tiempo para imaginarse cómo podrían ser las cosas.

A los oyentes de Nehemías no les hizo falta mucha insistencia para captar la visión de Jerusalén como una ciudad amurallada. Esta visión encendió en ellos el anhelo de alterar el presente en aras de un posible futuro. Nehemías supo mover la imaginación de todos. Y por consiguiente, se unieron a su visión.

Para que los demás compartan su pasión, es necesario que les presente una clara imagen de la forma en que esa visión va a alterar el futuro. Deben saber con toda claridad dónde los está llevando. O sea, que debe pintar una imagen verbal que sirva como blanco imaginario; algo hacia lo cual todos pueden apuntar y trabajar juntos. Es necesario que capte su imaginación.

Y USTED, ¿QUÉ?

¿Le ha captado la imaginación su visión? ¿Sueña despierto sobre lo que podría y debería ser? ¿Tiene una clara imagen mental de cómo podría ser el futuro? Si no es así, hágase un favor a usted mismo y hágaselo a los demás; no hable demasiado acerca de su visión. Es muy temprano. Usted no está listo.

Recuerdo ahora algo que dijo Howard Hendricks en numerosas ocasiones durante mis años de seminario. Aunque el contexto era la predicación, ciertamente tiene que ver con lo que estamos hablando. "Caballeros", decía, "si en el púlpito hay neblina, también la habrá en las bancas".

Por supuesto, lo que quería decir era que aquello que podía comenzar como un mensaje ligeramente confuso salido de los labios del predicador, terminaría convirtiéndose en una inmensa confusión en medio de la congregación. Si el que habla es incapaz de comunicarse con claridad, hay poca esperanza de que sus oyentes lo comprendan con claridad.

Lo mismo sucede cuando tratamos de lanzar una visión. Si al que la lanza le cuesta trabajo hacer ver la sustancia de su visión, es muy poco probable que alguien salga de allí con una imagen clara de lo que podría ser el futuro.

El poder que respalda a una visión bien lanzada es una imagen verbal completamente desarrollada sobre lo que podría ser; una imagen que se pueda reproducir con exactitud en la mente de los oyentes. Porque sólo cuando se ha captado la imaginación de los oyentes, se ha producido un verdadero lanzamiento de la visión. Cuando los cuadros y las imágenes que llenan la mente y el corazón del que lanza la visión son transferidos con precisión a las mentes y los corazones de los oyentes, la visión ha sido realmente lanzada. Como un artista que traslada imágenes y colores mentales a un lienzo, el que lanza la visión pinta un cuadro en la imaginación de su oyente.

Pero no basta con cautivar la imaginación. Aún está la cuestión del incentivo. Esto nos lleva a las facetas tercera y cuarta del lanzamiento de la visión. Hablaremos de ellas en el capítulo 8.

Nadie realiza solo una visión dada por Dios. Tanto si su visión comprende la salvación de un amigo, como si comprende el lanzamiento de una organización, va a necesitar de un equipo. Un equipo cuyas imaginaciones estén en sintonía. Un grupo cuyos corazones estén unidos entre sí por lo que podría y debería ser.

Si Dios ha hecho nacer una visión en usted, también está desarrollando una visión similar en los corazones de quienes lo rodean. Cuando llegue el momento para que usted comparta su visión, les va a parecer legítima a las almas que Él ha estado preparando.

Mientras tanto, su responsabilidad consiste en seguir desarrollando una clara imagen verbal del problema que su visión quiere resolver, y de la forma en que la resolverá. Al fin y al cabo, las visiones son soluciones. Y cuando llegue el momento de lanzar su visión, tal vez sus oyentes respondan como los de Nehemías:

Y dijeron: Levantémonos y edifiquemos. Así esforzaron sus manos para bien (v. 18b).

VISIOINGENIERÍA
PROYECTO # 7

1. ¿Cuál problema se propone resolver su visión? (Use las líneas en blanco de la página siguiente para escribir su respuesta).

- Otra forma de hacer esta pregunta sería: " ¿Qué sucedería o dejaría de suceder si su visión no se materializara?"

- Tal ves su visión tenga la intención de impedir que algo se convierta en problema. Éste suele ser el caso cuando alguien desarrolla una visión para su familia. La meta no es tanto resolver problemas, como evitarlos.

- Si su visión se refiere a un posible problema, y no a uno ya existente, declárelo así. Por ejemplo: "Esta visión tiene la intención de proteger la integridad de las relaciones en nuestra familia. Si no se materializa, tenemos la posibilidad de convertirnos en un grupo de extraños que viven bajo el mismo techo, suspirando por el día en que estemos libres de la compañía de los demás."

- En muchos casos, la visión tiene que ver con un problema existente que tal vez no le parezca problema al observador superficial.

- Recuerde: en el grado en que capacite a la gente para ver el mundo que la rodea de la misma forma que lo ve usted, en ese mismo grado van a estar dispuestos los demás a escuchar la solución que usted tiene para el problema. Mientras su audiencia permanezca ciega al problema que tiene delante, tendrá poco interés en escuchar las soluciones que usted está proponiendo.

Cuando lanzamos la visión sobre el motivo por el que necesitábamos comenzar una nueva iglesia en la ciudad de Atlanta —una ciudad que ya está repleta de iglesias— yo presenté el problema de esta forma:

Esta ciudad se está convirtiendo con rapidez en una ciudad de gente sin iglesia, indisciplinada y bíblicamente analfabeta, y hay una urgente necesidad de iglesias orientadas a satisfacer las necesidades espirituales de la gente sin iglesia y sin disciplina. Unas iglesias que sean un ambiente amistoso y no hostil para los que andan buscando y desconfían de la Biblia, o son escépticos y suspicaces. Hemos sido comisionados para hacer discípulos, y juntos, como iglesia local, lo podemos hacer de una manera mucho más eficaz que si cada uno de nosotros trabajara por su cuenta.

- Exprese el problema existente o potencial relacionado con sus diversas visiones:

_____

_____

_____

_____

2. ¿Cuál es la solución que usted propone?

_____

_____

_____

- Sólo cuando las imágenes que llenen su mente sean adecuadamente pasadas a las mentes de sus oyentes, habrá lanzado su visión. Tómese cuanto tiempo sea necesario para desarrollar una clara imagen verbal.

- Comience escribiendo una lista de adjetivos que describan lo que podría y debería ser.

- Ahora, comience a formar oraciones gramaticales que describan el futuro preferido por usted. Para ayudar a su imaginación, tal vez quiera comenzar con las palabras

- "Me imagino..."

- Me imagino una familia que...

- Me imagino una compañía que...

VISIOINGENIERÍA

- Me imagino una iglesia que...
- Me imagino un matrimonio en el cual...

_____
_____
_____
_____
_____
_____
_____
_____
_____
_____
_____
_____
_____
_____
_____
_____
_____
_____
_____
_____
_____
_____
_____

Capítulo ocho

REVELARSE AL PÚBLICO, SEGUNDA PARTE

Las visiones son como las lentes.
Enfocan los rayos de luz sin refractarlos.
Permiten que todos los que participan en una empresa
vean con mayor claridad lo que tienen por delante.
THE LEADERSHIP CHALLENGE

Una visión atrayente incluye siempre estos cuatro componentes:

1. El problema
2. La solución
3. La razón por la que hay que hacer algo
4. La razón por la que hay que hacer algo *ahora*

En el capítulo 7 hablamos del problema y de la solución. Entremos directamente al tercer componente.

3. La razón

El hecho de que el muro que rodeaba a Jerusalén hubiera sido derribado no significaba necesariamente que hubiera que reconstruirlo. La satisfacción de sus habitantes con el estado de cosas lo demostraba. No bastaba con señalar el problema y su solución. El pueblo de Jerusalén necesitaba incentivo. Necesitaba motivación. Así que Nehemías siguió su doble golpe con un gancho dirigido a su conciencia.

Venid, y edifiquemos el muro de Jerusalén, *y no estemos más en oprobio.* (Nehemías 2:17, cursiva del autor)

Aquello los tuvo que molestar. Nehemías suavizó el golpe, incluyéndose a sí mismo: "Y no *estemos* más en oprobio". Pero, comoquiera que se diga, era un golpe al orgullo de sus oyentes. El término traducido como *oprobio* significa deshonra o vergüenza. Una vez más, Nehemías estaba desafiando al pueblo a enfrentarse con la realidad. Básicamente, estaba diciendo: "¡Damos vergüenza! Somos una deshonra. Y nos hemos permitido seguir en este estado durante más de cien años. No hay excusa posible."

Por alguna razón, el pueblo de Israel había sido capaz de ignorar lo que era evidente para las naciones vecinas. Se habían ido acostumbrando a su ambiente. Su autoestima nacional se había hundido hasta tal punto, que se contentaban con vivir en un estado de ignominia y deshonra. No había orgullo nacional.

Pero las cosas eran aún peores. Las palabras de Nehemías se abrieron paso hasta llegar a sus estatutos de origen divino. No sólo eran una vergüenza y motivo de reproche como nación, sino que eran una vergüenza para Dios.

Israel no era una nación más. Había recibido de Dios la misión de ser luz para las naciones. Su papel era exclusivo entre las naciones. Dios había establecido a Israel como la nación a través de la cual Él manifestaría su poder, su gloria y su gracia. Él había escogido residir y permanecer en medio de ellos de una manera única, llenando el arca del pacto y el lugar santísimo con su gloria.

Por medio de unas victorias militares milagrosas, Dios les había demostrado a las naciones vecinas que Él, el Dios de Israel, era el único verdadero. Israel era único entre las naciones de la tierra. Y un día esta nación, conocida por sus proezas en la batalla, produciría al Príncipe de Paz, el Salvador de la humanidad. Y todo el mundo sería bendecido por medio de Israel.

Pero nadie habría adivinado ninguna de esas cosas si hubiera mirado el estado en que se hallaba su capital en tiempos de Nehemías. El templo ya no existía. El arca del pacto había desaparecido.

Los sacrificios habían cesado. La gloria se había ido. Y también se habían ido la seguridad y el valor del pueblo.

Nehemías sabía que la ciudad era más que un reproche desde el punto de vista nacional. Comprendía que eran la reputación y la gloria de Dios las que se hallaban en juego. Y sabía que Dios no había terminado con su pueblo escogido.

Cuando se puso de pie aquel día para llamar al pueblo a la acción, se puso de pie como un hombre que tenía el respaldo del Dios de Abraham, Isaac y Jacob. Lanzó su visión con la convicción del que sabía que Dios estaba de su parte. Él sabía que su visión era, en realidad, una visión entregada originalmente a un anciano sin hijos, al que Dios le había prometido darle una descendencia tan numerosa como las arenas del mar. Y así como Dios había cumplido la promesa que le había hecho a Abraham, también Nehemías tenía la seguridad de que Dios se aseguraría de que su visión se convirtiera en realidad.

La visión de Nehemías no tenía tanto que ver con la reconstrucción de un muro, como con el restablecimiento de un contexto donde Dios pudiera manifestar su poder y cumplir sus promesas a las naciones. Su visión iba más allá de un simple acudir en ayuda de una nación en problemas. Iba al encuentro de la providencial mano de Dios en la historia. El reto que Nehemías le hizo al pueblo en aquel día era un reto a abrazar su destino como pueblo; el pueblo por medio del cual Dios terminaría introduciendo en el mundo a su Salvador.

Todas las visiones de inspiración divina están enlazadas de alguna manera al plan maestro de Dios. Tanto si se trata de amar a su cónyuge, como si se trata de criar a sus hijos, testificarle a un vecino o comenzar una compañía. Puesto que usted es creyente, hay un contexto mayor, más amplio, para todo lo que hace. Porque usted no se pertenece. Y sus visiones no son islas dispersas de ideas.

Nehemías reconoció el enlace entre su visión personal y el plan maestro de Dios para la nación. Nosotros debemos hacer lo mismo, porque enterrado en esa relación se halla el divino mandato que indica por qué es necesario que usted siga adelante con la visión que Dios le ha dado. Lo que hizo tan atrayente la visión de Nehemías fue el papel exclusivo que Israel estaba destinado a desempeñar en el plan maestro de Dios. Lo que hace su visión igualmente atrayente es el hecho de que su proyecto es una parte pequeña, pero vital, de lo que Dios está haciendo en la historia.

Ahora, tal vez usted se sienta tentado a pensar: "Un momento. Nehemías estaba edificando los muros que rodeaban a la capital de Israel. Todo lo que yo estoy tratando de hacer es levantar una compañía, criar a mis hijos, mantener unido mi matrimonio, mantener mi testimonio en el mundo de los negocios. ¿Es realmente justo comparar mis visiones tan poco importantes con la de Nehemías?

Pues pienso que los padres de Billy Graham habrían podido esgrimir este mismo argumento. Al fin y al cabo, lo único importante que hicieron ellos fue mantener unida su familia, poner comida en la mesa... y criar a Billy Graham.

También los padres de Nehemías habrían podido poner objeciones. "¿Quiénes somos nosotros?", habrían podido preguntar. "No somos más que unos judíos exiliados cuya vida no tiene más razón de ser que criar a nuestros hijos en el temor del Señor dentro de una cultura que no cree en nuestro Dios." Por fortuna, triunfaron en lo que se dedicaron a hacer. Y hubo allí un enlace divino. Como los padres de Billy Graham, no tenían idea de lo que le esperaba a su hijo. Pero se mantuvieron firmes en su fe. Y fueron fieles a la visión de un hijo que crecería para convertirse en un adorador consagrado del Señor Dios.

Seamos sinceros. Usted no tiene idea de lo que Dios quiere hacer por medio de su persona. Su visión aparentemente pequeña con respecto a su vecino de al lado, sus hijos, su economía, su iglesia, un posible ministerio, a largo plazo, tal vez termine siendo menos pequeña de lo que parece. Sencillamente, no lo sabe. Lo que sí sabe es que hay un enlace entre lo que usted ha sido llamado a hacer, y lo que Dios está haciendo en la historia. Y mientras más estrechamente pueda usted unir ambas cosas, más apremiante será su visión.

Más allá del límite

Tengo el privilegio de conocer a Ron Blue. Además de ser un escritor y conferencista consumado, Ron es también el presidente y fundador de Ronald Blue y Compañía (RBC). RBC es una firma de consejería en bienes raíces e inversiones que tiene clientes en todos los Estados Unidos y en Europa. Sus servicios se basan en principios bíblicos sobre la administración del dinero, unidos a una comprensión muy completa de los aspectos técnicos de la planificación económica. Con más de mil quinientos millones de dólares en valores bajo su administración, RBC es una empresa líder dentro de la amplia industria de la planificación económica.

Ron tiene una visión única para RBC. Se ha dedicado a servirles de mentor a sus clientes en los principios de una buena administración, y de una planificación económica sólida. Prevé que un día los clientes de RBC den colectivamente mil millones de dólares al año para la obra del reino. Su visión está claramente enlazada con lo que Dios está haciendo en la historia.

Todo presidente y director de empresa tiene algún tipo de visión. Cuando se les presenta la oportunidad, la mayoría de ellos hablan apasionadamente sobre sus compañías respectivas. Pero hay algo vacío en la charla incesante sobre el servicio a los clientes, las acciones en el mercado y las ganancias trimestrales. Esas cosas no son capaces de captar la imagen de un extraño.

En cambio, tome esa misma estructura corporativa y átela directamente con la gran comisión, y las cosas cobran vida. RBC no tiene que ver sólo con bienes raíces y con ganancias por los dólares invertidos. Hay algo mucho mayor en juego: Es el elemento divino el que hace tan atrayente la visión de Ron.

La explicación clara del problema capta la mente. La solución capta la imaginación. Pero una razón convincente capta el corazón. La visión nos llama a imaginarnos lo que podría ser. La razón que hay detrás de lo que *podría* ser, nos lleva a creer lo que *debería* ser. Una vez cruzado ese umbral, estamos comprometidos. Habrá pasión en nuestra voz cuando lancemos nuestra visión.

Nehemías creyó con todo el corazón que había que reconstruir el muro. ¿Por qué? ¿Porque había sido derribado? No. Porque un muro derribado alrededor de Jerusalén era un reproche para el pueblo de Dios y para Dios mismo.

Cuando usted logra centrarse por fin en la *razón* por la cual se debe realizar su visión, siente que se llena de energía con el simple pensamiento de lo que ha sido llamado a hacer. El *porqué* lo traduce todo en urgencia e incentivo. Y cuando usted habla de su visión, su convicción de que se trata de algo que se debe hacer va a hacerlo persuasivo en su comunicación. ¿Por qué? Los autores de *The Leadership Challenge* lo expresan así:

Cuando presentamos nuestras esperanzas, nuestros sueños y éxitos, siempre somos emocionalmente expresivos. Nos sentamos en el borde mismo de la silla, movemos los brazos, se nos iluminan los ojos, nuestra voz canta con emoción, y aparecen sonrisas en nuestro rostro. Somos entusiastas, articulados, optimistas y edificantes. En resumen, somos inspiradores.[1]

Cuando pensamos en la labor de lanzar la visión, tal vez nos imaginemos un apasionado discurso presentado con elocuencia, energía, convicción y voz alta. Pero esos ingredientes no son elementos necesarios para que lancemos con eficacia nuestra visión. El ingrediente clave es nuestra convicción de que esto es algo que se necesita hacer.

Usted no le puede comunicar con eficacia su visión a nadie, mientras no esté convencido, no sólo de que podría ser, sino también de que *debería ser*. El *debería ser* se produce como resultado del descubrimiento del *porqué* detrás del *qué* de nuestra visión. Y una vez que la respuesta al *qué* nos ha captado el corazón, nuestras palabras van a tener el potencial necesario para penetrar en el corazón de nuestros creyentes.

Una vez que usted haya hecho la conexión entre su visión y la encomienda que le ha dado Dios como creyente, su visión va a trascender las simples circunstancias. Usted no va a lanzar una compañía, sino a financiar la gran comisión. No se limitará a criar hijos, sino que va a estar influyendo sobre una generación. No va a estar manteniendo unido su matrimonio, sino que va a estar restableciendo el orden divino en la sociedad. Cuando unimos nuestras visiones personales al plan soberano de Dios, influimos sobre el futuro.

Entonces, ¿cómo hacer esa conexión? ¿Cómo se descubre la conexión divina entre lo que usted quiere hacer, y lo que Dios está haciendo? Pase su visión por el tamiz de estas dos preguntas:

A. ¿De qué forma va a cambiar las cosas?

¿Qué se puede ganar? ¿Qué se puede perder? ¿Cómo cambiarán las cosas si usted logra realizar su visión? ¿Cómo cambiarán si no lo logra? En esta pregunta sale a la superficie lo que está realmente en juego.

- ¿Cómo cambiarán las cosas si yo reconstruyo los muros de Jerusalén?
- ¿Cómo cambiarán las cosas si elimino mis deudas?
- ¿Cómo cambiarán las cosas si les paso a mis hijos mis valores y creencias como cristiano?
- ¿Cómo cambiarán las cosas si tengo éxito con este nuevo negocio o ministerio?
- ¿Cómo cambiarán las cosas si me logro graduar en la universidad?

B. ¿Por qué lo debo intentar?

Esta pregunta es poderosa. Es una pregunta que se debe hacer con respecto a todas las metas que se fije. Al obligarse a responderla, descubrirá muchas cosas acerca de sus valores. No se contente con su primera respuesta. Sígase preguntando repetidamente el *porqué*.

Cuando salga a la superficie lo que es más importante para usted, va a pasar una de estas dos cosas. O se da cuenta de que su visión es en realidad suya, y no de Dios, o va a encontrar un valor que también es importante para su Padre celestial. Ese valor compartido va a servir de enlace entre lo que usted está tratando de realizar y lo que está haciendo Dios a escala universal.

Para ponerle un poco de vida a esto, sostengamos una conversación imaginaria con Nehemías:

"Nehemías, ¿por qué quieres reconstruir los muros de Jerusalén?"

"Porque los derribaron."

"Y, ¿para qué reconstruir unos muros derribados?"

"Porque sin muros, la ciudad está indefensa contra sus enemigos."

"¿Para qué proteger a una ciudad que ha estado indefensa durante más de cien años?"

"Porque éste es el pueblo de Dios?"

"Y, ¿para qué proteger al pueblo de Dios?"

"Porque Dios tiene una tarea especial para su pueblo."

Cuando preguntamos repetidamente *por qué,* forzamos el diálogo a pasar del ámbito de las circunstancias al centrado en los valores. Este proceso no es fácil. Es posible que en algún punto se encuentre usted atascado. "En realidad, no sé si debería..." Cuando llegue a ese punto, tómese un tiempo para reflexionar. La lucha con el *porqué* siempre nos hace regresar a nuestros valores más básicos. Y en muchos casos, nos lleva a una valiosa comprensión acerca de nosotros mismos, y también de nuestra visión.

Vamos a pasar por este tamiz otro escenario más familiar.

"Joven, ¿por qué se debe casar usted con Lisa?"

"Porque nos amamos."

"No respondió a mi pregunta. ¿Por qué se debe casar con ella?"

"Porque quiero estar con ella todo el tiempo y tener una familia."

"No ha respondido aún a mi pregunta. ¿Por qué se debe casar con ella?"

"Porque no creo que esté bien que vivamos juntos y tengamos hijos sin casarnos primero."

"¿Por qué no está bien?"

Vamos a hacer una pausa. ¿Ve cómo la conversación está a punto de pasar del nivel de las circunstancias al de los valores y la moralidad? En este punto es donde la visión de este joven de una vida junto a la mujer que ama, tiene el potencial necesario para encontrarse con el plan de Dios para el matrimonio. Sigamos.

"No está bien porque... bueno, porque Dios dice que no está bien."

"¿Y por qué tiene usted que hacer lo que Dios dice."

"Pues... porque Él es Dios."

"No respondió a mi pregunta."

"Es que yo quiero hacer lo que Dios dice."

"¿Por qué?"

"Porque creo que Dios sabe lo que me conviene."

Ahora estamos ya en una discusión acerca de valores y creencias. La visión de este joven de compartir la vida con su esposa tiene unas raíces de las cuales no habría estado consciente. Vayamos un paso más allá.

"¿Por qué le interesaría a Dios lo que le conviene a usted?"

"Porque Él me ama."

¿Por qué lo ama?"

"No estoy seguro. Lo que dice la Biblia es que tomó la decisión de amarme."

"Entonces, ¿qué hemos aprendido?"

"Que yo me voy a casar con Lisa porque creo que Dios, quien me ama, tiene un plan que es el más conveniente para mí, y si sigo su plan tendré la mejor oportunidad de lograr el éxito en mi relación con ella. Así que mi visión consiste en una vida junto con Lisa, vivida de acuerdo con los valores y principios que están en la Palabra de Dios."

Ahora, vamos a hacerle a este joven la primera pregunta de la que hablamos.

"¿Cómo cambiará las cosas el que usted busque realizar esta visión de una vida junto a Lisa? ¿Qué es lo que está en juego realmente?"

"Nuestra paz. Tal vez, nuestra autoestima. Si tenemos hijos, estarán en juego la autoestima y la salud emocional de ellos. Si fracasa nuestro matrimonio, o si no nos casamos y nos limitamos a vivir juntos, esto daría una pobre impresión sobre el reino de Dios. Ciertamente, no les seríamos muy útiles ni a Él ni a la iglesia local. En cuanto a lo que pudieran cambiar las cosas, no podrían cambiar demasiado para el hermano de Lisa, que no es cristiano. Tenemos la esperanza de que él vea en nuestra relación algo que lo atraiga hacia Cristo."

Aunque este diálogo sea imaginario, puede ver cómo estas dos preguntas pueden servir de enlace entre su visión personal y la obra providencial de Dios en este mundo. Puesto que usted es creyente, se trata de un enlace vital. Mientras no haya hecho esta conexión tan crítica, no estará listo para lanzar al público su visión.

4. El momento

El cuarto y último elemento del lanzamiento de una visión se refiere al momento en que se ha de seguir una visión. ¿Por qué se debe seguir *en este momento?* ¿Por qué lo debemos hacer ahora, y no más tarde? ¿Cuál es el apuro? ¿A qué se debe tanta urgencia?

Nehemías sabía que se trataba de un elemento especialmente crítico de la visión. Me puedo imaginar algún provocador al fondo de la multitud gritando: "Oiga, amigo, ¿a qué viene tanta prisa? Estos muros han estado en el suelo durante más de cien años. Tranquilícese. Ya los arreglaremos algún día."

Aunque Nehemías se refirió a la cuestión del momento de manera muy directa, es posible que no nos demos cuenta de que lo hizo si no estamos observando con atención.

Entonces les declaré cómo la mano de mi Dios había sido buena sobre mí, y asimismo las palabras que el rey me había dicho. (Nehemías 2:18a)

¿Lo captó? El argumento de Nehemías a favor de que ése era el momento de reconstruir, se basaba en la forma soberana en que Dios había preparado las circunstancias. Al parecer, los había informado sobre todos los acontecimientos que culminaron con su llegada a Jerusalén. Describió la carga que sintió cuando oyó hablar de la triste situación de la ciudad. Explicó su frustración cuando se dio cuenta de que no podía hacer nada.

Sin duda, los hizo recorrer sus días y noches de angustia por el remanente que había en Jerusalén. Y después, les relató, golpe por golpe, el día en que el rey notó su tristeza y le hizo la pregunta que lo cambió todo. Tal vez hasta les hablara sobre ese momento de ansiedad, inmediatamente antes de hablarle al rey sobre la devastación que había en Jerusalén. Y entonces les contó la sorprendente respuesta del rey.

Los oyentes de Nehemías deben haber estado estupefactos, mientras escuchaban algo que sólo podía ser la obra de la mano de Dios a favor de ellos. Que ellos supieran, Dios los había abandonado. Escuchar que había estado trabajando tras el escenario para que ellos pudieran restaurar su ciudad, era una noticia que nunca habrían esperado oír.

No fue la presencia de Nehemías, sino su historia, lo que convenció a sus oyentes de que por fin había llegado el momento de reconstruir. No era su visión la que los movería a la acción. Era la noticia de que Dios había actuado a favor de ellos.

Los muros habían estado en ruinas durante años. Aquello no tenía nada de nuevo. Pero era la primera vez en varias generaciones, que el remanente tenía evidencias de que Dios los estaba mirando con favor. El hecho de que Él estuviera obrando a favor de ellos, despertó su fe dormida. La noticia de su intervención hizo brotar el interés en ellos y los convenció de que era el momento correcto para comenzar la reconstrucción. En consecuencia, estaban ansiosos por poner manos a la obra.

No se pierda esto. Nehemías no señaló a los muros derrumbados como evidencia de que había llegado el momento de reconstruirlos. En lugar de hacer esto, se centró en la intervención de Dios a favor del pueblo. Vale la pena repetir que la ciudad había sido un reproche desde el día en que habían sido destruidos sus muros. Aquello solo no era razón para comenzar a reconstruirlos de inmediato. Lo era el hecho de que Dios había preparado las cosas de tal forma, que aquel momento era el perfecto.

Como he dicho una y otra vez en los capítulos anteriores, las visiones cuyo autor es Dios van a llevar sus huellas antes de que se realice la obra, durante su realización y cuando ya se haya terminado. Lo que Él origina, Él mismo lo dirige. En algún nivel se hará evidente que se trata de una visión suya. Ese lado divino de la ecuación es el que les da a las visiones su sentido de urgencia.

Pienso una vez más en Josué. Veamos la relación que hubo entre la revelación de lo que Dios iba a hacer en la tierra, y el momento de Josué. Estos versículos se hallan inmediatamente a continuación de los que hablan del regreso de los espías que habían ido a Jericó.

> Y dijeron [los espías] a Josué: Jehová ha entregado toda la tierra en nuestras manos; y también todos los moradores del país desmayan delante de nosotros. Josué se levantó de mañana, y él y todos los hijos de Israel partieron de Sitim y vinieron hasta el Jordán, y reposaron allí antes de pasarlo. (Josué 2:24-3:1)

La tierra de Canaán no había sufrido ninguna invasión durante años. ¿Qué hizo que aquél fuera el momento perfecto para invadirla? ¿Qué le dio a Josué la seguridad de que debía lanzar adelante a la nación de Israel en aquellos momentos? Que Dios estaba obrando.

Sin duda, estos dos espías, como los doce enviados por Moisés a la tierra una generación antes, regresaron con muchas cosas buenas que decir acerca de ella. Era todo lo que ellos se habían imaginado, y más. Pero no era el tamaño de la fruta, ni la belleza del paisaje, lo que los inspiraba. Era el temor que Dios les había puesto en el corazón a sus habitantes. Aquél era el momento de invadirla. Porque Dios estaba obrando.

BLOQUE DE CONSTRUCCIÓN # 8

**Comuníqueles su visión a las personas correctas
y en el momento adecuado.**

El hecho de que se necesite hacer algo no es suficiente. La gente da lo que le parece que se puede permitir dar para resolver una necesidad. Pero va a dar con sacrificio cuando se trate de una visión que lleve la marca de la participación de Dios. Necesidades, siempre las habrá. La lista es interminable. Pero cuando se presenta una oportunidad de invertir nuestro tiempo y recursos en algo que Dios está haciendo, es asombroso lo mucho más dispuestos que nos sentimos a dar de nuestro tiempo y tesoro.

Yo siento un insaciable anhelo de participar en algo en lo que Dios esté participando. Y no estoy solo en esa búsqueda. Todo el tiempo me encuentro con gente que está más que dispuesta a comprometerse con un proyecto o una tarea en los que se ve claro que son cosas de Dios.

Antes de que usted lance su visión, es necesario que pueda responder a esta pregunta: "¿Por qué ahora? ¿Por qué debemos invertir nuestro tiempo y energía en este proyecto ahora?"

Si se trata de una visión que Dios le ha puesto en el corazón, y si ha llegado realmente el momento de actuar, deberíamos tener algo de naturaleza divina a lo cual podamos señalar; algo que le indique a la gente que Dios ha ido por delante de usted para prepararle el camino. La gente quiere participar en lo que Dios está haciendo, y estará dispuesta a unírsele en su visión, si tiene la certeza de que no se trata de una visión simplemente *suya*.

¡LEVANTÉMONOS!

Cuando Nehemías terminó de lanzarles su visión a los habitantes de Jerusalén, éstos ya estaban listos para ir a trabajar.

Y dijeron: Levantémonos y edifiquemos. Así esforzaron sus manos para bien. (Nehemías 2:18b)

¿Verdad que le cae mal? Todo parece tan fácil. Tan poco realista. En la vida real, pocas veces salen así las cosas. No obstante, éste es el sueño de todo aquél que lanza una visión. Contar con un equipo de voluntarios entusiastas y comprometidos, listos para remangarse la camisa y ponerse a trabajar.

Recuerde: no se trata de una historia de éxito de un día para otro. Hicieron falta años para preparar esta foto instantánea del éxito. Además, la historia tampoco termina aquí. Al fin y al cabo, una cosa es lanzar una visión, y otra cosa es mantenerse en ella hasta verla terminada. Y, como todos sabemos, el entusiasmo relacionado con el comienzo de algo nunca proporciona el impulso suficiente para llegar a terminarlo.

Sin embargo, al mismo tiempo, lo que vemos aquí es el poder potencial que tiene una visión bien lanzada. Las visiones cuidadosamente elaboradas tienen la capacidad de captar tanto la imaginación como el compromiso de las personas. La gente piensa de nuevo en sus prioridades y estilo de vida, a fin de formar parte de una visión a la que se siente llamada.

Bill Hybles se hizo eco de estos sentimientos durante una conversación sobre el lanzamiento de visiones y la iglesia.

Es realmente importante mantener una visión ante la vista de la colectividad del cuerpo de Cristo. Y cuando la gente siente que está participando en un viaje, se está convirtiendo, está logrando, está creciendo, se está desarrollando como la novia de Cristo. Radiante, hermosa y eficaz en el mundo, crea ciertamente una sensación de expectación en cuanto a formar parte de una iglesia, en lugar del "¿Por qué tenemos que ir otra vez?", o "¿Por qué nos piden que demos más dinero, o servir más y orar más?" La gente no hace ese tipo de preguntas cuando tiene delante una emocionante visión que le da la honra a Dios. Ya sabe los porqués. Ahora, la pregunta es: "¿Hasta qué punto puedo entregar mi vida a esto?"[2]

La gente está buscando algo a lo que le pueda entregar la vida. Si Dios le ha dado una visión, Él mismo va a levantar un equipo para que trabaje con usted a fin de lograrlo. Así que prepárese a lanzar su visión.

¿Cuál es el problema?

¿Cuál es la solución?

¿Por qué hay que hacerlo?

¿Por qué ahora?

Cuando responda a estas cuatro preguntas, recibirá el potencial necesario para captar la mente, el corazón, la imaginación y las energías de la gente. Cuando pueda expresar verbalmente con claridad las respuestas a estas cuatro preguntas, estará listo para presentar en público su visión.

"En público" podría ser su hija de dieciséis años, o una sala de conferencias repleta de voluntarios. El contexto no importa. El principio es el mismo. El lanzamiento de la visión tiene el potencial necesario para trazarles el camino a las personas que lo rodean. Y cuando estén convencidas de que es un camino que le da honra a Dios, siempre habrá alguien que preguntará: "¿Hasta qué punto puedo entregar mi vida a eso?"

VISIOINGENIERÍA

PROYECTO # 8

*Responda las siguientes preguntas dentro de
la escena de cada visión*

1. ¿Por qué tenemos que llevar esta visión hasta el fin?

   - ¿Cómo va a cambiar las cosas?

   - ¿Qué vamos a ganar con todo esto?

   - ¿Qué vamos a perder?

   - ¿Qué es lo que está en juego?

   - ¿Por qué tengo que meterme en esto?

2. ¿Por qué es necesario hacerlo ahora?

   - ¿Qué pierdo si espero?

   - ¿Qué evidencias he visto de que Dios está involucrado en esto?

Capítulo nueve

EL PODER DE LA VISIÓN

La visión que les comuniquemos a otros sobre quiénes y qué pueden llegar a ser, tiene poder cuando es un eco de lo que el Espíritu ya les ha hablado al alma.

LARRY CRABB

Trata a las personas como si fueran lo que deberían ser, y las ayudarás a convertirse en aquello que son capaces de ser.

GOETHE

En este capítulo nos vamos a alejar un poco del hilo de la historia, para explorar otra faceta más del lanzamiento de una visión. La mayoría de las veces, el lanzamiento de una visión tiene muy poco que ver con lo que podría o debería ser en nuestra propia vida. Una gran parte de las visiones que lancemos, se van a centrar en otras personas y en su futuro. Permítame explicarme.

Todos lanzamos visiones. Les lanzamos visiones a la gente todo el tiempo. Es muy probable que usted haya compartido una visión con alguien hoy. No habrá sido intencional. Tal vez no haya sido transformadora tampoco. Pero a lo largo del camino, le ha hecho un comentario a alguien sobre lo que podría o debería ser su vida. Tal vez haya sido positivo: "Usted podría vender más que todos los que están en esta oficina". O tal vez haya sido negativo: "Me parece que usted no sirve para vender" (es decir, "Usted no tiene futuro en ventas"). Para apoyar: "Cariño, tú puedes hacer cuanto te propongas". O para desalentar: "Lo más probable es que tengas que luchar con esto por el resto de tu vida".

Este tipo de comentarios le dan forma a la imagen que uno tiene del futuro. Las palabras les señalan un rumbo a las personas. Siembran semillas mentales. Las palabras pueden edificar o romper una imagen de sí mismo. Así que, en cierto sentido, todos lanzamos visiones. Toda relación es una oportunidad de lanzar visiones en potencia.

La posición que ocupemos en la vida de la persona va a determinar el peso de nuestras palabras y, por tanto, nuestro potencial para darle forma a su futuro. El que Sandra me dé ánimos significa más que recibirlos de un extraño. Todos los hijos conocen el derroche de adrenalina asociado con el reconocimiento y la aprobación de su padre. Como padre, estoy demasiado consciente del potencial que tienen mis hijos en cuanto a herirme. Porque, aun sin ellos darse cuenta, yo anhelo contar con su aprobación, de la misma manera que ellos ansían tener la mía.

EL LANZAMIENTO DE VISIONES PERSONALES

A todos nos han impactado las visiones que otras personas nos han lanzado, con intención o sin ella. La comprensión de este concepto tan sencillo lo ayudará a captar su potencial como lanzador de visiones en las vidas de quienes lo rodean. Así como han sido las palabras de otras personas las que le han señalado el rumbo a su vida, usted también tiene el potencial necesario para fijar o alterar el rumbo de otra persona.

Cuando yo estaba en octavo grado, me probaron para ver si entraba en el equipo de baloncesto en el que jugaban los varones de ese grado en mi escuela secundaria. Aquel año nos hicieron las pruebas a cerca de un centenar de estudiantes. Como se podrá imaginar, aquello parecía un zoológico. No sé cómo se las arreglaron los entrenadores para descubrir quién tenía potencial y quién no. El caso es que, después de cinco eliminaciones, aún seguía siendo candidato al equipo de baloncesto de los varones de octavo grado en la escuela secundaria Tucker.

La eliminación final se produjo un jueves por la noche, en diciembre de 1972. Cuando me acuerdo de aquella noche tan importante, casi puedo oler aquel viejo gimnasio de la secundaria Tucker. Estábamos llegando a los últimos minutos de la prueba. Al final de la noche, el entrenador principal leería los nombres de aquéllos que formarían el equipo. Si usted no oye su nombre...

En fin, aún estábamos luchando. Yo estaba en una esquina. Alguien me pasó la bola. Yo tiré, y no le di a nada. Ni al aro, ni a la red, ni al tablero. Nada. El entrenador principal estaba de pie en la esquina opuesta a la mía, y me gritó desde donde estaba: "Stanley, te faltan agallas". Sacudió la cabeza molesto y se dirigió a la banca.

Al cabo de unos minutos, terminó la práctica. Habían terminado las pruebas. Y mis posibilidades de jugar baloncesto en octavo grado también habían terminado. Pero algo más sucedió aquella noche. Aquel entrenador me había lanzado una visión. Sus palabras, combinadas con los sucesos de aquella noche, pintaron un cuadro sobre mi futuro, al que me costó años sobreponerme.

Lo creí. Creí que en el campo de la competencia atlética, yo nunca iba a triunfar. Él me había dicho lo que podía y debía esperar en el futuro, en lo que tenía que ver con los deportes de competencia. Era un adulto; un entrenador. Sus palabras me hirieron hondo. Así que actué de acuerdo a ellas.

Aquélla fue la última vez que intenté entrar en una competencia. Ya me hallaba a mediados de mis veintitantos años cuando reconocí lo que había sucedido, y logré superarlo. Ese es el poder que tienen las palabras. Ese es el poder que tiene el lanzamiento de una visión.

Por supuesto, Jesús comprendía este concepto. ¿Recuerda su primer encuentro con Pedro? Pedro no era Pedro hasta que se encontró con Jesús. Era Simón. Simón Juánez, para ser precisos (Juan 1:41-42). Y entonces Jesús, en algo que parecía un desprecio total al nombre que habían escogido para Simón sus padres, decidió llamarlo Pedro. ¿Qué estaba pasando?

Jesús estaba lanzando una visión. Tenía la visión de aquello en lo que Pedro se podía convertir. Vio en él un potencial de grandeza. Por eso, le dio un nombre que reflejara ese potencial. Pedro. La roca. Desde aquel día en adelante, Pedro llevaría un recuerdo constante de lo que Jesús veía en él. Lo que podía ser. Lo que debía ser. Y en el caso de Pedro, lo que un día sería.

Algún tiempo después, Jesús se volvió a Pedro y le dio la información que le faltaba.

Y yo también te digo, que tú eres Pedro, y sobre esta roca edificaré mi iglesia; y las puertas del Hades no prevalecerán contra ella. Y a ti te daré las llaves del reino de los cielos; y todo lo que atares en la tierra será atado en los cielos; y todo lo que desatares en la tierra será desatado en los cielos. (Mateo 16:18-19)

Sin duda, en ese momento la mente de Pedro se apresuró a recordar aquel primer encuentro, durante el cual Jesús le había dado su nuevo nombre. Era más que un cambio de nombre. Era una visión. De alguna forma que aún no se le había revelado, serviría como fundamento de algo importante; algo que todavía se hallaba en el futuro.

Y aunque le fuera imposible comprender el significado de las palabras de Cristo en aquel día, podemos estar seguros de que Pedro salió de allí con un sentido mucho mayor de su propio destino. Estaba claro que Dios tenía pensado algo especial para él.

Si Pedro conocía el Antiguo Testamento, sabía que él no era la primera persona a la que se le había dado un nombre nuevo a la luz de un propósito divino. Abraham no había sido siempre Abraham. Y tampoco Sara había sido siempre Sara. En el día en que Dios instituyó su pacto con Abraham, le cambió el nombre para simbolizar la certeza de su futuro. Su cambio de nombre formó parte de la visión que lanzó Dios sobre él y sobre sus descendientes.

Era Abram de edad de noventa y nueve años, cuando le apareció Jehová y le dijo: Yo soy el Dios Todopoderoso; anda delante de mí y sé perfecto. Y pondré mi pacto entre mí y ti, y te multiplicaré en gran manera. Entonces Abram se postró sobre su rostro, y Dios habló con él, diciendo: He aquí mi pacto es contigo, y serás padre de muchedumbre de gentes. Y no se llamará más tu nombre Abram, sino que será tu nombre Abraham, porque te he puesto por padre de muchedumbre de gentes. (Génesis 17:1-5)

Y con respecto a Sara, su esposa,

Dijo también Dios a Abraham: A Sarai tu mujer no la llamarás Sarai, mas Sara será su nombre. Y la bendeciré, y también te daré de ella hijo; sí, la bendeciré, y vendrá a ser madre de naciones; reyes de pueblos vendrán de ella. (vv. 15-16)

Abram significa *padre excelso*. Abraham significa *padre de muchos*. Tanto Sara como Sarai significan *princesa*. Darle otro nombre fue la forma en que Dios hizo ver lo adecuado que era el que ya tenía. Sería madre de reyes. De su seno saldría una dinastía entera.

Dios les dio un nuevo nombre a Abraham, a Sara y a Pedro como forma de señalarles de manera concreta la dirección que quería para sus vidas. Sus nombres eran un reflejo de lo que podía ser y sería. De forma parecida, nuestras palabras tienen el poder de señalarles a las personas en una dirección, para fijar el curso de su vida. Esto es especialmente cierto con respecto a los que nos consideran sus líderes.

Por fortuna para mí, aquel entrenador principal no era la única figura de autoridad en mi vida cuyas palabras me grabaron una imagen en el corazón.

La primera de mis visiones

En muchos sentidos, siento que soy el producto de una visión que mi padre me comunicó siendo niño. Desde muy temprana edad, me solía decir: "Andy, Dios tiene algo muy especial para tu vida. Te va a usar de una manera poderosa." Sus palabras se abrieron camino hasta mi corazón.

Durante mis días en la escuela secundaria, aquellas palabras me flotaban en la mente en unos momentos que yo consideraba muy poco apropiados. "Andy, Dios tiene algo muy especial para tu vida. Te va a usar de una manera poderosa." Es probable que su visión para mi vida fuera lo que más me ayudó a caminar sin peligro por el campo minado de la adolescencia.

A continuación, copio algo que escribí en mi diario durante el otoño de mi último año de secundaria. Recuerde que yo estaba en el duodécimo grado cuando escribí estas palabras.

VISIOINGENIERÍA

29 de septiembre de 1975

Necesito decirle a mi hijo desde muy temprana edad que
Dios me dijo que lo iba a usar de una manera poderosa. Esto
ha tenido una gran influencia sobre mi vida. Señor, te ruego
que la tenga sobre la suya.

Las palabras de mi padre me sirvieron como baranda protectora
en el vulnerable tiempo de mi desarrollo. Una y otra vez impidieron
que me desviara hacia barrancos morales y de relaciones. Estando
en el duodécimo grado, ya era capaz de contemplar la situación lo
suficiente como para discernir su impacto. Como una flecha en
manos de un hábil arquero, Él me había orientado y lanzado con un
impulso capaz de atravesar una armadura.

Las visiones son poderosas. En especial cuando las lanza
alguien a quien miramos con respeto; alguien en quien confiamos
y a quien tenemos la tendencia de imitar. Es muy probable que usted
tenga o tendrá personas así en su vida, que sientan de esa forma con
respecto a usted.

Ninguno de mis padres me empujó jamás hacia el ministerio.
Sin embargo, creo que su visión fue el instrumento que usó Dios
para llevarme en esa dirección. La visión nos arrastra. Nos arrastra,
porque capta nuestra imaginación. Desde allí, tiene el potencial de
conectar con nuestro corazón. Y una vez que nuestro corazón haya
sentido la energía que acompaña a una visión bien presentada,
adquiriremos una sensación de destino.

Esto es lo que podría ser.

Esto es lo que debería ser.

Por la gracia de Dios, esto es lo que va a ser.

La visión sirve como motivación intrínseca. Nos movemos en
un cierto sentido, porque queremos; no porque nos digan que nos
movamos. En lugar de empujarnos y engatusarnos para que actue-
mos, la visión nos arrastra e incluso nos hechiza.

Una vez que desaparece de nuestra vida alguien que ha tenido
autoridad sobre nosotros, su influencia también suele desaparecer.
Sin embargo, no sucede así con la persona que ha sido lo suficientemente sabia como para sembrar en nuestro corazón la semilla de
una visión positiva. Muchas veces, su influencia se sigue sintiendo

por toda la vida. Una visión cuidadosamente sembrada crece como una semilla para tomar vida y forma propia. Mucho después de desaparecido el sembrador, la semilla sigue creciendo.

Unas palabras para los padres y las madres

Madres y padres, nosotros somos los principales lanzadores de visiones. Debemos pintar un cuadro intensamente claro en la mente y el corazón de nuestros hijos acerca de lo que ellos pueden llegar a ser en cuanto a personalidad, conducta e incluso profesión. Debemos derramar en su alma, tan absorbente como una esponja, una visión sobre lo que podrían realizar en la vida. Al fin y al cabo, nosotros vemos su potencial mucho mejor que ellos.

Nos toca a nosotros, como administradores de esas vidas tan valiosas, darles a conocer su potencial, para que levanten los ojos de las realidades de hoy y los fijen en las posibilidades del mañana. Le debemos pedir a Dios que nos dé una clara visión para nuestros hijos, y comunicársela cada vez que tengamos la oportunidad.

Las visiones más significativas no son lanzadas por los grandes oradores desde una plataforma. Son lanzadas junto a los lechos de nuestros hijos. Las mayores oportunidades para comunicar visiones se producen entre las siete y media y las nueve y media de la noche, de lunes a domingo. En esas horas finales del día, nosotros tenemos una oportunidad única para sembrar las semillas de lo que podría y debería ser. Aproveche cuanta oportunidad se le presente.

No hace mucho, estaba acostado junto a Andrew, mi hijo de seis años, y Garrett, que acababa de cumplir los cinco, pasando por la rutina de todas las noches de versículos, historias y oración. No sé por qué escogí aquella noche en especial para presentarles el tema del plan especial que tiene Dios para sus vidas, pero lo hice. Después de nuestras oraciones, me incliné hacia Andrew y le dije: "Dios tiene algo especial para tu vida, y estoy ansioso por descubrir lo que es".

Sin titubear, me preguntó: "¿Y para la tuya?"

"¿De qué hablas?", le pregunté.

"¿Cuál es la cosa especial que tiene Dios para tu vida?", me dijo.

No estaba preparado para esa pregunta. Así que hice lo mismo que la mayoría de los padres en una situación así. Traté de ganar tiempo. "Andrew, ya es tarde, pero mañana por la noche te voy a hablar de eso."

Aquello comenzó un nivel totalmente nuevo de diálogo entre mis hijos y yo. Cada vez que tengo la oportunidad de describir "la cosa especial de Dios" para mi vida, estoy hallando oportunidades de señalarles hacia un futuro preferido para sus vidas: lo que podría y debería ser. Mis momentos más significativos para lanzar visiones se producen cuando estoy de rodillas y tengo el rostro a unos pocos centímetros de los rostros de mis hijos.

Cuando ya tenía escrito alrededor de medio libro, comencé a leer *Connecting* ["Conectando"], por Larry Crabb. A lo largo de toda la obra, habla de lo poderoso e importante que es comunicarle una visión a otra persona. Los dos párrafos siguientes dieron en el blanco con respecto a mi papel como padre.

¿Cómo serían las cosas si tuviéramos una visión cada uno para el otro; si pudiéramos ver la gloria perdida en nosotros mismos, en nuestra familia y en nuestros amigos? ¿Cuál sería el efecto en nuestros hijos e hijas, si se dieran cuenta de que usted se siente cautivado por la posibilidad de una gloria restaurada; de lo que ellos podrían llegar a ser; no triunfadores, gente de talento, de buen aspecto físico o ricos, sino bondadosos, fuertes y seguros, o sea, totalmente vivos?

Cuando las personas se conectan entre sí basándose en una visión sobre lo que son y lo que podrían llegar a ser; cuando vemos en los demás lo poco de Jesús que ya se ha comenzado a formar debajo de la inseguridad, el temor y el orgullo; cuando anhelamos por encima de todo lo demás ver que ese poco de Jesús se desarrolla y madura, entonces hay algo dentro de nosotros que se libera y que tiene el poder de formar más a Jesús dentro de ellos. Ese poder es la vida de Cristo, llevada a otra alma atravesando el puente de nuestra visión para ella, una vida que toca la vida de otro ser humano con un poder alimentador. La visión para el otro lanza un puente sobre la distancia entre dos almas, y desencadena la liberación del poder que tenemos dentro.[1]

El Nuevo Testamento nos lanza una fascinante visión a todos los que hemos confiado en Cristo y lo hemos hecho nuestro Salvador. Hasta en una lectura superficial nos podemos dar cuenta de que Dios no tiene problema alguno en vernos y relacionarse con nosotros tal como vamos a ser, y no como somos.

Continuamente se nos llama santos. Vamos camino de ser conformados a la imagen de Cristo. El apóstol Pablo va tan lejos, que dice que estamos sentados con Cristo en lugares celestiales. Vuelva a leer ciertos pasajes del Nuevo Testamento teniendo esto en mente. Se asombrará de la frecuencia con que se habla de nosotros a la luz de aquello en lo que nos estamos convirtiendo, y lo que un día seremos.

Vea esto:

> Amados, ahora somos hijos de Dios, y aún no se ha manifestado lo que hemos de ser; pero sabemos que cuando él se manifieste, seremos semejantes a él, porque le veremos tal como él es. (1 Juan 3:2)

Sin duda, Jesús sorprendió a sus oyentes cuando anunció: "Vosotros sois la sal de la tierra... Vosotros sois la luz del mundo" (Mateo 5:13-14). Es probable que hayan respondido a estas palabras diciendo: "¿Nosotros? Debes estar bromeando." En aquellos momentos, así como Pedro no tenía nada de "roca", tampoco ellos tenían nada ni de "sal" ni de "luz". Pero Jesús se sentía bien hablando sobre su potencial y pasando por alto su actuación del momento. Hablaba de lo que podían ser, lo que debían ser y, para un puñado de ellos, aquello en lo que se convertirían.

Es evidente que estaba convencido de que aquella era la mejor forma de producir un cambio entre sus oyentes. Está claro que prefería esto, a centrarse en las cosas que estaban haciendo mal. De hecho, el único grupo sobre cuya actuación del momento Él insistía continuamente, era el grupo que estaba convencido de que estaba haciendo las cosas mucho mejor de lo que las estaban haciendo.

LA HISTORIA DE JANE

Piense en esto por un momento. ¿Qué sucedería si usted comenzara a hablar del potencial de la gente, y no de su actuación? ¿Y si adquiriera el hábito de dispensarles a los demás el mismo tipo de gracia que ha sido derramada sobre usted? ¿Qué sucedería si usted llenara intencionalmente sus conversaciones con ideas acerca de lo que podría ser cierto con respecto a la gente que le rodea?

Jane McCall y yo hemos sido amigos durante once años. Nos hemos conocido desde mucho tiempo antes. Pero nuestra amistad no comenzó hasta un par de años después de habernos conocido. Cuando conocí a Jane, vivía completamente en la calle. Había sido adicta a medicamentos durante veinte años. Y ahora, a los cuarenta y uno, formaba parte del experimento con metadona auspiciado por el gobierno. La metadona es una droga que se les da sobre todo a los adictos a la heroína para reemplazar la droga que usan. A fin de recibirla legalmente, los adictos tenían que presentarse a diario en un centro de tratamiento que la administraba. Lamentablemente, la metadona es altamente adictiva, como la heroína. Tanto, que tiene su propio mercado negro.

Jane se me acercó después del culto un domingo por la noche y me dijo que quería ayuda. En aquellos momentos, yo tenía veintisiete años. Acababa de salir del seminario. Sabía mucho de Biblia, pero muy poco sobre la forma de ayudar a una persona que se hallara en la situación de Jane. Así que cometí todos los errores clásicos. En primer lugar, me creí todo lo que ella me dijo. Por supuesto, eso me llevó al siguiente error: comencé a darle dinero cada cierto tiempo.

Años más tarde, ella se burlaba de mí: "Andy", me decía, "¿sabes cómo distinguir cuando un adicto está mintiendo?"

"No, Jane. ¿Cómo se sabe cuando un adicto está mintiendo?"

"Está moviendo los labios."

Durante siete años, le seguí la pista a Jane mientras entraba y salía de todos los hospitales y programas de rehabilitación que había en la ciudad. Cuando comenzaba a pensar que estaba progresando, se venía abajo. Y cuando estaba listo para alejarme de ella, fabricaba alguna historia conmovedora e increíble, yo sentía lástima por ella, y volvía a aquella locura.

En una ocasión, la ayudé a conseguir un trabajo en una iglesia local. Pensaba que había dejado las drogas de una vez por todas. Le iba muy bien. Su jefe estaba encantado con su trabajo. Entonces, me llamó y me dijo que me tenía que hablar enseguida.

Después de una larga y detallada historia, me miró fijamente a los ojos y me dijo: "Andy, me hicieron una prueba del VIH y salió positiva. Me parece que lo mejor que puedo hacer es renunciar a mi trabajo para protegerte a ti y a la integridad de la iglesia."

Por supuesto, mi primer pensamiento fue: "Qué heroico. Qué sensible. Dios ha hecho un milagro en el corazón de Jane." Al fin y al cabo, aquél era el primer trabajo que ella había tenido en años. Yo sabía que le encantaba el ambiente en el que estaba. Y estaba seguro también de que disfrutaba con la gente que la rodeaba. Para ella, dejar su trabajo era un gran sacrificio. O así pensaba yo.

Varias semanas más tarde, Jane admitió que lo había inventado todo. Había comenzado a usar drogas de nuevo, y eso estaba interfiriendo con su rendimiento en el trabajo. En lugar de decírmelo, pensó que sería mejor inventar la historia de VIH, y así tendría una buena excusa para renunciar. En aquel punto, fui yo quien renunció a Jane.

Por un par de meses.

La única cosa que hice bien con Jane fue aprovechar cuanta oportunidad tuve para lanzar una visión de lo que Dios podía hacer por medio de ella, si dejaba su adicción de una vez por todas. "Jane", le solía decir, "un día Dios va a utilizarte para alcanzar a gente que nunca estaría dispuesta a escucharme a mí." En los primeros años, se limitaba a mover la cabeza. Pero al ir pasando el tiempo, comenzó a ser ella quien sacaba el tema. "Andy, ¿de veras crees que Dios me podría usar a mí? ¿Crees realmente que alguien me escucharía?" Por alguna razón, yo sí creía que Dios quería usar a Jane, así que se lo seguí diciendo. Finalmente, comenzó a creerme.

En algún punto del camino, Dios hizo nacer una visión en Jane. Comenzó a ver toda la podredumbre, y el pecado, y los maltratos, como oportunidades. Su pasado, que había sido motivo de vergüenza y deshonra, tomó un significado nuevo. Lo que "podía ser" terminó floreciendo en lo que "debía ser". Y Jane abrazó su potencial con un verdadero sentido de venganza.

Venció su adicción a las drogas. Con eso en el pasado, se enfrentó a los problemas más profundos que la habían movido cuando era adolescente a buscar algo para enmascarar su angustia. En todo este proceso se hizo evidente que la recuperación no era su punto final de destino. Ella creía que Dios la iba a usar, y se estaba preparando para lo que Él tuviera pensado hacer.

Asistió a tantos grupos de apoyo, sesiones de consejerías y reuniones de AA, NA y CA (cocainómanos anónimos), que se habría podido ganar un doctorado honorario en recuperación de adictos, si es que tal cosa existiera. Dios usó su amplia experiencia en esos grupos para definir mejor la visión que Él tenía para su vida.

Cuando se acercaba el final de su proceso de recuperación, se enroló en un curso preparado para enseñar a dirigir grupos de apoyo. Su instructor se dio cuenta de lo ansiosa que estaba por aprender, y al cabo de poco tiempo le permitió dirigir un grupo de mujeres que habían sido sexualmente maltratadas.

Jane estaba como pez en el agua. Amaba a aquellas mujeres como sólo alguien con su historial habría podido amarlas. Y ellas le correspondían. Al poco tiempo, ya tenía dos grupos. No había caso alguno que fuera demasiado extremo. Nadie era imposible de amar. Veía potencial en todos los que se le acercaban.

De vez en cuando, me invitaba a sentarme con uno de sus grupos y responder preguntas teológicas, o añadir una perspectiva masculina a los comentarios. En una ocasión, decidió centrar la discusión en la forma de ayudar a los esposos a manejar sus actitudes hacia aquéllos que habían maltratado a sus esposas. Así que invitó a los esposos a la reunión. También nos invitó a Sandra y a mí.

Yo he visto mucho sufrimiento. He oído una buena cantidad de historias muy dolorosas. He atravesado con la gente casi todas las situaciones dolorosas imaginables. A pesar de esto, no estaba preparado para la intensidad emocional que inundaba el apartamento de Jane aquella noche. Si usted se ha sentado alguna vez en un grupo de apoyo para mujeres sexualmente maltratadas, me entenderá. Si no, en realidad no sé si hay adjetivos para describir lo que experimentamos. Aquella reunión no era la primera que tenía con Jane. Pero era la primera vez que se había invitado a los esposos al grupo. Su presencia, sus comentarios y su insensibilidad alimentaron un fuego que ya se estaba saliendo de todo control.

La reunión duró unas tres horas. Sandra y yo no nos quedamos a conversar después. Tan pronto como subimos al automóvil, ambos nos derrumbamos y comenzamos a llorar. No fueron unas cuantas lágrimas; fue llanto. Nunca en nuestra vida habíamos estado en un ambiente de una angustia emocional tan intensa. Era más de lo que podíamos soportar. Yo había sido invitado a facilitar la conversación, pero había podido hacer muy poco.

Sin embargo, en medio de aquellas preciadas damas estaba Jane. La mensajera nombrada y ungida por Dios. Presentando un mensaje de esperanza y de sanidad de una forma tal, que sólo ella lo podía presentar así. Señalando el camino hacia lo que podía y debía ser. Escuchando, amando, abrazando, comprendiendo, dando, compartiendo, negándose a darse por vencida hasta con las personalidades más difíciles.

Lo que podía ser, había llegado a ser. No fue gracias a un gran esfuerzo de mi parte. Tampoco fue, ciertamente, por alguna habilidad o algún conocimiento que yo tuviera, sino porque la semilla de la visión había germinado, echado raíces, salido a la superficie y florecido. Dios tenía un plan para Jane. Ella lo reconoció y abrazó. Y ahora es una lanzadora de visiones. Una lanzadora de visiones para un grupo cuyos corazones y esperanzas habían quedado dañados casi más allá de toda reparación posible. Un grupo que necesita de alguien exactamente como Jane para hallar los rescoldos encendidos de la vida y soplar sobre ellos hasta construir el futuro preferido.

Cuando recuerdo aquellos primeros años con Jane, una vez más me viene a la mente algo que escribió Larry Crabb para describir el potencial que tiene ayudar a una persona a centrarse en lo que podría ser.

La relación poderosa consiste en captar una visión de lo que Dios está pensando para alguien, y la fe necesaria para creer que esa visión se puede convertir en una realidad.[2]

EL PODER DE LAS PALABRAS

Las palabras son poderosas. Le dan forma a la vida. Las podemos usar para el bien o para el mal. Para edificar o para destruir. Para señalarles a las persona en una dirección que le dé honra a Dios, o para enviarlas por una senda sobre la cual se lamentarán.

Sin duda, tiene el potencial de la palabra hablada que llevó al apóstol Pablo a escribir estas palabras:

> Ninguna palabra corrompida salga de vuestra boca, sino la
> que sea buena para la necesaria edificación, a fin de dar
> gracia a los oyentes. (Efesios 4:29)

Esto, procedente de un hombre que se estaba refiriendo a unos miembros inmaduros, rivales e infieles de la iglesia, llamándolos "santos". Él practicaba lo que predicaba. Hablaba sobre el potencial de sus oyentes, y no sobre sus prácticas. Tal vez fuera la asombrosa metamorfosis que se produjo en su propia vida la que le diera la seguridad necesaria para dirigirse a estos creyentes del siglo primero, pensando en lo que podía y debían ser y, con la gracia de Dios, llegarían a ser.

¿Debemos hacer nosotros algo distinto? ¿Qué clase de visión le está usted lanzando a la gente que lo rodea? Padre de familia, ¿qué clase de visión está poniendo usted en sus hijos? Madre, ¿qué clase de visión está poniendo en su esposo? Abuelos, ¿qué dicen de esos nietos? Líder, ¿qué clase de visiones personales está compartiendo usted con la gente que ha invertido su tiempo y sus talentos en la visión de usted?

En el próximo capítulo volveremos a centrar nuestra atención en el desarrollo de su visión personal. Mientras seguimos nuestro estudio, tenga presente que, aunque usted es el que recibe una visión dispuesta por Dios, también va a recibir oportunidades para lanzarles la visión del Padre a los que le rodean.

VISIOINGENIERÍA

PROYECTO # 9

Para los padres

1. ¿Qué podría y debería ser con respecto a la personalidad de sus hijos? Mencione tres cualidades personales que forman parte de su visión para sus hijos.

   _____   _____   _____

2. Fomente estas cualidades a base de señalar ilustraciones positivas y negativas a medida que se las encuentre en historias, videos o experiencias familiares.

3. Incluya estas características en sus oraciones cuando ore por sus hijos.

   - "Señor, gracias porque Shannon se está convirtiendo en una damita en la que se puede confiar en toda ocasión."
   - "Señor, ayúdanos a Reggie y a mí a convertirnos en hombres con personalidad."
   - "Señor, te doy gracias porque Cindy es tan sensible y comprensiva."
   - "Señor, yo sé que a Andrew le va a ir bien en la escuela, porque es muy bueno para escuchar."

4. Cuando vea en su hijo o hija una inclinación natural hacia algo bueno, lance una visión que tenga que ver con esa tendencia natural.

   - Por ejemplo, si tiene un hijo al que le encantan los rompecabezas o los problemas en general, podría decir algo como esto: "¿Sabes una cosa, Thomas? Eres muy bueno para el cálculo. Es posible que Dios te dé algún día una oportunidad para resolverles los problemas a otras personas."
   - Si tiene una hija que parece dotada en el aspecto del liderazgo, la podría animar en ese sentido, diciéndole: "Christi, eres buena como líder. Estoy ansioso por ver la forma en que Dios va a usar ese don en las diferentes etapas de tu vida."

Para líderes

Destaque siempre los puntos fuertes y el potencial de las personas que le rodean. Muchas veces, la persona no está consciente de sus propios puntos fuertes. Son una parte tan natural de nuestra constitución, que a menudo no los reconocemos. He aquí dos maneras de hacer esto.

1. Cuando le dé a alguien una tarea o un proyecto, relacione su confianza en la actuación futura de esa persona con algo que haya en ella y que le haya facilitado el éxito en el pasado.

   • Por ejemplo, "Jim, usted cumplió muy bien con el encargo de reclutar voluntarios para [lo que sea]. Por eso le estoy pidiendo que acepte esta nueva encomienda. Cuando se trata de reunir el equipo correcto para un proyecto, a usted le sale natural. Me imagino que siempre le va a ir bien cuando trabaje con gente."

2. Busque oportunidades de comentar pública y privadamente las inclinaciones y capacidades naturales que vea en la gente que lo rodea. Después lleve todo esto un paso más allá, asociando esas inclinaciones y capacidades con su éxito futuro.

   • Por ejemplo, "¿Verdad que Carrie hizo un trabajo fantástico en la organización de la merienda del personal? Una cosa que me agrada realmente en ella es que cuando uno le encomienda algo, se puede olvidar del asunto. No tiene que volverse a preocupar por él. Con el apoyo correcto, dudo que haya proyecto alguno que ella no pueda manejar."

Capítulo diez

La visión tiene un precio

*Lo que me falta en realidad es tener clara la mente en cuanto
a lo que debo hacer; no en cuanto a lo que debo saber...
La cosa es comprenderme a mí mismo, ver lo que
Dios quiere realmente que haga... encontrar esa idea
por la cual puedo vivir y morir.*

SÖREN KIERKEGAARD

Toda visión que valga la pena seguir, va a exigir sacrificio y riesgo. Se le va a pedir que abandone el bien presente por el mejor en potencia. Se le va a hacer necesario dejar lo que es cómodo y familiar para abrazar lo incómodo y desconocido. Y mientras tanto, lo va a perseguir el miedo de que esa cosa en la que está invirtiendo tanto de sí mismo, no llegue a funcionar.

Hay muchas cosas desconocidas que están relacionadas con las visiones. Hay docenas de oportunidades de que las cosas vayan mal. No hay garantía de que su inversión vaya a producir. El sacrificio y el riesgo son inevitables.

Sin embargo, permitir que el precio y las inseguridades lo hagan replegarse en cuanto a su dedicación, o irse saliendo de ella poco a poco, es abrirle las puertas al fracaso. Además de esto, nadie lo va a seguir. La incertidumbre en un líder siempre se hace más grande aún en el corazón del seguidor. John Maxwell lo expresa de

135

esta forma: "La gente acepta al líder antes de aceptar la visión. Y acepta la visión después de que la ha aceptado el líder." [1]

Las visiones exigen valor y firmeza. Exigen que nos lancemos como si estuviéramos totalmente seguros de los resultados. Nos exigen la misma entrega que si fuéramos paracaidistas. O estamos en el avión, o estamos en el aire. O lo hacemos, o no lo hacemos. Tendemos a enfocar la visión de la misma forma que entra al hielo alguien que patina en él por vez primera: con cautela, y sin alejarse nunca de la baranda de apoyo.

CON AMBAS ALETAS
EN EL AGUA

Cuando tenía diecinueve años, pasé varias semanas en una pequeña isla de las Bahamas. Fue allí donde conocí el gozo de bucear con escafandra autónoma. Michael Albury era mi anfitrión. Residía en la isla Man o' War. Su vida giraba alrededor del agua. Y mientras estuve allí, hice cuanto estuvo a mi alcance para mantenerme a su mismo paso.

Una tarde, me sugirió que fuéramos a bucear. En la seguridad y la comodidad de su sala, aquello parecía una buena idea. Pero una hora más tarde, mientras cargábamos el equipo en su barco, comencé a tener otras ideas.

Michael invitó a otro joven y a su novia para que nos acompañaran. En el último minuto, el joven avisó que no podía ir, pero Shannon, su novia, decidió acompañarnos de todas formas.

Yo tenía la esperanza de que no saliéramos demasiado lejos de la costa. Pero, por supuesto, Michael me quería enseñar el arrecife. Al fin y al cabo, allí era donde estaban los "peces grandes". Ya yo había estado allí el tiempo suficiente para saber que en el arrecife era también donde estaban los tiburones grandes.

Después de cerca de una hora, llegamos al lugar donde íbamos. Michael estaba preparando los tanques y yo me estaba probando las aletas. Entonces fue cuando habló Shannon.

"¿Has usado los tanques alguna vez?", me preguntó.

"No", le dije. "¿Y tú?"

"Todavía no", me respondió. "Pero mi novio me está dando lecciones."

"¿Lecciones?"

"Claro; acabamos de terminar el libro."

"¿El libro?", pregunté. "Michael, ¿qué libro es ése? Yo no he leído ningún libro."

Ella siguió hablando: "La semana que viene, vamos a practicar el buceo en la playa."

"¿Practicar el buceo? ¿En la playa? Oye, Michael, tal vez deberíamos hacer alguna práctica de buceo en la..."

Antes de que yo pudiera terminar de hablar, él me puso el regulador en la boca y me dijo que respirara normalmente. Bien.

"No te preocupes", me dijo. "Yo tampoco he leído nunca el libro."

Por alguna razón, aquello no me sorprendió. Antes de que me diera cuenta, estaba de pie al costado del barco, con el aspecto de un "SEAL" de la Marina. Bueno, tal vez no tanto. Comoquiera que fuese, estaba de pie al costado del barco, mirando hacia unas aguas de las que estaba seguro de que estaban infestadas de tiburones. Michael me dijo: "Salta al agua. Yo bajo en un minuto."

Fue entonces cuando aprendí que uno no "hace como que" bucea. O está en el agua, o está fuera de ella. Tenía que decidirme. Tenía que entregarme. No tenía la opción de experimentar. No podía mantener una aleta en el barco y una en el agua. O todo, o nada.

Así que salté. Michael tenía razón. Allí era donde estaban los peces grandes.

Las visiones no se convierten en realidad mientras no haya alguien dispuesto a saltar. El lanzamiento de una visión siempre exige que nos consagremos de todo corazón a lo que podría ser. Goliat nunca habría sido derrotado, si David no hubiera salido de las filas de los israelitas para desafiar al gigante. Pedro nunca habría conocido la emoción de ir hacia Jesús por encima del agua, si no hubiera sacado ambas piernas por el costado de la barca, y saltado a las profundidades del mar. Y el apóstol Pablo nunca habría conocido el gozo de llevarles el Evangelio a las naciones gentiles, si no hubiera hecho su equipaje aquella primera vez, y se hubiera dirigido hacia lo desconocido.

Siempre hay riesgo. Siempre hay sacrificio. Pero es la disposición de la persona a romper las barreras que imponen el riesgo y el sacrificio la que la pone en la posición de ver que se convierte en realidad algo que podría ser. El que se repliega ante el desafío, se pasa después la vida preguntándose.

Ciertamente, los hombres y mujeres que se reunieron para escuchar la visión que tenía Nehemías para Israel, se lanzaron a ella con ambos pies. Observe su respuesta.

> Entonces les declaré cómo la mano de mi Dios había sido buena sobre mí, y asimismo las palabras que el rey me había dicho. Y dijeron: Levantémonos y edifiquemos. Así esforzaron sus manos para bien. (Nehemías 2:18)

Me encantan las últimas palabras: "Así esforzaron sus manos para bien". En otras palabras, se comprometieron.

La forma en que se describe la historia hace pensar que el pueblo de Jerusalén en realidad no tenía nada mejor que hacer, que reconstruir los muros. Casi sentimos que andaban de un lado para otro con las manos en los bolsillos, hasta que llegó Nehemías. Sin embargo, no era esa la situación en absoluto. Se trataba de una sociedad agrícola. El que no estuviera trabajando, tampoco estaba comiendo. Aquella gente estaba hasta la coronilla de cosas que hacer. Añadir este proyecto a su rutina diaria significaba dejar en suspenso otras cosas. En otras palabras, la reconstrucción de los muros significaba sacrificio y riesgo.

Para complicar aún más las cosas, la mayoría de la gente había salido de la ciudad para vivir en los alrededores de ella. Reconstruir los muros significaba dejar sus hogares, granjas, ranchos y negocios, y viajar a la ciudad para trabajar. Significaba poner en suspenso la vida tal como la habían llegado a conocer. Significaba dejar sin atención sus granjas, su ganado y sus familias. Al final, se les pidió que dejaran sus hogares y pasaran a vivir en la ciudad, para que el trabajo fuera más eficiente. Y ellos lo hicieron de buen grado. La visión de lo que podía y debía ser los impulsaba a hacer los sacrificios necesarios. "Así esforzaron sus manos para bien."

Como si la situación no fuera ya suficientemente arriesgada, hubo una complicación adicional en la obra de reconstruir la ciudad. No todo el mundo estaba entusiasmado con la idea de que Israel se volviera a levantar económica y políticamente. En especial Sanbalat, el gobernador de la vecina región de Samaria, se sentía preocupado de que alguien hubiera acudido a fomentar el bienestar de Israel (2:10). Tanto él, como los gobernadores de otras regiones circundantes, se habían beneficiado económica y políticamente del estado de debilidad en que se hallaba Israel. Lo último que querían era que Israel tomara fuerza y volviera a tener la importancia que una vez había tenido en aquel rincón del mundo.

Así que Sanbalat y sus aliados comenzaron a poner en tela de juicio las motivaciones y las intenciones de Nehemías. Comenzaron a circular rumores y cartas amenazantes. Su meta era lograr que nunca se terminara el muro.

Por consiguiente, los hombres y mujeres que iban de sus hogares y granjas a Jerusalén para trabajar en los muros, lo hacían a riesgo de encontrarse sus casas quemadas y sus cosechas destruidas cuando regresaran. Todo cuando les era querido se hallaba en juego. No obstante, pusieron manos a la obra. Estaban dispuestos a hacer los sacrificios necesarios. Reconocieron el riesgo y siguieron adelante con el proyecto.

El pueblo comprometió su tiempo, talentos y tesoros por un tiempo indeterminado a la realización de la tarea. Y cuando lo hicieron, sucedió algo inesperado. Aquel remanente desorganizado, sin motivación ni inspiración nacionalista, se convirtió en un equipo. En el mismo momento en que pusieron manos a la obra, pasaron de rebaño esparcido y dedicado a sus propios intereses, a convertirse en un ejército con una misión.

Si Dios ha hecho nacer en su corazón una visión, llegará el día en que se le va a exigir que haga un sacrificio para convertirla en realidad. Y tendrá que hacer el sacrificio, sin garantía alguna de éxito.

Todo el tiempo hablo con personas que tienen ideas aparentemente procedentes de Dios, pero que no están dispuestas a comprometerse con ellas de una manera total. Muchas veces, las conversaciones comienzan con un "Si yo tuviera un millón de dólares..."

Una señora bien intencionada me dijo una vez: "¿Sabe una cosa? Siento tanta carga por los problemas de los barrios bajos, que si tuviera un millón de dólares, me encantaría ir allí y comenzar una escuela para niños marginados."

Con toda la delicadeza que pude, le dije: "Yo conozco personas que han comenzado escuelas para los niños de los barrios bajos con mucho menos de lo que usted tiene ahora. No hace falta un millón de dólares para comenzar una escuela." Lo que ella necesitaba era el valor suficiente para actuar de acuerdo a su visión.

La diferencia entre los que tienen una carga por los niños de los barrios bajos, y los que realmente hacen algo por ellos, no está en los recursos, sino en la disposición a tomar riesgos y hacer sacrificios. La gente que cambia las cosas en este mundo se consagra a lo que podría ser, antes de saber de dónde va a llegar el dinero. Les basta su visión para dar el salto. Por lo general, el dinero sigue a la visión. Son escasas las veces que sucede de la forma opuesta. Por consiguiente, la visión siempre comprende sacrificios y aceptación de riesgos.

LA HISTORIA DE
KAREN BENNETT

El 3 de febrero de 1990, Karen Bennett y cinco amigos suyos dejaron su barrio residencial y se mudaron a un viejo club nocturno abandonado en una de las zonas más peligrosas de Atlanta. Durante los seis meses anteriores, habían estado celebrando cultos en las calles con niños de los barrios bajos. Durante aquellos encuentros, Dios les dio mayor claridad en cuanto a la visión que había hecho nacer en Karen durante sus días de universidad. Con el tiempo, se hizo evidente que debía comenzar un ministerio exclusivo para los niños de los barrios pobres de Atlanta.

Karen es una mujer blanca soltera. En aquellos momentos tenía veintitrés años. Como muchas otras personas solteras de Atlanta, estaba ahorrando para su primer automóvil caro, y conduciendo un Honda. Pero el vacío que vio en los ojos de aquellos niños era algo que no podía ignorar. A medida que comenzó a tomar forma su visión, se fue convenciendo de que debía haber un lugar seguro para los niños en medio de una zona que era y sigue siendo zona de guerra infestada por las drogas. Así que decidió con sus amigos comenzar una iglesia de niños en los barrios bajos. Después de dejar que la idea fuera incubada durante varios meses, comenzaron a buscar un lugar.

Un mes tras otro, seguimos yendo allí hasta que sentimos que había llegado el momento de tener una iglesia con edificio para esos niños. Comenzamos a buscar antiguos almacenes y edificios en la parte más pobre de Atlanta. Finalmente, encontramos este antiguo club nocturno, situado en el mismo centro de veinticinco proyectos de habitación importantes de los barrios bajos. Llamé al dueño y le dije: "Bueno, ¿cuánto quiere por ese lugar?" Él me dijo que necesitaba un alquiler mensual de dos mil dólares.

Lo mismo me habría podido decir que quería dos millones, porque yo no tenía tanto dinero. Yo vivía de un sueldo de la iglesia en un apartamento de los barrios residenciales. Pero cuando íbamos para nuestras casas, todos pasamos por nuestros bancos y limpiamos nuestras cuentas de cheques y de ahorros. Buscamos cuanto centavo pudimos hallar. Aquella noche, lo juntamos todo en un bote, y entre los seis, teníamos cincuenta y dos dólares.[2]

Karen habló con un par de iglesias para buscar ayuda. Fueron comprensivos, pero no estuvieron dispuestos a colaborar económicamente. Nadie estaba interesado en sostener una iglesia de niños independiente en los barrios bajos. Aunque la mayoría de las jóvenes habrían tomado aquello como señal de que debía canalizar por otra parte sus energías, Karen lo vio como una prueba para su consagración a aquella misión. Así que convocó a una reunión.

Así que todo terminó en que me reuní con mi personal aquella noche y nos limitamos a hablar del tema. Fue una de esas noches en las que todo lo que teníamos que hacer, era ser sinceros con nosotros mismos. ¿Era esto lo que íbamos a hacer, o se trataba de una de esas cosas de las que sólo íbamos a seguir hablando hasta que tuviéramos cuarenta o cincuenta años?

De manera que decidimos que íbamos a correr el riesgo, porque de vez en cuando hay que hacerlo. Al día siguiente nos fuimos a los propietarios de nuestros apartamentos y les entregamos nota escrita de que nos íbamos de ellos. No nos podíamos permitir tener nuestros apartamentos tan buenos, y al mismo tiempo tener una iglesia para aquellos niños.[3]

Dos semanas más tarde, Karen y su personal sin paga se mudaron al club nocturno.

Recuerdo que cuando nos mudamos, había entre uno y siete grados bajo cero afuera, y esa misma temperatura adentro. Antes de mudarnos, se nos había olvidado comprobar si el edificio tenía calefacción. No la tenía, ni tampoco aire acondicionado. No tenía servicio sanitario, lavabo ni ducha. No tenía nada. Teníamos que ir en automóvil hasta un restaurante barato para usar el baño.

Nuestra nueva residencia venía bien provista con suelos de cemento y ratas de alcantarillado de casi medio metro de largo. Las llamábamos "recaderas", porque siempre se nos estaban viniendo encima a nosotros. Seguimos tratando de mejorar las cosas en el edificio, pero nadie creía en nosotros. Nuestros padres creían que habíamos perdido el juicio. Algunas veces, uno se llega a preguntar si realmente ha oído hablar a Dios, o no.[4]

Karen y su "personal" siguieron trabajando en sus respectivos empleos. En el día de pago, depositaban los cheques en la cuenta de su ministerio. Entonces, cada uno de ellos tomaba veinte dólares por semana para sus gastos. Durante los fines de semana, comenzaron a ir de puerta en puerta por los edificios de los proyectos, para invitar a los niños a sus cultos de los sábados. Hacían cuatro mil visitas personales por semana. Con el tiempo, se ganaron el respeto y la confianza de los padres en aquellas comunidades. Así fue como comenzó Metro Assembly.

Hoy en día, Karen y su personal de dieciséis miembros les ministran a más de tres mil niños cada semana en diversos cultos de fin de semana. Patrocinan un culto de jóvenes que atrae a más de doscientos adolescentes. En 1994 establecieron una escuela privada en la comunidad. El pago es de veinte dólares mensuales. Tienen ciento veinticinco estudiantes matriculados y más de quinientos en lista de espera.

Pero Karen y su personal han pagado un precio por el éxito que están teniendo. Han entrado varias veces a Metro Assembly para robar. Hace varios años, Karen fue atacada por rateros. Tres miembros del personal fueron golpeados por unos adolescentes que habían asistido a uno de los cultos. Diez de los niños que asistieron al primer culto de su iglesia han sido asesinados. El primer funeral en el que ofició Karen fue el de uno de los miembros del personal. ¿Cómo ha reaccionado Karen ante todo esto?

"Si usted decide que aquello que Dios le está pidiendo que haga con su vida es demasiado para usted, y más incómodo de la cuenta, entonces nunca va a ver los milagros que Él tiene para usted."[5]

Las visiones siempre exigen que alguien vaya por delante. La historia de Karen ilustra esto con claridad. Si usted se siente consumir por la imagen de lo que podría y debería ser en algún aspecto determinado, es probable que Dios lo vaya a llamar a dar el primer paso. Esto es especialmente cierto si el éxito de su visión depende de lo dispuestos que estén otros a unírsele. No se puede guiar a la gente más allá de lo que uno mismo está dispuesto a ir. No se puede lanzar una visión atrayente para los demás, si no se demuestra que se está dispuesto a hacer sacrificios y correr riesgos.

BLOQUE DE CONSTRUCCIÓN # 9

No espere que los demás se tomen unos riesgos mayores que los que se tome usted, o se sacrifiquen más que usted.

Una de las razones por las que la visión de Nehemías era tan convincente, eran los sacrificios y los riesgos por los que él había pasado para llegar hasta donde estaba. Había pasado por serios problemas para darle al pueblo de Jerusalén la oportunidad de reconstruir sus muros. Se había alejado de su cómodo trabajo palaciego para viajar centenares de kilómetros en la esperanza de que un grupo de gente al que nunca antes había conocido, se le uniera en un proyecto que tenía pocas posibilidades de éxito.

Una cosa hay que decir de Nehemías: se había consagrado a su visión. Tenía las dos aletas en el agua. No le estaba pidiendo a nadie que hiciera algo que él no se hubiera manifestado dispuesto a hacer antes.

GUIAR POR MEDIO DEL EJEMPLO

En febrero de 1997, nuestra iglesia necesitaba recoger un millón de dólares en un período de cuatro meses, para comenzar la construcción de nuestro primer edificio. Había varias cosas en contra nuestra. En primer lugar, North Point Community Church sólo tenía dieciséis meses de fundada en aquellos momentos. Todavía nos estábamos enfrentando a la enormidad de los gastos que significan comenzar una iglesia nueva. En segundo lugar, teníamos una congregación joven. Casi la mitad de las personas que asistían continuamente eran adultos solteros. Para complicar más las cosas, acabábamos de cerrar el trato sobre una propiedad dos meses antes. Yo había empujado realmente a nuestra gente a dar con sacrificio. Ahora nos estábamos enfrentando con otra fecha límite que no parecía tener nada de realista.

Mientras oraba acerca de la manera de enfocar la necesidad al presentarla, me sentí impresionado a seguir el ejemplo de Nehemías, quien dividió el trabajo de reconstrucción de los muros en cuatro secciones. Después de hacerlo, asignó personas a cada una de las cuatro.

Dividí nuestra meta monetaria en pedazos más pequeños, y puse asignaciones. La diferencia fue muy grande. Nehemías les había asignado partes concretas de los muros a personas concretas. Yo me limité a presentar las diversas cantidades que habría necesidad de aportar, y dejé que la gente fuera a anotarse a una parte determinada de la meta.

Dije que necesitábamos quinientas personas que dieran quinientos dólares; doscientas cincuenta que dieran mil; cincuenta que dieran cinco mil, y diez que dieran veinticinco mil. No tenía ni idea de quién se responsabilizaría de aquello. Sólo lo presenté y confié en que Dios llevara a la gente a comprometerse con una parte determinada de los muros.

Sin embargo, antes de hacer la presentación, tuve que dejar algo resuelto en mi propio corazón. Estaba a punto de pedirle a nuestra congregación que hiciera un sacrificio económico para lanzar nuestro programa de construcción. Pero hasta aquellos momentos, yo no me había sacrificado al dar para adelantar el ministerio de nuestra iglesia. En cuanto a mi apoyo monetario personal, todo lo que había hecho era trasladar a nuestra nueva iglesia mis costumbres de siempre en cuanto a ofrendar. De niño se me había enseñado a dar el diez por ciento de todo. Y eso era lo que siempre había hecho. Así que, desde el principio mismo, daba en la iglesia el diez por ciento de todo lo que ganaba. Pero aquello no significaba un sacrificio.

Cuando me preparaba para presentarle a nuestra congregación las asignaciones de las ofrendas, sabía que Dios quería que yo mismo hiciera más. Era el líder, y tenía que abrir camino. Si esperaba que nuestra gente se sacrificara al dar, yo tenía que hacerlo también. Así que hice la oración que Dios siempre parece responder de la manera más clara. "Señor, ¿cuánto quieres que demos Sandra y yo?"

Casi de inmediato, me vino una idea a la mente. No era una voz. Por supuesto que tampoco era una emoción. Era una fuerte impresión. Esa clase de impresión que he aprendido a tomar en serio, al mismo tiempo que me muevo con cautela. Como muchos otros cristianos, lucho con el discernimiento de la voluntad de Dios cuando se trata de cuestiones de las que no se habla directamente en las Escrituras. Así que me pasé un par de días pensando y orando sobre aquello.

Feliz día de los enamorados

Mientras más oraba, más convencido estaba. Debía contribuir al fondo de construcción, dejando de cobrar mi sueldo de la iglesia durante los cuatro meses en que estaríamos recogiendo el dinero. Aquello era todo un reto, como mínimo. Ciertamente, significaría un sacrificio. Pero allí no terminaba todo. Me sentí igualmente impresionado a anunciarle mi decisión a nuestra congregación. Esto me parecía un tanto extremista. Nunca me había parecido que nadie tuviera que saber cuánto daba yo. Además, a Jesús no le agradaban demasiado los líderes religiosos que hacían alarde de sus costumbres en cuanto a las ofrendas. Pero en aquel caso en particular, sentí que era mi deber como líder manifestar que estaba dispuesto a poner mi dinero al servicio de mi visión.

Aquella decisión afectaría a toda mi familia, así que sabía que tendría que consultarla con Sandra. Tengo un gran respeto por su discernimiento. Si a ella le parecía bien, yo sabría que muy probablemente era lo que debía hacer.

Toda esta agitación se produjo en febrero. Al final resultó que la primera oportunidad que tuve de darle a conocer lo que pensaba, fue en el día de los enamorados. Así que allí estábamos, sentados en un buen restaurante, celebrando nuestro amor mutuo. Y yo le dejé caer la buena noticia. "Sandra", le dije, "tengo una idea. Creo que debemos vivir sin sueldo durante cuatro meses, mientras recogemos el millón de dólares para el edificio, y creo que le debo decir a toda la iglesia lo que estamos haciendo. ¿Qué piensas?"

Nunca, pero nunca, me voy a olvidar de lo que salió de su boca. Sonrió y me dijo: "Esas son las cosas que me hacen amarte más aún".

Tuvimos un feliz día de los enamorados.

Un lanzamiento de visión auténtico

Hay algo de falso en un hombre o una mujer que lanza una visión por la cual no están dispuestos a hacer sacrificios personales. Es de hipócritas pedirles a otros que se tomen riesgos que no estamos dispuestos a tomar nosotros. Si Dios ha hecho nacer una visión en usted, sólo es cuestión de tiempo hasta que llegue al precipicio del sacrificio. Con toda seguridad, lo que usted haga en ese punto es lo que va a determinar el éxito o el fracaso futuro de su visión. Ciertamente, va a determinar su capacidad para captar el apoyo de los demás.

En ese momento se verá forzado a decidir si lo que podría ser, realmente debería ser. Si sigue adelante, la visión se convertirá en parte de su ser. Si cruza la línea del sacrificio, su potencial para hacer que otros la crucen va a aumentar notablemente. Pero si da marcha atrás... Si lo hace, se pasará la vida preguntándose cómo habrían sido las cosas.

A diferencia de mi situación, es probable que usted no necesite ayuda para discernir el tipo de sacrificio que le exige su visión. Por lo general, es algo evidente. No va a necesitar discernimiento, pero sí va a necesitar valentía. Valentía para comprometerse. Valentía para invertir lo que más valor tiene para usted en un sueño que tal vez le dé poca recompensa, o ninguna.

No sé lo que habría sucedido si Sandra y yo nos hubiéramos echado atrás ante el reto de ofrendar con sacrificio. Tal vez nada. Pero tengo la sensación de que si nosotros nos hubiéramos acobardado, lo que sucedió no habría sucedido. No porque Dios me necesitara a mí. No porque yo sea tan trascendental, que Dios no pudiera obrar a pesar mío. Dios puede hacer lo que Él quiera. La razón por la que creo que tantas cosas dependían de que nosotros estuviéramos dispuestos a dar, es una pauta que nunca ha sido quebrantada a lo largo de la historia.

Por razones que sólo Él conoce, Dios ha querido obrar a través de hombres y mujeres que estén dispuestos a hacer sacrificios por la "cosa" que Él les ha puesto en el corazón que hagan. Sus vehículos más escogidos son aquellos seres humanos que ponen a sus pies valerosamente las cosas que representan la seguridad y la serenidad, por el bien de lo que podría y debería ser. En cierto sentido limitado, eso es lo que nosotros hicimos. Y en algún momento, a usted se le exigirá que haga lo mismo.

Escudriñe las Escrituras. Escudriñe las páginas de la historia de la Iglesia. No va a hallar ejemplo alguno de alguien a quien Dios haya usado ni siquiera en cosas pequeñas, que no hiciera algún tipo de sacrificio para seguir su visión. El sacrificio y el riesgo siempre forman parte de la ecuación.

Sería una ingenuidad decir que comprendo por completo la razón por la que Dios opera de esta forma. Pero una cosa sí sé. Cuando un ser humano está dispuesto a dejar algo valioso para seguir una visión dada por Dios, Él lo considera un acto de adoración. Adorar es darle un gran valor a alguien. Teológicamente hablando, adorar es reconocer la grandeza de Dios, y reaccionar ante ella de una manera adecuada.

Cuando nos sacrificamos para hacer aquello que Dios nos ha puesto en el corazón que hagamos, estamos reconociendo su grandeza y reaccionando ante ella. En realidad, estamos diciendo: "Padre, esta visión vale cuanto sacrificio yo tenga que hacer. Tú eres digno de toda mi fidelidad."

La confirmación de Sandra me hizo sentir mucho mejor en cuanto a compartir con nuestra congregación la contribución que íbamos a hacer al programa de construcción. Pero al llegar el domingo, me estaban viniendo a la mente otras ideas: *¿Y si la gente piensa que estoy alardeando? ¿Y si sienten que los estoy manipulando? ¿Cómo nos vamos a poder recuperar económicamente?*

No sé si en algún otro momento habré estado tan nervioso antes de un mensaje. Pero cuando fui a hablar, me di cuenta de que estaba haciendo exactamente lo que debía hacer. A continuación, un resumen del sermón de aquella noche.

Mientras estudiaba para el mensaje de esta noche, Dios me dio convicción con respecto a dos cosas. La primera, que como líder de ustedes, tengo la responsabilidad de retarlos a ir donde nunca antes han ido. Y, francamente, yo tiendo a quedarme detrás. En parte, a causa de mi personalidad. En parte también por temor a que me entiendan mal. Y en parte también por sensibilidad con respecto a los que están volviendo a probar por vez primera las aguas religiosas, y están esperando que pidamos dinero.

La segunda cosa en la que he sentido convicción es que, como líder de ustedes, debo abrir el camino, tanto en el sacrificio como en el riesgo. Debo tener ambos pies firmemente plantados en la visión. Tengo que soltarme del costado de la piscina y abrirme paso hasta la parte más profunda, pidiéndoles que me sigan.

Cuando todos como cuerpo estemos dispuestos a comprometernos de todo corazón con la visión, yo creo que Dios va a hacer algo especial. Nehemías le dio instrucciones concretas al pueblo con respecto a la reconstrucción de los muros. Yo también necesito hablar de forma concreta. Ha llegado el momento de que comencemos nuestro edificio. Ha llegado el momento de que "esforcemos nuestras manos para el bien".

En ese momento, presenté las asignaciones de las que ya hablé a principios de este capítulo.

La mayoría de nosotros damos de lo que ahorramos, y comprendí que yo debía hacer lo mismo. Pero Dios quiere que nos metamos en aguas más profundas. Yo sentí que era importante que les hiciera ver lo crítico que es este momento para nosotros como iglesia. No podemos dar como hemos dado en el pasado. Ha llegado el tiempo de que abracemos plenamente la visión que Dios nos ha dado, sacrificándonos para ofrendar.

Después compartí con ellos mi decisión de no cobrar sueldo alguno durante los cuatro meses siguientes. Aquélla fue una de las cosas más difíciles que he hecho jamás como pastor. Estaba visiblemente incómodo. No por la decisión, sino por la difícil situación de decírselo a todos. Con todo, sabía en mi corazón que, como líder y como el principal guardián de la visión, eso era lo que tenía que hacer.

Aquel momento fue decisivo para nuestra congregación. "Esforzaron sus manos para el bien." Los miembros abrazaron con rapidez las asignaciones de ofrendas. La gente comenzó a sacrificarse para dar. Varios matrimonios entregaron sus cheques de devolución de impuestos. Otros pospusieron sus viajes y dieron el dinero que habían estado ahorrando. Recibí docenas de cartas de los miembros, en las que me decían cómo Dios había usado el mensaje de aquella noche para abrirles las manos y el corazón.

En cuatro meses, reunimos un millón cuarenta y seis mil dólares. Pero, más importante aún, este ejercicio de fe dio comienzo a un tiempo de renovación espiritual en nuestra congregación. Como estaba a punto de descubrir Nehemías, el sacrificio por el bien de una visión dada por Dios le abre el camino a la renovación espiritual. Y la renovación espiritual comienza muchas veces con el sacrificio físico.

Cuando usted da con sacrificio, o abandona de alguna otra forma su comodidad para seguir una visión dispuesta por Dios, algo sucede en el interior. En ese punto, usted se convierte tanto en líder, como en seguidor. Por medio del sacrificio, nos sometemos a aquello que Dios quiere hacer. Nos sumamos de manera palpable a su agenda, pagando nosotros mismos el precio. El resultado neto es que nos sometemos a Dios. Ese simple acto de humildad casi siempre inicia el avivamiento.

Cuando los habitantes de Jerusalén se remangaron y comenzaron a trabajar en los muros, Dios comenzó a trabajar en sus corazones. La reconstrucción de los muros fue el principio de un avance espiritual para Israel. Al asirse de la visión, se vieron forzados a desasirse de sus tesoros, su tiempo y la confianza en ellos mismos. Dios se aprovechó de la oportunidad.

A LA CAZA DEL TESORO

La razón por la cual el sacrificio físico tiene muchas veces por consecuencia una renovación espiritual, se remonta a un principio que enseñó Jesús en el evangelio de Mateo. Por donde vaya su tesoro, por allí irá también su corazón. Jesús lo dijo de esta forma: "Porque donde esté vuestro tesoro, allí estará también vuestro corazón" (Mateo 6:21).

Su corazón y su tesoro están enlazados. Si quiere ver con qué se halla realmente comprometido, mire su chequera y las declaraciones de sus tarjetas de crédito. Allí es donde está su corazón, simple y llanamente. No hay manera más clara de reflejar nuestras prioridades y nuestros valores. La forma en que usted maneja su dinero indica dónde está su corazón.

Nehemías sabía que si el pueblo comprometía sus recursos económicos con el reino, los corazones terminarían también comprometidos con él. Cuando usted hace un sacrificio económico por el bien de una visión dada por Dios, es como si le estuviera entregando a su Padre celestial la llave de su corazón. En su mayor parte, nuestra billetera es el sendero hacia nuestro corazón. ¿Por qué? Porque a la mayoría de nosotros, el dinero nos sirve como la base de nuestra seguridad.

Su visión no habrá capturado realmente su corazón, mientras no capture su billetera. Por esta razón, en algún punto del camino, Dios lo va a llamar a hacer un sacrificio económico por aquello que le ha puesto en el corazón que haga. Él sabe que cuando usted consagra su tesoro a la visión, su corazón lo seguirá. Cuando usted da esos primeros pasos de sacrificio para actuar a favor de su visión, su corazón se mueve con usted y se apega a esa visión.

Cuando soltamos de las manos nuestro tesoro, Él hace que la garra mortal del mundo suelte nuestro corazón. Cuando usted aplica sus manos a una visión dispuesta por Dios, Él comienza a poner orden de nuevo en su corazón también.

Esos pasos iniciales de fe son los que sellan su compromiso. Lo que había sido una idea, se convierte en una pasión. Lo que le llenaba la cabeza, ahora le tiene asido el corazón. A partir de este punto, usted va a seguir su visión con una entrega más profunda de la que pensaba que era posible.

El sacrificio físico o económico introduce el elemento de una sensación más fuerte de emoción y expectación. Cuando usted se sacrifica por el bien de una visión inspirada por Dios, se está metiendo con ambas aletas. Ha saltado del avión y se halla en el cielo. Se ha comprometido.

Una vez cruzada la línea del sacrificio, usted habrá quedado unido al Padre celestial de una manera palpable. En ese momento comenzará a sentirse cada vez más consciente de que depende de Él. Si Él no se presenta, usted estará metido en un problema. De una manera muy real, su destino está en las manos de Él. Y, como estaba a punto de descubrir el pueblo de Israel, el sacrificio físico se convierte en una invitación para que Dios intervenga. Una invitación que nuestro Padre celestial está ansioso por aceptar.

VISIOINGENIERÍA
PROYECTO # 10

1. ¿Qué va a tener que dejar usted para seguir su visión? ¿Qué le va a costar esa visión?

   A corto plazo

   _____
   _____

   A largo plazo

   _____
   _____

2. ¿Qué lo hace titubear? ¿Qué siente cuando piensa en el próximo paso que necesita dar? ¿Qué es lo peor que podría suceder? ¿Vale la pena el riesgo?

3. ¿Le está pidiendo usted a la gente, o está esperando de ella que se comprometa con algo a un nivel en el cual usted mismo aún no se ha comprometido?

4. Si el riesgo que usted está tomando tiene el potencial de poner en peligro el sustento de otras personas, asegúrese de hacer que participen en el proceso de tomar las decisiones. ¿Cómo lo podría hacer?

Capítulo once

EL RECHAZO DE LAS CRÍTICAS

S i no lo sabía, pronto lo descubrirá:

- Es fácil criticar las visiones.
- Las visiones atraen las críticas.
- Las visiones son difíciles de defender contra las críticas.
- Con frecuencia, las visiones mueren a manos de sus críticos.

Es muy probable que, si usted ha compartido con alguien su visión, estará dolorosamente consciente de lo ciertas que son estas cuatro afirmaciones. Las visiones comprenden dos elementos que muchas veces hacen que atraigan una atención negativa: el cambio y la ausencia de detalles.

El cambio

Cada vez que alguien trata de producir cambio, esto toca las inseguridades de aquéllos que se habían acostumbrado a la forma en que son ahora las cosas, y siempre han sido. En este sentido, con frecuencia se considera que la visión es una amenaza. Por consiguiente, no es tan poco corriente que las emociones negativas que hacne brotar una visión en la gente se desaten en forma de críticas. Lo que usted está convencido de que "debería ser", será percibido por otros como lo mismo que "no debería ser".

Para complicar más las cosas, los críticos parecen estar armados con "los hechos". Con frecuencia, tienen de su parte a la historia y la experiencia. Y es comprensible. Las visiones tienen que ver con el futuro; no con el pasado. Las visiones no tienen historia. Sin embargo, son la historia y la experiencia las que hacen nacer las visiones. Las experiencias pasadas son las que hacen que el visionario se sienta descontento con la forma en que son las cosas. A partir de la comprensión de la historia, toma forma la imagen de lo que podría y debería ser. Es lamentable que el fértil suelo de la historia y la experiencia sea el mismo suelo usado con frecuencia para enterrar una visión. El lugar donde nace la visión también se puede convertir en el lugar de su sepultura.

La ausencia de detalles

Es fácil criticar las visiones, debido a la ausencia de detalles que les es inherente. La naturaleza misma de la visión consiste en que hay mucha más información sólida en cuanto al *qué* del asunto, que en cuanto al *cómo*. En el plan hay vacíos. Mientras sólo quieran aclaraciones en cuanto a lo que usted quiere que suceda, todo irá bien. En cambio, cuando comiencen a poner en duda la forma en que se va a realizar su plan, las cosas se van a poner un poco complicadas. Pero, una vez más, ésa es la naturaleza de las visiones. Por lo menos al principio.

Esa ausencia de detalles en el plan hace que las visiones sean blanco fácil para las críticas. Pregunte suficientes veces: "Pero, ¿y qué me dice de...?", y podrá desmantelar prácticamente cualquier visión. Mientras más nueva sea la visión, más susceptible será a los efectos dañinos y desalentadores de esta línea de interrogación.

Es importante recordar que forma parte de la naturaleza de las visiones el que no se disponga de toda la información. Si no hubiera estos vacíos, alguna otra persona ya hubiera hecho lo que usted quiere hacer. Por esa razón, todo inventor, líder o explorador que triunfa se enfrenta a las críticas. Se halla usted en buena compañía.

UNA CIUDAD POR LA QUE
VALÍA LA PENA PELEAR

Ciertamente, Nehemías y su grupo de trabajadores se tuvieron que enfrentar a un buen número de críticas. Su visión no pasó inadvertida para los gobernantes de las regiones que rodeaban a Jerusalén. Como señalamos antes, la idea de que Jerusalén se convirtiera de nuevo en una ciudad amurallada le hizo dar un vuelco al corazón de los gobernadores cercanos. Conocían la historia de Israel casi tan bien como la suya propia. El que Israel se recuperara económica y militarmente significaría el final de su control sobre aquella región.

Sanbalat, el gobernador de Samaria, era el que más podía perder. Era el más poderoso de todos ellos. Los demás gobernadores, entre ellos los antiguos gobernadores de Jerusalén, lo siguieron. El hecho de que los judíos iban a comenzar la reconstrucción de los muros sin consultar con él lo enfurecía. Estaba perdiendo el control.

Observe su respuesta:

> Cuando oyó Sanbalat que nosotros edificábamos el muro, se enojó y se enfureció en gran manera, e hizo escarnio de los judíos. Y habló delante de sus hermanos y del ejército de Samaria, y dijo: ¿Qué hacen estos débiles judíos? ¿Se les permitirá volver a ofrecer sus sacrificios? ¿Acabarán en un día? ¿Resucitarán de los montones del polvo las piedras que fueron quemadas? Y estaba junto a él Tobías amonita, el cual dijo: Lo que ellos edifican del muro de piedra, si subiere una zorra lo derribará. (Nehemías 4:1-3)

Sanbalat fue detallado en sus críticas. No dejó piedra sin mover en su búsqueda de razones por las cuaes los muros nunca serían terminados. Criticó la personalidad de los constructores. Puso en duda sus capacidades. Desafió su fidelidad en terminar lo que comenzaran. Y encima de todo esto, puso en tela de juicio que el proyecto mismo fuera realizable. Aunque tuvieran la dedicación y las capacidades necesarias para construir, él dudaba que los muros se pudieran reconstruir.

Entonces se entrometió su compinche Tobías. Describió como incompetentes a todos los trabajadores de Nehemías. Aunque fueran capaces de terminar el muro, bastaría el peso de una zorra para echarlo abajo.

Sanbalat lanzó sus criticas con un propósito concreto en mente. Quería desalentar a los trabajadores, para que renunciaran. Por eso, se aseguró de que sus opiniones sobre el proyecto se repitieran por toda la región. Muy pronto, comenzaron a circular entre los que estaban trabajando. Pero el pueblo estaba trabajando "con ánimo" (4:6b). No se desalentó. Entonces Sanbalat tramó otro plan.

> Pero aconteció que oyendo Sanbalat y Tobías, y los árabes, los amonitas y los de Asdod, que los muros de Jerusalén eran reparados, porque ya los portillos comenzaban a ser cerrados, se encolerizaron mucho; y conspiraron todos a una para venir a atacar a Jerusalén y hacerle daño. (vv. 7-8)

Si no bastaban las palabras para detener a los trabajadores, Sanbalat y sus compadres detendrían la obra por la fuerza. Reunió a los gobernantes de las provincias situadas al este (los amonitas), al oeste (los de Asdod) y al sur (los árabes) de Jerusalén. Atacarían la ciudad desde todos los lados. Jerusalén no tendría oportunidad alguna contra la fuerza combinada de sus ejércitos. No habría muro.

Pronto se comenzaron a filtrar en Jerusalén las noticias de que sus vecinos se estaban preparando para la guerra.

> Pero sucedió que cuando venían los judíos que habitaban entre ellos, nos decían hasta diez veces: De todos los lugares de donde volviereis, ellos caerán sobre vosotros. (v. 12)

Observe que esta vez eran otros judíos los que les estaban advirtiendo a los trabajadores que no siguieran el muro. Los judíos que vivían al norte de la ciudad les informaron que el ejército de Sanbalat se estaba aproximando a su frontera norte. Los que vivían al este, les informaron que se aproximaban los amonitas por el este. La ciudad estaba rodeada.

El mensaje estaba claro: "O dejan de edificar, o se enfrentan a una amenaza de muerte".

Para complicar las cosas, los obstáculos en cuanto a la reconstrucción de los muros estaban comenzando a parecer insuperables.

Había más ruinas de las que habían esperado que tendrían que mover. Estaban cansados. La emoción del proyecto nuevo se había agotado. Como los niños en un viaje largo, se estaban comenzando a quejar: "¿Ya llegamos?"

Era más de lo que podían soportar. Sus familias estaban en riesgo. Su propia gente los estaba exhortando a que dejaran aquel trabajo. Una combinación de temor y desaliento los movía, así que dejaron el trabajo. Renunciaron. Ya no estaban dispuestos a "esforzar sus manos para bien".

¿Quién los habría podido culpar? Piénselo. Cuando se compara el riesgo al que se estaban enfrentando, con la recompensa de tener un muro terminado, ¿para qué seguir adelante?

En realidad, sólo había una buena razón. La visión.

Todos nos podemos identificar con la forma en que se deben haber sentido los trabajadores de Nehemías. Si usted está siguiendo una visión, cualquiera que sea su tamaño, a usted lo han criticado. Tal vez esa visión le recuerde a alguien lo que él no es. Pero al mismo tiempo, le recuerda lo que podría y debería ser. Y lo único que saben hacer, es criticar.

La nostalgia de los nuevos creyentes

Esta es una de las razones por las que muchas veces los nuevos creyentes se tienen que enfrentar a tanto rechazo de parte de sus amigos que no son cristianos después de su conversión. El nuevo creyente capta una visión de lo que podría y debería ser para su vida, y esa visión se refleja mal en aquellos que están satisfechos con las cosas tal como están. Por eso hacen cuanto pueden para desanimarlo e impedir que progrese. Critican su decisión.

Cuando alguien capta una visión en cuanto a mejorar en su nivel de estudios o en su economía, es frecuente que esa visión se tropiece con las críticas de la gente más cercana a él. ¿Por qué? Porque los que no tienen visión en cuanto a sus propios logros académicos o su libertad económica se sienten amenazados por aquellos que han decidido levantarse y hacer algo por ellos mismos. Sus inseguridades con respecto a su propia falta de estudios afloran, o se ven obligados a mirar con dolor dónde están en lo económico, y compararlo con el nivel en el que podrían estar.

Tal vez su visión esté haciendo que alguien cercano a usted se sienta como si estuviera perdiendo el control. Ésta es la razón por la que no creyentes critican a veces a sus cónyuges creyentes. Yo he visto padres que han criticado a sus propios hijos como consecuencia de esta misma dinámica. Su visión podría estar fomentando la inseguridad de aquellos que tienen autoridad sobre usted. Por eso abren fuego, en un intento por traerlo de vuelta al nivel de ellos.

Es posible que su visión esté levantando críticas debido a los puntos en los que falta información. Las visiones dispuestas por Dios siempre tienen más preguntas que respuestas. Por eso, la gente que lo rodea está poniendo en tela de juicio su visión, tratando de matarla. No vienen directamente a usted para criticarlo; se limitan a hacerle un montón de preguntas sobre el *cómo*. En ambos casos, el mensaje es el mismo: "No te preocupes, que eso nunca llegará a suceder".

La muerte de una visión

Cualquiera que sea lo que esté impulsando a sus críticos, si usted permite que lo atrapen, se puede apagar su luz. Se va a descorazonar. Se va a dar por vencido. Lo que podría y debería ser, nunca llegará a ser. Por lo menos, no llegará a ser como resultado de su esfuerzo. Y cuando un sueño nuestro muere, también muere parte de nosotros mismos.

Lo he visto suceder docenas de veces. La persona tiene una imagen mental del aspecto que quiere que tenga su futuro. Entonces llega alguien y la convence de que deseche su sueño y siga adelante con la vida.

- Stephanie quiere casarse con un cristiano que sea el líder espiritual del hogar. Por eso, no aprovecha las oportunidades de salir con jóvenes que no sean cristianos. Pero sus "amigas" terminan apagando su llama con afirmaciones como éstas: "Ya no quedan jóvenes como el que tú quieres. Estás malgastando tu vida." Después de un tiempo, Stephanie decide que tal vez sus amigas tengan razón. Quizá tenga unas expectaciones demasiado altas. Así que se da por vencida en cuanto a su visión.

- Ben quiere ver que su hija viene a la fe en Cristo y vuelve a un estilo de vida que esté de acuerdo con los principios bíblicos. Pero sus "amigos" le están diciendo constantemente: "Déjala en paz. Los jóvenes de hoy son diferentes. Eso funcionó contigo. Ella se va a abrir paso por su propia cuenta en el mundo." Aquello tiene sentido para Ben. Y muere su visión.

- Jim y Linda se hallan sepultados debajo de un montón de deudas, debido a una serie de malas decisiones en los primeros tiempos de su matrimonio. Como consecuencia de algo que leen, captan la visión de llevar una vida sin deudas. Entonces, comenten el error de compartir su visión con los padres de Linda. "Eso no es realista", les dicen. "Todo el mundo tiene deudas. Además, cuando logren salir de sus deudas, van a estar tan viejos, que no van a poder disfrutarlo." Jim y Linda se marchan desanimados. Uno o dos días más tarde, abandonan su plan.

- Tracy tiene una idea para poner un nuevo negocio. Al cabo de poco tiempo, está entusiasmada con las posibilidades y el potencial. Más que una idea, aquello es una visión. Se siente segura de que Dios la está moviendo en ese sentido. Pero la gente de la oficina analiza sus planes hasta que los matan. "Tracy, ¿dónde vas a ir para conseguir el financiamiento? Nadie te va a prestar dinero para una idea como ésa." Como era de esperar, el primer y único banco al que le habla, no le da el préstamo. Y la visión se apaga.

- Chris, mientras era soltero y cristiano, siempre se sentía abrumado por el adulterio que había en su oficina. Tal parecía como que nadie le era fiel a su esposa. Y a ninguno de ellos parecía molestarle. Cuando se casó con Jenny, juró que sería diferente. Su visión era serle fiel por toda la vida. Pero los compañeros de la oficina tenían una agenda distinta para él. Estaban decididos a hacerlo bajar a su nivel. Chris terminó creyendo la mentira. Ya no hay nadie que sea fiel. En una conferencia en Detroit, se dio por vencido en cuanto a su visión. Lo que no se daba cuenta era que, al hacerlo, también estaba apagando la visión de Jenny.

- Pete, estudiante de primer año de universidad, comienza a asistir a las clases con la visión de lograr cambios a favor de Cristo en el recinto universitario. Tiene la visión de comenzar un estudio bíblico para los jóvenes que viven en su misma residencia. Después de tres semanas de comenzado el semestre de otoño, se encuentra solo en su cuarto, preguntándose por qué todos lo evitan. Su compañero de cuarto mete la cabeza por la puerta y le dice: "Deja eso, Pete. Yo sé que tienes buenas intenciones. Pero nadie está interesado en estos momentos en todas esas cosas sobre Jesús. Ven, vamos a tomarnos una cerveza." Pete recoge su abrigo y sigue a su compañero de cuarto rumbo a la noche. Y se apaga la visión.

Tanto si llegan en forma de afirmación directa, o empacadas en una sutil sonrisa, las críticas pueden tener efectos devastadores sobre una visión. Si usted las internaliza, terminará desalentándose y echándolo todo a rodar. Y es comprensible. En la mayoría de los casos, las circunstancias apoyan el punto de vista de nuestros críticos.

Entonces, ¿cómo debemos reaccionar?

Si usted es creyente, tiene una oportunidad única cuando se trata de reaccionar ante las críticas. Tal como ya hemos hablado, toda visión que viene de Dios tiene sus raíces en la visión general de Dios para este mundo. Mientras su visión esté enlazada de alguna manera con lo que Dios está haciendo, tendrá una increíble opción cuando se trate de responder a las críticas.

Tal vez su primera reacción sea pensar: "Bueno, eso me deja a mí fuera del juego. Yo estoy tratando de echar a andar un negocio. ¿Qué tiene que ver eso con la visión general de Dios para el mundo? Además, las críticas que recibo no tienen nada que ver con las cosas espirituales."

Pues antes de cerrar el libro, quiero que piense en algo por un instante. Dios no divide nuestra vida en compartimentos. Desde la perspectiva de Él, no hay componentes espirituales y no espirituales en su vida. Él no hace esas distinciones. En su vida no hay división secular. Usted es un ser espiritual. Por consiguiente, todo aquello en lo que usted participe, tiene tonos espirituales. Él lo ve a usted de una forma integral y completa.

El apóstol Pablo lo describe de esta forma:

¿O ignoráis que vuestro cuerpo es templo del Espíritu Santo, el cual está en vosotros, el cual tenéis de Dios, y que no sois vuestros? Porque habéis sido comprados por precio; glorificad, pues, a Dios en vuestro cuerpo y en vuestro espíritu, los cuales son de Dios. (1 Corintios 6:19-20)

Los cristianos de la ciudad de Corinto creían que había una división entre el alma y el cuerpo. Pensaban que podían pecar con el cuerpo, y que aquello no tendría impacto alguno en su alma. Pablo les indica que esa división no existe.

Cuando Cristo lo compró a usted en el Calvario, lo compró completo: cuerpo, alma y espíritu. No hay división. Usted debe "glorificar a Dios" por medio de sus acciones, sin que importe dónde se producen y qué papel está usted desempeñando en ese momento. Debe glorificarlo como cónyuge, padre, amigo, empleado, jefe y ciudadano. No hay distinción. Lo que usted haga en la oficina no es ni más ni menos espiritual que lo que haga en la iglesia o en su casa.

Por consiguiente, en su visión hay un elemento espiritual, cualquiera que sea la categoría de la vida de la cual emane. No hay empresas seculares. Su visión no existe apartada de su responsabilidad de glorificar a Dios. El reto consiste en hallar el enlace.

La pregunta se convierte ahora en ésta: "¿Cómo se puede glorificar mi Padre celestial por medio de esta visión?" Ésta es una pregunta que Dios está ansioso de responder. Mi experiencia ha sido que aquellos que la hacen con sinceridad, descubren muy pronto ese enlace.

Hay otra forma de ver esto. Yo, como padre, no divido en compartimentos la vida de mis hijos. Me preocupan todas las facetas de cuanto hagan. ¿Por qué? Porque son mis hijos. Mi relación con ellos determina el nivel de mi interés. Mi amor por ellos causa que todo cuanto ellos hagan sea importante para mí.

Usted tiene un Padre celestial que siente de la misma forma con respecto a usted. Sólo que más fuertemente. Usted es hijo suyo, sin que importe qué papel concreto está representando en el momento. Él lo ama como profesional, tanto como lo ama cuando está trabajando en su casa, o actúa como ciudadano. Su visión en cuanto a los diferentes papeles que usted desempeña, tiene un profundo interés para Él. Al fin y al cabo, usted es hijo suyo.

Por consiguiente, cuando su visión se halla a punto de que la ahoguen las críticas de los demás, su Padre se preocupa. Es algo que le concierne a Él también. De esta forma, su reacción ante las críticas es un asunto espiritual. Y su Padre celestial está más que dispuesto a entrar en el conflicto.

LA RESPUESTA DE NEHEMÍAS A LAS CRÍTICAS

Nehemías no tenía problema alguno en creer que a Dios le interesaba el éxito de su misión. Estaba claro que se trataba de un esfuerzo espiritual. El hecho de que su trabajo girara sobre todo alrededor de los ladrillos, mortero y desechos no lo distraía de la dimensión espiritual de su misión. Podía ver más allá de los detalles la raíz de lo que era realmente su visión.

Su respuesta a las críticas y amenazas de los líderes que lo rodeaban, nos proporciona un excelente modelo para enfrentarnos nosotros a las críticas. Nehemías hizo tres cosas:

1. Oró
2. Recordó la fuente de su visión.
3. Revisó su plan.

Orar

Nehemías ora dos veces durante este episodio. De hecho, ha quedado escrita para nosotros una parte de su primera oración. Hay dos cosas que se destacan en esta oración. En primer lugar, hace un fuerte contraste con el versículo que la precede. Y en segundo... Bueno, leámosla, y usted se va a dar cuenta de la otra cualidad exclusiva de la oración de Nehemías.

Oye, oh Dios nuestro, que somos objeto de su menosprecio, y vuelve el baldón de ellos sobre su cabeza, y entrégalos por despojo en la tierra de su cautiverio. No cubras su iniquidad, ni su pecado sea borrado delante de ti, porque se airaron contra los que edificaban. (Nehemías 4:4-5)

Me está pareciendo que la misericordia se hallaba muy abajo dentro de la lista de dones que tenía Nehemías. Esta oración es tan fuerte y tan... bueno, tan *atroz,* que varios comentaristas han sentido la necesidad de defender a Nehemías. Leen entre líneas y dan por supuesto que Nehemías entendía que Sanbalat estaba dirigiendo sus críticas al propio Dios. Interpretan esta oración como que Nehemías se puso de parte de Dios. Ésta habría sido su actitud: "¿Cómo se atreven a atravesarse en tu camino, Dios mío? Tienes que..." Y por eso usó un lenguaje tan fuerte. De hecho, estaba saliendo a defender a Dios.

Tal vez así hayan sido las cosas, pero a mí lo que me parece es que Nehemías estaba molesto, y eso es todo. Estaba cansado. Sus constructores también lo estaban. ¡Y ahora esto! No estaba de humor para hablar con misericordia. ¡Quería justicia! Por encima de todo, quería que Sanbalat y su pandilla se le quitaran del medio. No estoy seguro de si yo habría tenido valor para orar así. Pero sí puedo decir que me he sentido así cuando me han criticado. Al fin y al cabo, las críticas entran por la puerta de nuestras emociones.

¿Fue una oración adecuada? Por supuesto. Estaba expresando ante su Padre cómo se sentía. ¿Le concedió Dios lo que le pedía? No lo sé.

No se pierda esto. En un ambiente cargado de emoción, donde hay mucho en juego, la respuesta inmediata de Nehemías es la oración. Eso es casi increíble. En ambos momentos en los que se menciona la oración, casi de inmediato aparece una mención de las críticas a las que se estaba enfrentando Nehemías. Vea el contraste entre la oración de Nehemías y el versículo que la precede.

> Y estaba junto a él [a Sanbalat] Tobías amonita, el cual dijo: Lo que ellos edifican del muro de piedra, si subiere una zorra lo derribará. (v. 3)

Leamos ahora la respuesta de Nehemías una vez más.

> Oye, oh Dios nuestro, que somos objeto de su menosprecio, y vuelve el baldón de ellos sobre su cabeza, y entrégalos por despojo en la tierra de su cautiverio. No cubras su iniquidad, ni su pecado sea borrado delante de ti, porque se airaron contra los que edificaban. (Nehemías 4:4-5)

No hay transición. Nehemías pasa directamente de las críticas a la oración. La oración es su reacción inicial ante las críticas. Esto explica su tono hostil. Nehemías no se tomó tiempo para tranquilizarse. No puso en orden sus pensamientos. De inmediato, le pasó de manera directa todo lo que estaba pensando y sintiendo al único que podía hacer algo al respecto. No le endulzó la píldora. No lo espiritualizó. Sólo se descargó.

Y después, siguió trabajando. Vea lo que dice el siguiente versículo:

> Edificamos, pues, el muro, y toda la muralla fue terminada hasta la mitad de su altura, porque el pueblo tuvo ánimo para trabajar. (v. 6)

Al responder de esta forma, Nehemías evitó un error común asociado con las críticas. No permitió que sus enemigos se convirtieran en el foco de su atención.

Nuestra respuesta natural a las críticas consiste en defendernos. Esto es especialmente cierto cuando es nuestra visión la que se halla bajo ataque. Tenemos la tentación de comenzar un diálogo con nuestros críticos, o con aquellos que nos están repitiendo sus críticas. Por consiguiente, gastamos energía y pensamiento, tratando de responderles unas preguntas a unas personas que en realidad no están interesadas en las respuestas. Sin darnos cuenta, nuestro enfoque se comienza a desviar. En lugar de centrarnos en la visión, lentamente nos vamos centrando en los críticos.

Nehemías pudo permanecer centrado en la visión a pesar de las críticas que recibieron él y su equipo de trabajo. Continuó canalizando sus pensamientos y sus energías en la dirección de su visión.

Las críticas tocan nuestras emociones. Esas emociones tienen que ir a alguna parte. Reflejarlas de vuelta sobre nuestros críticos equivale a jugar el juego de ellos. Dejarlas encerradas dentro de nosotros puede tener por consecuencia la depresión o las úlceras. Otra opción consiste en reflejarlas sobre alguien totalmente ajeno a la situación: cónyuge, amigos, empleados o hijos. Esto sólo complica las cosas.

Lo único sano y provechoso que se puede hacer es derramar el corazón ante el Padre celestial. Con palabras de mal gusto y todo. Al fin y al cabo, Él conoce de todas formas lo que usted tiene en el corazón. Y además, Él tiene experiencia. Puede soportar un poco de desahogo. Le honra que nosotros tomemos nuestras frustraciones y nuestros dolores más profundos, y se los llevemos a Él. Hacerlo es manifestación de confianza. Ese tipo de comunicación sincera es necesario para desarrollar la intimidad con el Padre.

Si usted se pregunta si será adecuado o no expresarle a Dios lo que uno siente, lea el libro de los Salmos. David sí que no se quedaba con nada por dentro. Enseguida le pasaba a Dios exactamente lo que estaba sintiendo.

Porque en la boca de ellos no hay sinceridad; sus entrañas son maldad, sepulcro abierto es su garganta, con su lengua hablan lisonjas. Castígalos, oh Dios; caigan por sus mismos consejos; por la multitud de sus transgresiones échalos fuera, porque se rebelaron contra ti. (Salmo 5:9-10)

Trate de hablar así la próxima vez que lo llamen a orar en un culto de la iglesia:

Él devolverá el mal a mis enemigos; córtalos por tu verdad. (Salmo 54:5)

¿Cómo reaccionaría usted si alguien de su clase de la escuela dominical, o de su grupo de oración, orara presentando de esta forma tan vengativa? Lo más probable es que le recomendara que se sometiera a consejería. Le advertiría al director del grupo preescolar que no lo utilizara. Quedaría en la lista negra de todos los comités de la iglesia.

Pero espere. Esas palabras fueron escritas por el hombre "según el corazón de Dios". El mismo hombre cuyas imágenes verbales les dieron vida a nuestros himnos y coros favoritos. Ese tono de oración podrá desanimar al cristiano promedio, pero no parece molestar a Dios.

La oración pone a las críticas en su contexto correcto. Cuando usted evalúa las palabras del crítico a la luz de sus limitados recursos, sus planes mal esbozados y su ingenuidad, pueden resultar abrumadoras. Pero cuando pone las críticas contra el telón de fondo de los recursos infinitos y la omnisciencia del Padre, pierden su poder. Su nivel de ansiedad disminuye. Su pasión se reaviva. Y usted encuentra la fuerza necesaria para poner de nuevo manos a la buena obra.

La oración lo capacita para evaluar las críticas desde la perspectiva de Dios. Con la perspectiva adecuada, usted se hallará en una posición mejor para responderles como conviene a sus críticos. Después de haberse desahogado con Aquél que conoce su corazón, se le va a hacer más fácil enfrentarse con elegancia a sus críticos.

Cuando alguien critique su visión, canalice sus emociones hacia su Padre celestial.

Recordar

Nehemías no sólo oró, sino que también recordó. Recordó quién era el que lo había llevado a Jerusalén. Recordó la intervención de Dios con el rey Artajerjes. Recordó lo que podía y debía ser cierto con respecto a Israel, tanto en lo político como en lo espiritual. Esos recuerdos le dieron el valor necesario para seguir adelante, a pesar de las críticas y las amenazas.

No se trataba de recuerdos que surgieron en ese momento en su mente. Implícita en el texto está la idea de que Nehemías recordó intencionalmente los sucesos que lo habían llevado a aquel momento. Reflexionó sobre la fidelidad de Dios. Fue recorriendo con la mente los puntos clave en los cuales Dios había intervenido a favor suyo y de la nación. Al mirar atrás, encontró la energía necesaria para seguir adelante.

Entonces, una vez más, demostró su capacidad de líder, llamando a recordar a los habitantes de Jerusalén. Observe que los lleva a recordar.

> Después miré, y me levanté y dije a los nobles y a los oficiales, y al resto del pueblo: No temáis delante de ellos; *acordaos* del Señor, grande y temible, y pelead por vuestros hermanos, por vuestros hijos y por vuestras hijas, por vuestras mujeres y por vuestras casas. (Nehemías 4:14, cursiva del autor)

Nehemías se enfrentó al presente a base de centrar la atención de sus trabajadores en la fidelidad de Dios en tiempos pasados, y en una visión para el futuro. Básicamente, estaba diciendo: "No se fijen en los hombres que en estos momentos parecen detentar el poder. En lugar de hacerlo, recuerden la grandeza del Dios que los ha llamado. Piensen en cómo pueden llegar a ser las cosas si ustedes perseveran."

La forma en que menciona hermanos, hijos e hijas se refería al futuro de Israel. Le estaba recordando al pueblo qué era lo que estaba realmente en juego.

Si usted es como yo, cada vez que critican su persona o su visión, tendrá la tendencia a sacar sus propias deducciones.

- Tal vez tengan razón.
- Tal vez esto sea imposible.
- Tal vez yo no tenga la capacidad que hace falta.
- Tal vez sólo esté perdiendo mi tiempo.
- Tal vez nadie me vaya a seguir.

Los obstáculos del presente pueden abrumar con facilidad su compromiso con lo que podría y debería ser en el futuro. Mientras usted reaccione a las críticas a base de evaluar *su propio* potencial, tendrá la tentación de echarlo todo a rodar. Pero cuando reaccione recordando quién es el que lo ha llamado; cuando "se acuerde del Señor, grande y temible", las cosas serán muy distintas.

Observe que Nehemías no se defendió, ni trató de contrarrestar las críticas que se habían lanzado en su contra. Lo cierto era que algunas de las cosas que decía Sanbalat eran ciertas.

Era cierto que los trabajadores no eran constructores cualificados. Tampoco eran el grupo de gente más comprometido, por cierto. En realidad, ya se habían marchado del trabajo en un cierto momento. Además, había algunas partes del muro que no se podían reconstruir. Sanbalat no estaba totalmente errado en su evaluación del proyecto y de los obreros.

Pero Nehemías no se había metido en aquel proyecto porque estuviera convencido de que la gente tendría la firmeza, la competencia y la entrega necesarias para llevarlo adelante. No se había metido en él porque estuviera convencido de que se podrían levantar de nuevo los muros hasta sus dimensiones originales.

Estaba participando en aquel proyecto, porque era lo que Dios le había puesto en el corazón que hiciera. Por supuesto que era imposible. La mayoría de las visiones que tienen su origen en Dios son imposibles. Los críticos de Nehemías tenían algunos argumentos que eran válidos. Pero aquellos críticos no estaban contando con un factor, que era Dios. Nehemías creía que Dios estaba con él, así que le pidió al pueblo que recordara.

Unas críticas válidas

Es muy probable que algunas de las críticas que le hagan a su visión sean válidas también. Si usted es sincero, no tiene defensa posible. Al fin y al cabo, es cierto:

- Usted no tiene la experiencia necesaria.
- Usted no tiene los recursos económicos necesarios para llevar adelante su visión hasta terminarla.
- Usted no tiene las habilidades necesarias.
- Usted no tiene estudios formales en este campo en particular.
- Otros lo han intentado antes, sin haber tenido éxito.

¿Y qué? Cuando Dios nos da una visión, o nos señala en una dirección, no se trata de sus capacidades, ni de si el proyecto es factible. La cuestión es si usted va a seguir adelante con aquello que sabe hacer. ¿Está dispuesto a hacer lo que puede hacer, y confiar en que Dios hará lo que sólo Él puede hacer? Para Nehemías, aquello significaba volver a su trabajo. Y eso fue lo que hizo.

¿Qué significa para usted y para su visión esto de seguir adelante y de confiar en Dios?

En mi escritorio del trabajo tengo una tarjeta que dice: "Señor, tú me metiste en esto; confío en que serás tú quien me saques". Cada vez que tenemos un tropiezo en la iglesia, esas palabras me vienen a la mente. Entonces, comienzo a repetir: "Señor, esta iglesia no fue idea mía, sino tuya. Así que estoy esperando que tú hagas lo que sólo tú puedes hacer."

Mientras mantengo presente este pensamiento en mi mente, no siento la presión de todas las preguntas sin responder, ni de todo el dinero sin reunir. Pero en el mismo instante en que asumo la responsabilidad por cosas sobre las cuales no tengo control, lo que quiero es meterme en la cama y cubrirme la cabeza con las mantas.

Cuando se enfrente a las inevitables críticas que acompañan a toda visión dada por Dios, tómese tiempo para recordar al Señor, que es grande y temible. Recuerde el momento en el cual Él hizo nacer esa visión en su corazón. Vuelva a leer los textos de las Escrituras que usó originalmente para guiarlo. Recuerde al Señor, quien es grande y temible.

Revise el plan

Además de orar y recordar, Nehemías reaccionó de manera estratégica.

> Entonces oramos a nuestro Dios, y por causa de ellos pusimos guarda contra ellos de día y de noche. (4:9)

Me encanta este versículo. En él hay un principio que debería tomar muy en serio todo líder. Nehemías comprendía el delicado equilibrio que hay entre caminar por fe y guiar de manera estratégica. Tenía la confianza puesta en Dios, pero al mismo tiempo no abandonaba su responsabilidad de hacer cuanto pudiera para seguir adelante con la visión. Así que revisó su plan.

> Desde aquel día la mitad de mis siervos trabajaba en la obra, y la otra mitad tenía lanzas, escudos, arcos y corazas; y detrás de ellos estaban los jefes de toda la casa de Judá. Los que edificaban en el muro, los que acarreaban, y los que cargaban, con una mano trabajaban en la obra, y en la otra tenían la espada. Porque los que edificaban, cada uno tenía su espada ceñida a sus lomos, y así edificaban; y el que tocaba la trompeta estaba junto a mí. (vv. 16-18)

Poner una guardia no significaba que tuviera falta de fe. El que la gente de Jerusalén portara armas al mismo tiempo que trabajaba no hacía que dependieran menos de Dios. Nehemías no tenía la impresión de que aquellas medidas les aseguraran el triunfo si se producía un ataque repentino. Estaba demasiado consciente de cuáles eran las probabilidades. Si Sanbalat y los suyos decidían invadir Jerusalén, Nehemías sabía que no tendrían la más mínima oportunidad de defenderse sin la intervención de Dios. No obstante, se trataba de un paso responsable. Hizo lo que él sabía hacer, y confió en que Dios haría el resto.

El hecho de que Nehemías estuviera dispuesto a reajustar su plan ilustra una máxima que es importante para todo aquél que tenga una visión:

BLOQUE DE CONSTRUCCIÓN # 10

No confunda sus planes con la visión de Dios.

No pase éste de prisa. Cuando perdemos de vista la distinción entre nuestros planes y la visión que estamos siguiendo, nos estamos preparando para una gran dosis de desaliento. He visto gente que ha abandonado su visión porque ha fallado su plan. Los planes que han fallado no deben ser interpretados como si hubiera fallado la visión.

He aquí la distinción:

- La visión es lo que podría y debería ser.
- El plan es una suposición sobre la mejor manera de realizar la visión.

Claro, su suposición puede ser una suposición llena de experiencia, pensada en oración, bien informada y preparada. Pero sigue siendo una suposición. Y, vamos a ser sinceros: usted es capaz de suponer algo y equivocarse. Y cuando lo haga, va a experimentar alguna medida de fracaso. Pero esto nunca es una buena razón para abandonar la visión. Sólo es una señal para abandonar el plan.

Está claro que Sam Walton, el fundador de la cadena de tiendas Wal-Mart, era un visionario. A lo largo de toda su vida, mantuvo su compromiso con su visión original de proporcionarles precios bajos a sus clientes para mejorar su vida. Pero era notorio porque cambiaba planes y abandonaba estrategias. Su hijo, Jim Walton, habla de este aspecto inexplorado de la sabiduría que tenía su padre para los negocios.

Todos nos reíamos porque algunos escritores consideraban a papá como un gran estratega que había desarrollado de forma intuitiva unos complejos planes y los había puesto en práctica con precisión. Papá florecía en medio del cambio, y ninguna decisión suya fue sagrada jamás.[1]

Es fácil dejar de contemplar la visión cuando nuestros planes no funcionan. Los planes fallidos producen siempre una fuerte repercusión de emociones negativas. Si interiorizamos y personalizamos esas emociones, corremos el riesgo de que nos convenzan de que somos unos fracasados; no sólo son nuestros planes los que han fracasado. Al fin y al cabo, los planes eran nuestros.

Para empeorar las cosas, todo el que sabía lo que usted estaba tratando de hacer, sabe que sus planes han fracasado. En la mayoría de los casos, los que observan desde el exterior no van a poder distinguir entre el plan y la visión. Los ven como si fueran la misma cosa. La muerte del uno equivale a la muerte de la otra.

Tal vez a los que están colaborando con usted se les haga igualmente difícil reconocer la diferencia entre los planes y la visión. Por esa razón, cuando fracasa un plan, es necesario volver a lanzar la visión. Al volverla a lanzar, permitimos que quienes nos rodean transfieran de nuevo su enfoque desde el plan fracasado hasta la visión original.

La exhortación de Nehemías de que "se acordaran del Señor, grande y temible" fue su forma de volver a lanzar la visión. Al parecer, ya en estos momentos, los trabajadores se habían marchado de la obra. Al fin y al cabo, el plan no estaba funcionando. Estaban a punto de ser vencidos. Nehemías sabía que tenía que hacer que ellos apartaran los ojos del plan inmediato y los volvieran a poner en la razón por la que habían decidido reconstruir los muros.

Una vez logrado esto, revisó el plan y el pueblo volvió al trabajo. Vea los resultados:

Y cuando oyeron nuestros enemigos que lo habíamos entendido, y que Dios había desbaratado el consejo de ellos, nos volvimos todos al muro, cada uno a su tarea. (v. 15)

Al parecer, Sanbalat y compañía contaban fuertemente con la ventaja de un ataque por sorpresa. Cuando perdieron el elemento de sorpresa, se replegaron. En realidad, tampoco tenían ganas de entrar en batalla. Más que nada, era una forma de amenazar. Un intento por atemorizar y desmoralizar a los trabajadores.

Al cambiar al plan B, Nehemías deshizo sus alardes. Más importante aún: su plan revisado le dio al pueblo de Jerusalén el incentivo que necesitaba para volver a trabajar en los muros.

REFINANDO Y REVISANDO

Nunca he conocido ni oído hablar de nadie que haya realizado algo significativo para el reino, y no haya tenido que revisar sus planes numerosas veces antes de que la visión se convirtiera en realidad.

BLOQUE DE CONSTRUCCIÓN # 11

**Las visiones se refinan; no se cambian.
Los planes se revisan, y muy pocas veces
permanecen sin cambios.**

Sea obstinado con respecto a la visión. Sea flexible con respecto a su plan. Las estrategias y los plazos siempre se pueden cambiar. Además, mientras usted revisa sus planes, es posible que Dios decida refinar su visión.

Hace algunos años, nuestra iglesia estaba recogiendo dinero para comprar una propiedad adicional. Yo había ideado un plan que me parecía magnífico para recoger el dinero. Lo consulté con un par de personas, a las cuales también les pareció un buen plan. Así que se lo presenté a la congregación. Todo el mundo parecía estar de acuerdo. Pero la fecha límite llegó y pasó, y sólo habíamos recogido la mitad de la cantidad que se necesitaba.

Varias personas bien intencionadas me preguntaron si creía que Dios nos estaba diciendo que no debíamos seguir adelante con la compra. Su suposición era que, como el plan no había funcionado y el dinero no había entrado, la "mano" de Dios no estaba en el proyecto.

Yo comprendía su argumento. Ciertamente, no quería guiar a la iglesia en una dirección equivocada. Durante un par de días, estuve dudando con respecto a todo el proyecto. Sin embargo, gracias al consejo de un par de hombres, mayores y más sabios que yo, llegué a la conclusión de que sólo se trataba de que no habíamos planificado bien. El problema estaba en el plan; no en la visión.

Al recordar todo aquello, me alegro de que no hayamos abandonado la visión. Haberlo hecho habría constituido un grave error, tanto en el sentido económico como en el estratégico. Recuerde que sus planes iniciales sólo son eso mismo: *suyos* e *iniciales* (lo cual quiere decir que se los puede refinar).

No tenga miedo de aprender de sus críticos. Todos nos resistimos a la idea de "ceder" ante nuestros críticos. Usted sentirá que está cediendo cuando revise su plan como respuesta a algo que digan sus críticos. Le va a parecer que está permitiendo que sean ellos quienes determinen su agenda. Pero las cosas no son así en absoluto.

El programa de computadora que estoy usando para escribir este original ha pasado por miles de revisiones a lo largo de los años. Muchas de estas revisiones se hicieron como respuesta a las críticas recibidas por la compañía con respecto a ese producto. Esta última versión significa la culminación de tres años de desarrollo, veinticinco mil horas de investigación entre los clientes y más de un millón de peticiones de características en la línea de solicitudes de la compañía. Según ellos, es el programa más investigado y probado por los clientes que se conoce hasta la fecha.

Ahora bien, ¿por qué una compañía que ha estado escribiendo programas para el procesamiento de textos desde mediados de los años setenta iba a gastar tanto tiempo reuniendo quejas y sugerencias procedentes de gente que usa —o se niega a usar— su producto? ¿Por qué dejan que un grupo de gente de fuera influya sobre su agenda hasta ese punto? ¿Acaso son sólo un montón de inservibles? ¿No saben lo que están haciendo? Por supuesto que sí. Y precisamente por eso valoran tanto las críticas lanzadas contra ellos, tanto por los que usan su programa como por los que no lo usan. Por eso el nombre de la compañía Microsoft ha adquirido tanta popularidad.

La visión de Microsoft de desarrollar el mejor programa para el procesamiento de texto que hay en el mundo es la que los impulsa a averiguar lo que están diciendo sus críticos. Su compromiso con la visión es el que les dio el incentivo necesario para escuchar e incluso buscar las opiniones de sus críticos. Tanto si usa su programa, como si no lo usa, usted tiene la posibilidad de influir en su producto. *Pero no en su visión.* Las quejas, los problemas o las acciones del mercado perdidas los llevarán a revisar su producto (esto es, su plan), pero no su visión.

Piense en lo tonto que habría sido que Microsoft ignorara a sus críticos. En lugar de hacerlo, incorporaron a su plan todo lo que habían aprendido de sus críticos. De eso se trata cuando hablamos de visión.

Hay momentos en que todo visionario necesita tragarse su orgullo y revisar su plan. No permita que la fuente de la que procede una buena idea le impida dejar que lo ayude a alcanzar mejor su meta. Nehemías se vio obligado a jugar hasta cierto punto el juego impuesto por Sanbalat. Al armar a los trabajadores y poner guardas, retrasó la terminación del muro. Pero al final, todo funcionó para ventaja suya.

En algún momento, su visión atraerá críticas. Al fin y al cabo, usted está introduciendo cambios. Su plan está lleno de problemas. Usted sabe lo que podría y debería ser, pero no tiene tan claro cómo se va a producir. Las visiones no vienen con instrucciones. La pasión, sí. Las instrucciones, no.

Si no está preparado, su visión podría morir a manos de unos críticos bien intencionados (o mal pensados). No sería la primera. Pero no tiene por qué suceder así. Canalice sus emociones hacia su Padre celestial. Recuerde quién fue el que lo llamó, y por qué. Si es necesario, revise sus planes. Y después, espere a que Él haga funcionar lo que Él mismo originó.

BLOQUE DE CONSTRUCCIÓN # 12

Responda a las críticas con la oración, el recuerdo y, si es necesario, con una revisión del plan.

VISIOINGENIERÍA

PROYECTO # 11

1. Cuando critican su visión, ¿cuál es su reacción normal? ¿Hacia dónde debe canalizar sus emociones?

2. ¿Cuáles son las principales críticas que han dirigido contra su visión?

3. ¿Cuáles de esas críticas considera usted como válidas?

4. ¿Necesita revisar sus planes a la luz de estas críticas? Si lo necesita, ¿cómo lo va a hacer?

5. ¿Qué información útil puede usted recibir de sus críticos?

6. ¿Cómo han afectado las críticas a aquellos que colaboran con usted?

7. ¿Es hora de volverles a lanzar su visión a aquéllos que se puedan ver afectados?

Capítulo doce

LA ALINEACIÓN

Tiene que haber una sola mente que controle;
de lo contrario no podrá haber acuerdo en nada.

ABRAHAM LINCOLN

Si usted funciona al estilo del Llanero Solitario, es posible que este capítulo no le sea demasiado útil. Sin embargo, tal vez le convendría marcar la esquina de esta página, porque es probable que no pueda convertir en realidad su visión usted solo. Y una vez que haya identificado su personal de apoyo, la información que hay en el capítulo le podría resultar práctica.

De vez en cuando, todos los conductores notan que su automóvil se desvía ligeramente hacia la izquierda o la derecha. Quite las manos del volante, aunque sea por unos segundos, y el vehículo comienza a salirse hacia uno u otro lado. Ésta es una de las primeras indicaciones de que el tren delantero de su auto necesita alineación.

En el mundo del automóvil, la palabra "alineación" es un término general que describe una combinación de posiciones relativas diferentes para una rueda y su neumático. Para que el auto camine y gire de forma fácil, predecible y eficaz, hay diversas piezas que deben estar "en alineación". Cuando el tren delantero de un auto no está alineado, esto significa que unas piezas diseñadas y unidas para trabajar juntas están funcionando en realidad las unas contra las otras. Si no se corrige esta falta de alineación, puede dar por resultado la necesidad de reparaciones notables, e incluso puede causar que se rompa el auto.

Esto hace surgir una pregunta. ¿Cómo es posible que unas piezas diseñadas para funcionar juntas, lleguen a un punto tal que comiencen a funcionar unas contra otras? Hay dos cosas que pueden causar que el tren delantero se salga de alineación: el uso normal o una mala sacudida.

Lo que es cierto con respecto a su automóvil, también lo es con respecto al equipo que usted ha formado para convertir en realidad su visión. El tiempo (el uso normal) y una mala sacudida van a hacer más para destruir la alineación de un equipo, que ninguna otra cosa. Y, ¿qué le parece? Nehemías se vio obligado a enfrentarse a ambas cosas.

EL DESGASTE NORMAL

El trabajo en el muro estaba afectando a los obreros. En primer lugar, se les estaban acabando las provisiones. Las condiciones naturales habían producido una gran escasez en aquella región (5:3). Además, muchos de ellos habían descuidado la preparación y la siembra en sus campos para atender al trabajo que se les había asignado en el muro.

Al final resultó que sí había cereal disponible, pero sólo un puñado de trabajadores tenían el dinero necesario para pagarlo. En algunos casos, esto se debía a que se habían alejado por un tiempo del trabajo en el muro para atender a sus negocios. Como es comprensible, iba aumentando el resentimiento contra todo aquel proyecto.

Para algunos, la única forma de enfrentarse a las presiones económicas era hipotecar sus campos y en algunos casos sus casas, a fin de comprar comida para sus familias. Esto resolvía la necesidad a corto plazo. Pero a fin de cuentas, el proyecto del muro resultaba una amenaza para su sustento.

Para empeorar las cosas, aún seguían estando obligados a entregarle a Persia una fuerte cantidad en impuestos (5:4). Se vieron forzados a pedir prestados los fondos necesarios para pagarlos. Una vez hipotecadas sus tierras, no tenían más remedio que hipotecarse ellos mismos y a sus hijos. En los tiempos antiguos se usaba a los miembros de la familia como garantía secundaria. Si un hombre no podía pagar un préstamo, se podía vender a su esposa e hijos como esclavos.

Al enfrentarse a la gravedad de su situación, los trabajadores perdieron el interés por reconstruir los muros. ¿Quién los podría culpar? Se estaban entrampando económicamente sin esperanza alguna. Si las cosas seguían así, terminarían siendo incapaces de pagar sus deudas y recuperar la posesión de sus casas y tierras. Tenían la mente dividida. Sus lealtades también lo estaban. En aquellos momentos, la necesidad que sentían se hallaba en el ámbito de la familia y la economía, y no en la seguridad nacional o el patriotismo.

Pero aquello no era lo peor de todo.

En medio de toda esa situación, Nehemías descubrió que algunos nobles y funcionarios de Jerusalén estaban sacando ganancias de la crisis que había en la ciudad. Eran los afortunados que tenían cereales de sobra para vender, y dinero para prestar. Se estaban aprovechando de la mala fortuna del pueblo, prestando dinero con unos intereses exorbitantes y vendiendo el cereal a precios de inflación. Tenían en sus manos las hipotecas de las casas, la tierra y los campos. Lo más repugnante de todo era que estaban aceptando a sus propios compatriotas y a sus familias como garantía secundaria. En otras palabras, estaban permitiendo que sus vecinos se entregaran a la esclavitud con sus préstamos.

Los nobles y funcionarios tenían una agenda distinta a la terminación de los muros. De hecho, les estaba yendo muy bien antes de que se presentara Nehemías y comenzara todo aquello de los muros. De todas formas, no estaban convencidos de que la nueva independencia de Jerusalén fuera a beneficiarlos a ellos. Lo más probable era que disminuyera su influencia.

Lo que estaban haciendo constituía una violación directa de la Ley. La Ley de Moisés prohibía cargarle intereses a otro judío. Y también prohibía la esclavitud permanente por deudas sin pagar. Además, sencillamente, todo lo que estaban haciendo carecía de ética a la luz del sacrificio que habían hecho los trabajadores.

Pero aquellos hombres nunca habían pasado de la mentalidad del "qué puedo sacar yo de esto". Y tarde o temprano, esa actitud siempre se descubre a sí misma.

Cuanta alineación quedara antes de que comenzara el hambre, había desaparecido. Cuando el pueblo se dio cuenta de lo que estaba sucediendo, y el punto al que estaba sucediendo, se sintió listo para declararle la guerra a la clase alta. La clase trabajadora ya no se preocupaba por el enemigo que acechaba fuera de la ciudad. Su mayor amenaza eran sus propios hermanos judíos. Aquello era un gran golpe. Una sacudida.

¿Y la visión? Bueno, a nadie le preocupaba demasiado. Lo estaban perdiendo todo, y estaban perdiendo a todos sus seres amados. ¿De qué servían unos muros, si no había nada que defender? Nehemías se encontró con un colosal problema de alineación en sus manos. Todos estaban tirando en sentidos diferentes.

LA ALINEACIÓN DE SU EQUIPO

Por eficaz que fuera la forma en que usted lanzó su visión al principio, siempre uno o dos miembros del equipo van a arreglárselas para salir de la alineación. Van a desarrollar una agenda que está fuera de foco con respecto a la visión. En lugar de colaborar con el resto del equipo, van a estar tirando continuamente de manera muy sutil en una dirección diferente. Esto suele suceder por lo general cuando ya se halla bien entrada la etapa de puesta en práctica de la visión.

Peor aún: es posible que alguno desarrolle una agenda en competencia con la suya. En lugar de tirar ligeramente, tal vez esté tirando de manera directa en contra suya. Cuando un equipo pierde su alineación, es mucho menos eficaz. Se gasta más energía y el progreso es menor. Los miembros del equipo se agotan con mayor rapidez. El camino se vuelve incómodo. Y mientras más tiempo ignore usted el problema, más costoso se volverá.

Como en el caso del automóvil, si la situación continúa sin que se la detenga, todo terminará en una avería. Lo que comienza como una ligera irritación puede desarrollarse hasta convertirse en un costoso problema. Los miembros del equipo que están fuera de alineación pueden detener de manera estrepitosa el progreso de una familia o de una organización.

¿Qué hace que los equipos pierdan su alineación? El tiempo (el uso) y las sacudidas.

El tiempo

Con el tiempo, las personas comienzan a desviarse. Pierden su pasión. Se aburren. Desarrollan su propia agenda. Todas estas cosas hacen que tiren hacia la derecha o la izquierda, y no hacia el centro.

Cuando esto sucede, no siempre es culpa de alguien. Es sólo una realidad dentro de la vida de un equipo. No es realista pensar que la gente que reúna alrededor de usted vaya a sentir tanta pasión como usted por su visión. Las preocupaciones diarias de la vida exigen la atención de la gente. Y con su atención se marchan su tiempo y su pasión.

A pesar de esto, aún necesita una cierta alineación entre los miembros del equipo para poder convertir su visión en realidad. Usted no puede realizar lo que Dios le ha puesto en el corazón que haga, con un equipo de gente que ha perdido su enfoque.

Las sacudidas

La otra cosa que hace que los miembros del equipo pierdan su alineación es un suceso inesperado. Por ejemplo, una crisis. Mientras que el tiempo y el uso van sacando de alineación a un equipo de manera gradual, una crisis lo puede lograr de un día para otro.

En varias ocasiones he visto padres que le han permitido a un hijo rebelde que se convierta en el centro de su vida familiar. Mientras tanto, descuidan a los hijos que son obedientes. En poco tiempo, los "niños buenos" comienzan a manifestarse en contra de su padre o madre, a fin de recuperar la atención y el afecto de los que antes disfrutaban. Sin una decisión consciente por parte de la madre o el padre, la visión pasa de criar hijos moral y socialmente responsables a "arreglar a Sally". Casi de un día para otro, las cosas se salen de alineación. Los miembros de la familia están funcionando con fines diferentes.

La mayoría de los dueños de negocios han experimentando la sacudida organizativa y económica a su alineación causada por una caída en las ventas o por la pérdida de un cliente importante. El estado de ánimo en la oficina puede cambiar al instante. En lugar de trabajar para llevar adelante la visión de la compañía, los empleados comienzan a trabajar para asegurarse un empleo. Dejan de arriesgarse. Les obsesiona recibir el crédito que les es debido por lo que hacen. A continuación surgen las luchas por el poder. O dan por supuesto que el negocio se vendrá abajo y comienzan a buscar la forma de irse. Comoquiera que sea, la visión sufre. Los miembros del equipo están tirando los unos contra los otros en sentidos que se hallan en conflicto entre sí. Las cosas están fuera de alineación.

En esta situación es tentador que el gerente o dueño del negocio se centre en los problemas, en lugar de centrarse en la visión. Es natural que respondamos a una cultura en decadencia a base de tratar de resolver una y otra vez sus problemas. Pero, al igual que los padres del ejemplo anterior, los gerentes y dueños tienen el potencial de causar más falta de alineación en la compañía.

Por supuesto: una crisis exige atención. Pero los problemas de alineación empeoran cuando la crisis continúa siendo el punto focal y se descuida la visión. Imagínese un hospital que centrara todos sus recursos de personal y económicos en las situaciones que se dan en la sala de urgencias. Imagínese el caos en la sala de maternidad, en neurología y en oncología. Claro que los hospitales deben tratar los casos urgentes. Pero su visión va más allá de lo que sucede en la sala de urgencias.

Es muy probable que usted sufra unas cuantas sacudidas a lo largo del camino. Van a exigir cierta atención. Pero tenga el cuidado de no permitir que la necesidad de seguir su visión sea reemplazada por el manejo de las crisis.

El matrimonio es otro ambiente que sirve como claro ejemplo de lo importante que es una alineación adecuada en las relaciones y la organización. Todo el que piensa casarse tiene una imagen mental de lo que podría y debería ser en una familia. Tiene una visión. Su visión o imagen se convierte en una agenda. Una vez que se ha casado, comienza a trabajar para acercarse a la meta de arreglar la realidad de manera que coincida con la imagen.

En sí, esto no tiene nada de malo. Cuando se vuelve un problema es cuando las dos personas tienen imágenes diferentes, visiones diferentes. Una vez casados, cada uno de ellos comienza a trabajar por acercarse a una meta ligeramente distinta. Si sus imágenes no están alineadas, sus visiones entrarán en conflicto. Lo que podría y tal vez debería ser, nunca llegará a ser... en ninguno de los dos casos. Lo que comienza siendo ligeramente irritante, si no se resuelve, suele dar por resultado una gran avería.

Las visiones prosperan en un ambiente de unidad. Mueren en un ambiente de desunión. Cualquiera que sea el tipo de organización en la que usted esté —negocio, escuela, iglesia, familia— cuando las metas y agendas personales están en conflicto con una visión corporativa a la que se ha llegado por acuerdo, esa visión corporativa sufre. Las agendas en conflicto dentro de una organización terminan apartando de la visión, de la meta común, la atención de la gente, para llevarla hacia preocupaciones más pequeñas y personales. Si estos conflictos siguen sin resolverse, pueden detener por completo el progreso. Y pueden convertir en ambiente en el que se trabaja o vive en un verdadero desastre.

BLOQUE DE CONSTRUCCIÓN # 13

**Las visiones prosperan en un ambiente de unidad:
mueren en un ambiente de división.**

Es posible que usted sepa esto demasiado bien. Tal vez tenga un jefe que hable mucho de la declaración de misión que tiene su corporación, pero trabaje detrás del escenario para asegurarse de que nadie se vea mejor que él. A lo mejor está casado con alguien que en teoría ha estado de acuerdo en crear un cierto ambiente dentro del hogar. Pero en la práctica, parece estar trabajando para conseguir algo totalmente distinto. Algo que se centre alrededor de sus gustos y caprichos, y no de lo que es mejor para toda la familia.

Tal vez esté saliendo con alguien que parece aceptar de inmediato los valores y las normas que usted quiere para su vida. Sin embargo, en la realidad diaria, está tirando hacia otra dirección.

O tal vez usted se encuentre en un ambiente como el de Nehemías. Un ambiente en el cual una persona o un grupo se está aprovechando de su compromiso genuino con una visión, una meta o un ideal.

Cuando las personas funcionan desde el punto de vista de su propio adelanto personal y de su propia protección, la alineación se evapora. Tanto si se trata de una familia, como si se trata de una iglesia o un negocio, cuando los miembros del equipo están fuera de alineación, lo que gobierna es la ineficacia. Usted comienza a medir en litros por kilómetro, en lugar de medir en kilómetros por litro.

LA LOCALIZACIÓN DEL PROBLEMA

Cuando los miembros del equipo o de la familia pierden de vista (o sencillamente abandonan) la visión acordada, se manifiestan varias cosas en su conducta.

1. Tratan de controlar en lugar de servir.

Su tendencia a controlar podría estar disfrazada bajo un deseo de guiar, o incluso de servir. Pero con el tiempo, su necesidad de controlar va a hacerse evidente. Los servicios que realicen van a tener todos sus condiciones.

2. Manipulan a la gente y las circunstancias para adelantar su propia agenda.

Hasta es posible que utilicen la visión para sus propósitos.

3. No se manifiestan dispuestos a resolver frente a frente sus diferencias.

Muchas veces se contentan con permitir que el chisme ocupe el lugar de la confrontación. Optan por hablar de usted, en lugar de hablarle a usted. Prefieren quedarse con el sentimiento herido, en lugar de ir a la persona que los hirió, o perdonarla y seguir adelante. Usan ese sentimiento herido para justificar su agenda egoísta. Al fin y al cabo, nadie los comprende en realidad.

4. No están dispuestos a creer lo mejor con respecto a sus compañeros de equipo.

En un equipo saludable, cada miembro cree lo mejor con respecto a los demás. Todos son inocentes mientras no se demuestre su culpa. Cuando los miembros del equipo comienzan a trabajar en sus agendas secundarias, comienzan también a sospechar de todos los demás. ¿Por qué? Pedro encuentra sus propias motivaciones incorrectas en las acciones de todo el mundo.

5. Consideran los fracasos de los miembros del equipo como éxitos personales suyos.

Evalúan el éxito de otros miembros del equipo en relación con sus propios éxitos y fracasos, en lugar de evaluarlo según el éxito del equipo. Por consiguiente, se les hace difícil regocijarse sinceramente con el éxito de los demás.

Una noche, Sandra y yo habíamos salido a cenar, cuando vi que había dos matrimonios de la iglesia sentados al otro extremo del restaurante. Como es natural, fui a saludarlos.

"Me alegra verlo", dijo uno de ellos. "Tenemos una situación sobre la cual necesitamos hablarle."

"¿De qué se trata?", le pregunté.

"Necesitamos un salón mayor para nuestra clase de escuela dominical. Pero Reggie nos dijo que no hay ninguno disponible."

Reggie era nuestro ministro de adultos casados en aquellos momentos. Tenía la responsabilidad de facilitar el funcionamiento de nuestro programa de escuela dominical para adultos casados. Esto incluía la distribución de salones. Nadie sabía más acerca de dónde estaba la gente, y qué había disponible, que Reggie. De hecho, acababa de hacer un trabajo excelente al trasladar a nuestros adultos casados a unas nuevas dependencias educativas.

"Bueno", les dije. "Si Reggie dice que no hay otro salón disponible, me imagino que no lo haya." En aquellos momentos, no estaba muy seguro sobre cuál era el motivo de la conversación, pero lo supe muy pronto.

"Entonces, ¿con quién tenemos que hablar?"

Yo todavía no me daba cuenta. "¿Qué quiere decir?"

"¿Quién está por encima de Reggie?"

Por fin me comencé a dar cuenta. "Nolen está por encima de él, pero si él dice que no hay salones disponibles, no va a servir de nada que hablen con Nolen".

"¿Tengo que llamarlo para pedirle una cita, o usted nos puede hacer el favor de mencionarle este asunto?"

No podía creer lo que estaba oyendo. Aquellos dos matrimonios, que se hallaban en posiciones de liderazgo, habían perdido en grande la visión del cuadro general. Su agenda personal sobre su clase estaba tirando en sentido contrario a nuestra visión para la iglesia. Comencé a preguntarme de qué forma se había comunicado a su clase aquel dilema sobre el salón. Teniendo en cuenta el tamaño y la popularidad de aquella clase, había potencial para una gran sacudida.

No estaba seguro sobre lo que debía decir. Sin embargo, estaba seguro de que *no* debía decir lo primero que me había venido a la mente. Terminé la conversación y regresé a mi mesa. Estaba realmente desilusionado. Llamé a Reggie al día siguiente y le di un adelanto de la situación. Sabía que el problema no había terminado. Y por supuesto, así era.

Las cosas se resolvieron al final, pero no sin unos cuantos sentimientos heridos y alguna reorganización. Todo aquello nos sirvió para recordarnos la rapidez con la que pierde la visión la gente buena. En este caso, estoy seguro de que ambos matrimonios habrían defendido de inmediato su compromiso con nuestra visión. Sin embargo, tal como sucede con frecuencia, hubo algo que se perdió a la hora de aplicarla.

EL MOMENTO DE ACTUAR

El tren delantero de su automóvil nunca se va a volver a alinear él solo. Y en general, lo mismo le pasa a la gente. En ambos casos se hace necesaria la intervención externa. Y mientras más pronto, mejor. Pero dedicarse a resolver los problemas de alineación es muy parecido a dejar de trabajar para afilar el serrucho. Por una parte, usted sabe que el trabajo irá más rápido y será más fácil si se detiene para afilarlo. Por otra parte, detesta dejar de trabajar. Pero a la larga, afilar el serrucho es lo que hace falta hacer.

Nehemías sabía que no podía pasar por alto los problemas que tenían abrumados a los trabajadores. Hacerlo sólo contribuiría a aumentar el problema. Pero tampoco se podía dar el lujo de perder de vista su visión. Dios no lo había llamado a Jerusalén para que arreglara la economía local. Lo había enviado para reconstruir los muros. Sin embargo, tuvo la suficiente sabiduría como para saber que ambas cosas estaban relacionadas. Mientras más pronto se enfrentara a la crisis económica, más pronto los trabajadores podrían dedicar sus energías a la reconstrucción de los muros.

Había algo más que impulsaba a Nehemías. Tal como lo mencioné anteriormente, lo que estaban haciendo los nobles y los funcionarios de la ciudad era ilegal. La Ley le prohibía a un judío que tomara como esclavo a otro judío (Levítico 25:39-42). El israelita que no pudiera pagar sus deudas se podía contratar como sirviente, pero no se lo podía vender como esclavo. Venderles un hermano judío a los gentiles como esclavo también era algo claramente prohibido (Éxodo 21:8). Pero los nobles y los funcionarios estaban subastando al mejor postor a sus hermanos judíos y a sus familias.

Especialmente irritante era el hecho de que Nehemías acababa de gastar gran parte de su tiempo y dinero en redimir judíos que habían sido vendidos a gentiles como esclavos. Ahora aquellos nobles y funcionarios los estaban vendiendo de nuevo. Eso significaba que Nehemías los iba a tener que comprar otra vez. Y todo esto, en un momento en el que el dinero era escaso.

Nehemías sabía que si ignoraban la Ley de Dios, serían un pueblo imposible de bendecir. Dios no iba a honrar sus esfuerzos mientras ellos manifestaran un desprecio tan abierto por su Ley. No obstante, necesitaban la protección y la provisión de la mano de Dios más que nunca antes. Era demasiado lo que estaba en juego para permitir que las cosas continuaran como iban. Así que actuó. Convocó a una reunión pública.

> Y me enojé en gran manera cuando oí su clamor y estas palabras. Entonces lo medité, y reprendí a los nobles y a los oficiales, y les dije: ¿Exigís interés cada uno a vuestros hermanos? Y convoqué contra ellos una gran asamblea. (Nehemías 5:6, 7)

Es interesante que Nehemías se tomara el tiempo necesario para convocar una reunión en medio de todo lo que estaba sucediendo. Esto subraya su comprensión de lo importante que era tratar de frente aquel tipo de asuntos. Aunque en aquellos momentos pareciera algo que no tenía relación con su visión, en realidad estaba invirtiendo en ella. No se trataba de arreglar una disputa civil. Era la visión la que estaba en juego. La alineación era de suma importancia para lograr que se reconstruyeran los muros.

> Y les dije: Nosotros según nuestras posibilidades rescatamos a nuestros hermanos judíos que habían sido vendidos a las naciones; ¿y vosotros vendéis aun a vuestros hermanos, y serán vendidos a nosotros? Y callaron, pues no tuvieron qué responder. Y dije: No es bueno lo que hacéis.

¿No andaréis en el temor de nuestro Dios, para no ser oprobio de las naciones enemigas nuestras? (vv. 8, 9)

¿Ve cómo relaciona esta cuestión con el esquema más amplio de las cosas? Recuerde que la razón para reconstruir los muros era restablecer a Jerusalén como una luz para las naciones gentiles incrédulas. Aquella perturbación civil tenía las mismas connotaciones que los muros derruidos. Nehemías se enfrentó enseguida a la crisis del momento, a la luz de la visión de Dios para Israel.

También yo y mis hermanos y mis criados les hemos prestado dinero y grano; quitémosles ahora este gravamen. Os ruego que les devolváis hoy sus tierras, sus viñas, sus olivares y sus casas, y la centésima parte del dinero, del grano, del vino y del aceite, que demandáis de ellos como interés.

Y dijeron: Lo devolveremos, y nada les demandaremos; haremos así como tú dices. Entonces convoqué a los sacerdotes, y les hice jurar que harían conforme a esto.

Además sacudí mi vestido, y dije: Así sacuda Dios de su casa y de su trabajo a todo hombre que no cumpliere esto, y así sea sacudido y vacío. Y respondió toda la congregación: ¡Amén! y alabaron a Jehová. Y el pueblo hizo conforme a esto. (vv. 10-13)

Cierto. El final parece de novela. Es como si todos los cabos sueltos fueran unidos fuertemente a consecuencia de las fuertes palabras de Nehemías. Pero, como veremos, la alineación no es una cosa sobre la cual un líder habla una sola vez. Recuerde que el uso normal termina por sacar de alineación al más consagrado de los equipos. Y el equipo de Nehemías no era distinto. Pero por el momento, aquella crisis se había resuelto, y el pueblo volvió a su trabajo.

ACTÚE

Está bien que tengamos problemas. Pero no está bien que los ignoremos. Los problemas de alineación son una realidad en la vida de las organizaciones y las familias. El tamaño que tomen estará determinado por su disposición a enfrentárseles.

Mi tendencia es esperar a ver si las cosas se van a resolver solas. En la mayoría de los casos, todo lo que sucede es que no quiero tomar el tiempo necesario para involucrarme. Siempre hay demasiadas cosas "importantes" que hacer. Pero raras veces las cosas se arreglan solas. Mientras más espero, más complicadas se vuelven.

Cuando da la impresión de que las cosas se han resuelto solas, lo que suele suceder es que hay un problema que se está moviendo bajo tierra. Y la próxima vez que sale a la superficie, hay más personas involucradas, y más cuestiones que resolver.

Si Dios ha hecho nacer una visión en su corazón, es demasiado lo que hay en juego para permitir que los problemas de alineación sigan sin corregir. Levante el teléfono y haga esa llamada. Escriba esa carta. Haga esa cita. Actúe.

Explique cómo la cuestión a la que usted se está enfrentando afecta a la visión original. Esta relación entre la crisis y la visión es la que les dará un sentido de urgencia a sus palabras. De no ser así, lo van a acusar de presentar las cosas exageradamente.

Y mientras lo hace, sea ejemplo del tipo de conducta que lleva a la alineación entre los miembros del equipo.

- Guíe; no controle.
- Sea una persona íntegra.
- Resuelva sus diferencias cara a cara.
- Crea lo mejor con respecto a los demás miembros del equipo.

Actuar de otra forma es contribuir a la discordia en su familia u organización; una discordia que podría terminar descarrilando su visión. Si se pueden decir de usted esas cuatro cosas, tendrá la autoridad moral necesaria para enfrentarse a los abusos en estos aspectos cuando se presenten en los miembros del equipo. Además, será mejor líder, esposo, esposa, jefe, o cualquier otro papel que Dios haya escogido para usted en estos momentos. Y lo más importante de todo: va a poder recibir bendición.

VISIOINGENIERÍA
PROYECTO # 12

1. ¿Hay entre los miembros del equipo algún problema de alineación al que es necesario enfrentarse?

2. ¿Qué está impidiendo que usted se enfrente a esas cuestiones?

3. ¿Qué es lo peor que puede suceder como consecuencia de una confrontación?

4. ¿Cómo se relaciona con la visión general la falta de alineación entre los miembros del equipo?

5. ¿Qué impacto negativo puede recibir la visión si no se resuelven los problemas de alineación?

6. ¿Cómo ha contribuido su liderazgo o su conducta a los problemas de alineación entre los miembros del equipo?

7. ¿Qué pasos necesita dar para enfrentarse a su contribución al problema?

Capítulo trece

LA AUTORIDAD MORAL

*El ejemplo no es la cosa principal a la hora de
influir en los demás; es la única.*

ALBERT SCHWEITZER

Cuando yo tenía veinte años, trabajé como aprendiz de Sid, el ministro de jóvenes de la iglesia de mi padre. Era mi primera posición oficial en el ministerio. Yo no sabía absolutamente nada acerca del ministerio con los jóvenes. Sin embargo, sí sabía mucho en cuanto a lo que es ser joven. Y tal vez por eso fuera que Sid me contrató.

Después de unas cuantas semanas de estar siguiéndolo por todas partes, tratando de comprender con exactitud lo que un aprendiz debía hacer, él se sentó conmigo para sincerarse.

"Andy", me dijo, "tú eres líder, y yo necesito que actúes como líder."

¿Como líder? ¿Cómo podía ser líder? Yo no sabía nada acerca del ministerio con los jóvenes. "Pero tú eres el ministro de los jóvenes", le dije.

Nunca olvidaré su respuesta.

"Andy, hay una diferencia entre tener una posición y tener influencia. Yo tengo una posición, pero tú tienes influencia entre los estudiantes. A mí me obedecen porque tengo esa posición, pero a ti te siguen porque tienes influencia. Ahora necesito que uses tu influencia y los guíes. No tengas miedo. Guíalos."

Su influencia es mucho más crítica para que su visión sea un éxito, que la posición que usted tenga. En general, no son los que tienen posiciones los que hacen nacer grandes visiones. Con frecuencia, el visionario no tiene más empuje que el de su influencia. La influencia del visionario, por limitada que sea, es la que le sirve de plataforma y estrado. Muchas veces, la influencia es el único vehículo disponible para mover a los demás a la acción. En muchos casos, con la influencia basta.

La influencia es algo muy curioso. Es difícil de definir. Es difícil de describir. Pero usted sabe cuando alguien la tiene. Y sabe también cuando no la tiene. Sin duda, usted sabe cuáles son las personas que influyen sobre su persona. Pero tal vez no esté seguro de la razón por la cual tienen tanto peso en su vida.

Los visionarios deben ser personas que influyan, para que su visión se pueda desarrollar desde el principio hasta el final. Usted debe ser capaz de mover a la gente desde el lugar donde está hasta el lugar donde cree que podrían y deberían estar. La posición es optativa. La influencia es esencial.

Con frecuencia, la pasión que acompaña a una visión clara que viene de Dios, es todo lo que hace falta para aumentar la influencia del visionario. Ciertamente, esto fue lo que sucedió con Nehemías, quien no era más que el copero del rey. En cambio, una vez que comenzó a arder en su alma la carga por Jerusalén, se convirtió en un hombre que influía en los demás. Influyó sobre un rey. Y después influyó sobre un grupo desorganizado y desventurado de extraños en Jerusalén.

Hay otras dinámicas que aumentan la influencia de una persona dentro de una esfera determinada. Algunas son evidentes: riqueza, rango, capacidad para comunicarse, estudios, logros, actuación. Pero hay personas que no tienen ninguna de esas cosas, y sin embargo, ejercen una gran influencia. De nuevo lo repito: la influencia es algo delicado. Uno la identifica cuando la ve, pero no siempre está claro por qué la tienen ciertas personas.

En nuestra vida adulta, las personas que influyen sobre nuestra vida suelen tener poca autoridad, en el sentido tradicional. Es raro que lleven consigo algún símbolo de poder. No tienen que llevarlo. Hay algo con respecto a su vida que les da una autoridad, la cual a su vez se traduce en influencia. Nos sentimos atraídos hacia ellos.

Queremos ser como ellos. Casi que exigen nuestro respeto, y esto no se debe a su posición. Se debe a otra cosa.

Pero, ¿qué? ¿Qué tienen de especial las personas a las que les permitimos que influyan sobre nosotros, que nos abre a su influencia?

EL INGREDIENTE ESENCIAL

Si Dios ha hecho nacer una visión en su corazón, es probable que usted ya haya comenzado a explotar aquellos ambientes en los cuales cree tener influencia. Pero hay una cualidad imprescindible para adquirir y mantener la influencia que se necesita a fin de desarrollar la visión. Sin ella, cuanta influencia usted crea tener terminará evaporándose.

Todo gran líder; todo padre o madre que haya tenido éxito; todo aquél que haya recibido una visión dada por Dios y la haya desarrollado con éxito, ha poseído una forma de autoridad que no descansa en su cargo ni en sus logros, sino en una convicción interna y en que ha estado dispuesto a poner su vida en sintonía total con esa convicción. La alineación de las convicciones de la persona con su conducta es la que hace que su vida sea persuasiva. Ésta es la clave de una influencia sostenida.

La frase que mejor capta esta dinámica es "autoridad moral". Para adquirir y mantener su influencia, usted debe tener autoridad moral. La autoridad moral es el ingrediente imprescindible, crítico y no negociable de una influencia sostenida. Sin autoridad moral, su influencia será limitada y tendrá poco tiempo de vida.

La autoridad moral es la credibilidad que uno gana cuando actúa de la misma forma que habla. Es la relación que ven los demás entre lo que usted dice y lo que hace; entre lo que afirma ser y lo que es. La persona que tiene autoridad moral se halla por encima de todo reproche. Es decir, cuando se busca una discrepancia entre lo que dice creer y lo que hace, no se encuentra ninguna. Hay una alineación entre convicción y acción; entre creencia y conducta.

Nada compensa la falta de autoridad moral. No hay cantidad alguna de capacidad para comunicarse, riqueza, logros, estudios, talentos o cargos que puedan compensar una falta de autoridad moral. Todos conocemos mucha gente que tiene esas cualidades, pero no tiene influencia alguna sobre nosotros. ¿Por qué? Porque hay una contradicción entre lo que afirman ser y lo que nosotros vemos que son.

Nadie permite que influya sobre él alguien que carezca de autoridad moral ante sus ojos. La falta de coherencia entre lo que se dice y lo que se hace, hiere de muerte la influencia del líder.

Por esta razón, la autoridad moral es algo frágil. Hace falta toda una vida para ganarla, pero se puede perder en un instante. Y una vez que se pierde, es casi imposible de restaurar.

Si los demás se dan cuenta de que hay discrepancia entre lo que usted dice creer y lo que hace, o entre lo que hace y lo que quiere que ellos hagan, va a tener poca autoridad moral. Si la gente reconoce una alineación entre sus creencias, sus acciones y sus expectativas, tendrá autoridad moral. Sólo se trata de caminar como se habla.

En su condición de visionario, la cosa que puede controlar y debe proteger a toda costa es su autoridad moral. Ella es la que hace de usted un líder al que vale la pena seguir. Es la que lo pone en la situación de influir sobre la gente al nivel más profundo: corazón, mente y conciencia. Por esta razón, su autoridad moral le permitirá mantener su influencia sobre aquellos que se sientan llamados a seguirlo.

La familia es uno de los ámbitos en los cuales se evalúa y comprende con facilidad lo importante que es la autoridad moral. Piense por un instante en sus padres. ¿Eran (o son) líderes que valía la pena seguir? ¿Cuando piensa en su padre o en su madre, siente respeto por ellos?

Si así es, esto se debe a que usted percibe una coherencia o una alineación entre lo que dicen y lo que hacen. Su respeto por ellos no está determinado sólo por sus logros económicos, académicos o sociales. De hecho, es posible que los tenga en alta estima a pesar de su posición económica, académica o social. Tienen autoridad moral.

Por otra parte, si usted tiene poco respeto por su padre o por su madre, es posible que sus sentimientos se deriven de lo que considera una falta de coherencia entre lo que hacían y lo que decían; lo que afirmaban ser y lo que eran en realidad. Y todos los elogios económicos, académicos y sociales del mundo juntos no son capaces de compensar una falta de coherencia.

Piénselo por un instante. ¿No es cierto que a medida que se fueron haciendo más evidentes sus faltas de coherencia, usted se fue dando cuenta de que cada vez estaba menos abierto a su influencia? A medida que perdían su autoridad moral, perdían también su influencia. En cambio, los padres que mantienen su autoridad moral son capaces de mantener su influencia a lo largo de toda la vida de sus hijos. Ése es el poder y el potencial de la autoridad moral.

Esta misma dinámica funciona en todos los matrimonios. En mi condición de esposo, mi capacidad para influir sobre Sandra se basa en mi competencia y en mi autoridad moral. Y lo mismo es cierto con respecto a la influencia de ella sobre mí. Al ser competente en un aspecto, ella puede confiar en que yo sé de lo que estoy hablando. Pero mi autoridad moral, la alineación entre lo que digo y lo que hago, es lo que permite que ella confíe en mis motivaciones. Mi autoridad moral es la que determina que ella crea o no que yo tengo en mente su bien.

Todas las capacidades, los talentos y el carisma del mundo no son capaces de llenar el lugar de la autoridad moral. Lo que usted ha visto suceder en su propia familia, sea bueno o malo, tiene el potencial de repetirse en sus relaciones con aquellos que han decidido compartir su visión.

LA GRAN DECISIÓN DE NEHEMÍAS

La última vez que observamos a Nehemías, acababa de guiar con éxito a los habitantes de Jerusalén a lo largo de una compleja crisis civil y económica. Como recordará, las cosas culminaron en un acalorado enfrentamiento entre Nehemías y los funcionarios de la ciudad.

Nehemías se enfrentó a la gente más poderosa de su comunidad en cuanto al uso de sus riquezas para aprovecharse de los trabajadores. Cuando hubo terminado, ellos escondieron el rabo entre las piernas, dieron disculpas, devolvieron lo que habían tomado y se marcharon. Nehemías lo dice así: "Y callaron, pues no tuvieron qué responder" (5:8b).

Como mencioné en el capítulo anterior, el resultado final del enfrentamiento de Nehemías parece poco realista. ¿Cómo es que aquellos nobles y funcionarios de la ciudad, tan poderosos y ricos, se echaron atrás y estuvieron de acuerdo en enmendar sus caminos después de un enfrentamiento con Nehemías? Tiene que haber habido algo más. La vida real no funciona así.

En realidad, sí hubo algo más. En los versículos que siguen al choque de Nehemías con los nobles, descubrimos algo acerca de él, que lo puso en posición de ganar el enfrentamiento con tanta facilidad. Tenía autoridad moral. Una autoridad moral que había estado levantando durante doce años.

Cuando Nehemías llegó a Jerusalén, era un gobernador más dentro de la larga línea de gobernadores nombrados por el gobierno persa para supervisar aquellos territorios. Los gobernadores anteriores habían usado su posición para enriquecerse a expensas del pueblo. Su nombramiento venía acompañado del derecho a recoger los impuestos que les pareciera. Además, tenían derecho a una parte de todo lo que cultivaran los campesinos de su región.

Sabiamente, Nehemías decidió prescindir de esos privilegios. Al hacerlo, se puso en un lugar distinto al de sus predecesores. Pero lo más importante de todo fue que demostró su firme compromiso con el proyecto y con el pueblo de Jerusalén. Nadie lo podía acusar de estar metido en aquello por provecho personal. Estaba allí para restaurar a Jerusalén a un lugar de honor e influencia en medio de las naciones. Estaba allí para cumplir la visión de Dios con respecto a su nación.

> También desde el día que me mandó el rey que fuese gobernador de ellos en la tierra de Judá, desde el año veinte del rey Artajerjes hasta el año treinta y dos, doce años, ni yo ni mis hermanos comimos el pan del gobernador.
>
> Pero los primeros gobernadores que fueron antes de mí abrumaron al pueblo, y tomaron de ellos por el pan y por el vino más de cuarenta siclos de plata, y aun sus criados se enseñoreaban del pueblo; pero yo no hice así, a causa del temor de Dios. También en la obra de este muro restauré mi parte, y no compramos heredad; y todos mis criados juntos estaban allí en la obra.
>
> Además, ciento cincuenta judíos y oficiales, y los que venían de las naciones que había alrededor de nosotros, estaban a mi mesa. Y lo que se preparaba para cada día era un buey y seis ovejas escogidas; también eran preparadas

para mí aves, y cada diez días vino en toda abundancia; y con todo esto nunca requerí el pan del gobernador, porque la servidumbre de este pueblo era grave. Acuérdate de mí para bien, Dios mío, y de todo lo que hice por este pueblo (5:14-19).

Es fácil ver por qué las palabras de Nehemías tuvieron tanto peso entre los nobles y los funcionarios. No en balde se echaron atrás. Se deben haber sentido humillados. Piénselo. En realidad, Nehemías tenía el derecho de aprovecharse de los habitantes de Jerusalén. Su posición lo autorizaba a explotar a aquéllos a quienes dirigía. Además, todos los gobernadores anteriores así lo habían hecho. Sin embargo, tuvo gran cuidado de no añadirle sufrimientos al pueblo.

Los nobles y los funcionarios de la ciudad no tenían derecho a hacer lo que estaban haciendo. De hecho, estaban quebrantando la Ley. Y al quebrantar la Ley, habían puesto en dificultades, nada menos que al propio Nehemías. Porque si usted recuerda, él tuvo que tomar su propio dinero para comprar de nuevo a los judíos que los nobles y los funcionarios de la ciudad habían vendido como esclavos. ¿Se puede imaginar lo vergonzoso que debe haber sido enfrentarse a Nehemías después de haber hecho lo que habían hecho? Su estilo de vida los avergonzaba.

Observe esto: No fue la posición de Nehemías la que le dio influencia sobre los nobles y los funcionarios de la ciudad. Fue su autoridad moral. Había caminado tal como había hablado, desde el día en que llegó y anunció su intención de reconstruir los muros. Había alineación entre sus creencias y su conducta. Llevaba una vida que estaba de acuerdo con su visión.

LA FUENTE

La autoridad moral no es un método. No es una forma de lograr que se hagan las cosas. No es un medio para llegar a un fin establecido previamente. La autoridad moral genuina no es algo que un líder se dedique a desarrollar a fin de convertirse en mejor líder, o ganar influencia sobre la gente. Es raro que aquellos líderes y personas influyentes que son impulsados sólo por el afán de ser líderes o influyentes, mantengan su autoridad moral. ¿Por qué? Porque el liderazgo realmente excelente se basa en algo que no es el afán por ser un gran líder. La influencia tiene sus raíces en algo que no es el afán por ser influyente.

La decisión de Nehemías de no utilizar su derecho a la parte de los víveres que le correspondía al gobernador no fue impulsada por un afán consciente por parte suya de aumentar su autoridad moral en medio del pueblo. Y ciertamente, no se habría podido imaginar que tendría un enfrentamiento así con los nobles y los funcionarios de la ciudad. Su decisión brotó de su reverencia por Dios y su entrega a la visión: "Pero yo no hice así, a causa del temor de Dios. También en la obra de este muro restauré mi parte" (vv. 15b-16a).

Nehemías no decidió conscientemente prescindir de sus derechos como gobernador a fin de ganar influencia entre los habitantes de Jerusalén. Hizo lo que hizo, a fin de mantenerse sin culpa en su caminar delante de Dios. Al fin y al cabo, Dios no lo había enviado a Jerusalén para que se convirtiera en un rico terrateniente. Dios no había obrado a favor suyo para que pudiera llegar a ser gobernador. Su nombramiento como gobernador sólo era un medio para llegar a un fin. Él estaba allí para reconstruir los muros y quitar el reproche de la ciudad.

Estaba en una misión a la que lo había enviado Dios. A la luz de esto, habría sido contraproducente para él el haberse dedicado a extraerle impuestos adicionales al pueblo. Ya estaban suficientemente cargados y atribulados tal como estaban las cosas. Si hubiera reclamado lo que tenía "derecho" a reclamar, habría interferido con la construcción.

Para Nehemías, la adquisición y el mantenimiento de la autoridad moral no fueron una maniobra para afirmar su liderazgo. Eran una expresión natural de su consagración a Dios. Eran la decisión lógica a la luz de lo que se sentía llamado a hacer.

La autoridad moral es reflejo de la consagración del hombre o la mujer a algo que se halla fuera del ámbito de la influencia y el liderazgo. Es consecuencia del compromiso a hacer lo que es correcto, cueste lo que cueste. Los seres humanos que mantienen su autoridad moral no se dedican a complacer a la multitud. No son impulsados por el afán de adquirir influencia. Su preocupación primordial consiste en hacer lo que sea correcto, aunque hacerlo parezca poner en peligro su influencia.

Pero las cosas van más allá. Aquí es donde tanta gente con ideas "de Dios" se desvían de su curso. En su condición de líder, usted tiene que estar dispuesto a hacer lo que sea correcto, aunque ponga en peligro su visión.

Es probable que necesite asimilar esto por un minuto.

Llegará un día en el que se enfrentará a una serie de circunstancias que en la superficie parecen dictar la necesidad de unas concesiones éticas, e incluso morales, con el fin de lograr ver convertida en realidad su visión.

Cuando esto sucede, lo más probable es que haya avanzado tanto en su visión, que la tentación de hacer concesiones parezca casi insoportable. Los que le han acompañado lo apremian para que siga adelante, cueste lo que cueste.

Las Escrituras están llenas de ejemplos. Cuando por fin Abraham tuvo un hijo, Dios le dijo: "Sacrifícalo". El dilema de Abraham no era muy distinto al que usted tendrá que enfrentar. ¿Obedezco a Dios, o hago lo que parece servir mejor al logro de la visión?

¿Qué me dice de David, en pie entre las sombras de la cueva de Engadi, observando a Saúl mientras hacía sus necesidades? Dios le había prometido el trono. Al observador superficial le habría parecido que la única forma de llegar al trono habría sido matar al rey. Sus mejores amigos lo trataron de convencer de que lo hiciera. Parecía que sólo sería cuestión de tiempo antes de que Saúl y sus tropas hallaran la pista de David y lo mataran. Pero matar al rey era algo contrario a la ley de Dios.

Así que allí se quedó David, atisbando entre las sombras, y haciéndose la pregunta a la que se tiene que enfrentar todo visionario en algún momento del camino: ¿Mi fidelidad mayor es hacia Dios, o hacia la visión?

El principio de todo esto es que usted debe mantener su autoridad moral, cueste lo que cueste. Aunque le cueste su visión. Debe estar dispuesto a abandonar su visión, si eso es lo que hace falta para mantener su autoridad moral. La visión es importante, pero mantener la autoridad moral es algo que debe tener prioridad sobre el seguimiento de la visión.

Así como Dios intervino a favor de Abraham y de David, si su visión es realmente "algo de Dios", va a intervenir también a favor suyo.

Atajos

Además de la tentación de quebrantar su integridad, usted pasará también por la de tomar atajos. En la superficie, estos atajos parecen ser una forma de acelerar la visión. Son una manera de lograr que se hagan las cosas, o de ponerlas en movimiento. Al fin y al cabo, Dios no quiere que nos quedemos sentados, esperando a que las cosas se arreglen solas, ¿no?

Las concesiones morales y éticas, del tipo que sean, llevan a la pérdida de autoridad moral.

Nehemías se enfrentó a un dilema ético. Estaba consciente de las injusticias que estaban cometiendo los nobles y los funcionarios de la ciudad con el pueblo. Pero también estaba consciente de que aquel mismo grupo de personas tenía el potencial de echarlo fuera de la ciudad. Sus riquezas les daban poder en el pueblo. Tenían el poder de parar en seco el proyecto de reconstrucción.

Pero lo correcto es correcto, y lo incorrecto no. Y Nehemías no pudo ignorar en conciencia lo que aquellos funcionarios le estaban haciendo al pueblo. La visión era importante, pero él no le podía volver la espalda a la injusticia porque quisiera lograr que se reconstruyeran los muros. Corrió un riesgo al enfrentarse a los líderes de la forma en que lo hizo. Pero no reconocer lo que estaban haciendo; fingir que todo iba bien, habría sido una concesión en su integridad. Así que detuvo la visión por un instante, a fin de resolver un problema de algo que estaba incorrecto.

BLOQUE DE CONSTRUCCIÓN # 14

**Antes que abandonar su autoridad moral,
abandone la visión.**

He aquí la pregunta sobre la que debe reflexionar cuando se encuentre en una encrucijada del camino: ¿Me llevaría Dios a abrazar una visión que me obligue a hacer algo prohibido por Él?

Por supuesto que no.

Mantenga a toda costa su autoridad moral. Es su punto de fuerza como visionario. Sin ella, usted deja de ser un líder digno de ser seguido.

Su capacidad para ganar y mantener la autoridad moral con la gente asociada a usted tendrá muchísimo más que ver con el estado de su corazón, que con su capacidad como líder. La autoridad moral está enraizada en el anhelo de complacer a Dios antes que a los hombres. Es una consecuencia de la personalidad; no de las capacidades de liderazgo.

Obedezca a Dios, cueste lo que cueste. Mantenga su visión en una mano abierta. Y observe cómo Él interviene.

LA MADRE TERESA

En nuestra generación no hay nadie que haya demostrado más el poder de la autoridad moral, que la Madre Teresa. Era la encarnación de su visión. Nunca le exigió a nadie que hiciera nada que ella ya no hubiera hecho antes. Los escépticos le tiraban piedras a su teología, pero nunca a su personalidad. Y por esta razón, los que tiraban las piedras terminaron dando la apariencia de ser personas necias.

Su visión era establecer una congregación de monjas, cuya única razón de ser fuera cuidar de aquellos que viven en condiciones indignas del ser humano. En 1948 presentó en el Vaticano su visión, y dos años más tarde, la Iglesia deRoma aprobó oficialmente a las Misioneras de la Caridad. Su misión era buscar a los pobres, abandonados, enfermos y moribundos, y cuidar de ellos.

En sintonía con su visión, la Madre Teresa escogió como lugar de trabajo las calles de Calcuta. Allí fue donde se hizo sin pretenderlo una reputación que le ganaría el respeto del mundo.

En 1952, ella y sus Misioneras de la Caridad recibieron permiso de los funcionarios de Calcuta para usar una sección de un templo abandonado para su primera misión: tener un hogar para los moribundos. Ella le llamaba Nirmal Hriday a aquel lugar. Allí, los pobres de Calcuta, que muchas veces morían solos en las calles, podían encontrar consuelo y limpieza en sus horas finales.

Bastó poco tiempo para que se corriera la voz de que un grupo de misioneras católicas se habían ido a vivir a aquel vecindario. Los sacerdotes hindúes se sentían incómodos con una organización misionera tan cercana a su templo. Les pidieron a las autoridades de la ciudad que le buscaran otro local al hospicio.

En una ocasión, los sacerdotes del templo KaliGhat encabezaron una gran delegación que fue al Nirmal Hriday y exigió que las misioneras se fueran de inmediato. Se dice que la Madre Teresa salió y le habló personalmente a la multitud con estas palabras: "Si me quieren matar, aquí estoy. Se pueden divertir cortándome la cabeza a mí, pero no molesten a mis pobres pacientes"[1]

Finalmente, se presentó la oportunidad de que las Misioneras de la Caridad demostraran que su llamado era sincero y su motivación pura ante aquellos que las veían con suspicacia. Era una oportunidad que la mayoría de nosotros habríamos desaprovechado.

La Madre Teresa supo que uno de los sacerdotes hindúes se hallaba en una etapa avanzada de la tuberculosis. Como su enfermedad era incurable, le habían negado cama en el hospital de la ciudad.[2]

Con un gesto de bondad y misericordia sin precedentes, la Madre Teresa llevó al sacerdote moribundo a Nirmal Hriday. Allí, cuidó de él personalmente hasta el día en que murió. Entonces, las Misioneras de la Caridad devolvieron el cuerpo del sacerdote al templo para que se celebraran los ritos hindúes.

Este suceso cautivó el corazón de la gente de Calcuta. El hecho de que la Madre Teresa estuviera dispuesta a vivir de acuerdo con su mensaje, rompió los muros teológicos y culturales que la separaban de la gente que ella había ido a servir.

A lo largo de toda su vida, su principal credencial era su autoridad moral. Pero aquello bastaba para conseguir que la oyeran las personas más poderosas del mundo, y que tuviera influencia sobre ellas. Aun en los momentos en que se vio lanzada a las salas nada familiares y muchas veces hostiles del poder, la Madre Teresa mantuvo con valor sus convicciones. Sus palabras siempre estaban de acuerdo con la vida que llevaba y la teología que tanto amaba.

Peggy Noonan, quien fuera ayudante especial del presidente Reagan, fue testigo presencial de algo que probablemente fuera la demostración pública más significativa de la entrega de la Madre Teresa a la constancia entre creencia, palabra y obra.

El 3 de febrero de 1994, la Madre Teresa vino a Washington y pronunció un discurso que dejó a todos sus oyentes perplejos, y un buen número de ellos despechados; entre éstos, un senador de los Estados Unidos que se volvió hacia su esposa después de que terminara de hablar la Madre Teresa y le preguntó: "¿Ya tengo la boca cerrada?"

Se celebraba el Desayuno Nacional de Oración anual en el Hotel Hilton, y allí había tres mil personas, entre ellas la mayor parte de los funcionarios de Washington... Por tradición, el presidente de los Estados Unidos y su esposa siempre asisten, y en aquel día de 1994, Bill y Hillary Clinton estaban en la plataforma, como estaban también el vicepresidente Gore y su esposa, y una docena más de personas importantes: senadores y magistrados del Tribunal Supremo... Cuando subió a una pequeña plataforma que se había colocado detrás del estrado, se produjo un gran aplauso. Ella lo reconoció. Después tomó en la mano su discurso y comenzó a leerlo con un suave sonsonete...

El auditorio estaba formado por demócratas liberales, republicanos conservadores y moderados de todas las ideas. Tal vez la mitad de ellos fueran cristianos, miembros del movimiento de desayunos de oración, algunos firmemente piadosos y otros no tanto; hay muchas conexiones de tipo humano en todo esto. La otra mitad eran una mezcla de musulmanes, judíos, buscadores, agnósticos y ateos, reporteros y burócratas, meseros y diplomáticos. Una mezcla amable y atenta. Y a todos les encantó. Pero a medida que el discurso seguía adelante, se hizo más fuerte.

"Nunca podré olvidar la experiencia que tuve en el salón donde tenían a todos aquellos ancianos cuyos hijos e hijas se habían limitado a ponerlos en una institución y olvidarse de ellos, tal vez. Vi que en aquel lugar, esos ancianos lo tenían todo —buena comida, un sitio cómodo, televisión; todo—, pero todos seguían mirando hacia la puerta. Y no vi a uno solo con la sonrisa en el rostro. Yo me volví hacia una hermana y le pregunté: '¿Por qué esta gente, que tiene aquí todas las comodidades posibles, sigue mirando a la puerta? ¿Por qué no sonríen? Yo estoy tan acostumbrada a ver a nuestra gente con una sonrisa... Hasta los que están agonizando sonríen.'

"Entonces la hermana me dijo: 'Así son las cosas casi todos los días. Están expectantes; tienen la esperanza de que su hijo o su hija los vengan a visitar. Se sienten heridos porque los han olvidado.'

Dijo después: "Pero me parece que el mayor destructor de la paz hoy en día es el aborto, porque Jesús dijo: 'Si reciben a un niño pequeño, a mí me reciben'. De esta forma, cada aborto se convierte en un rechazo a Jesús; en una muestra de desinterés por recibir a Jesús".

Bueno, se hizo el silencio. Un frío y profundo silencio en aquella fría caverna redonda, por 1,3 segundos tal vez. Y entonces, comenzaron los aplausos en el lado derecho del salón, se extendieron, se profundizaron, y por fin el salón estuvo repleto de gente que aplaudía, y no pararon de hacerlo durante cinco o seis minutos, según yo creo.

Pero no todo el mundo aplaudió. El presidente y la primera dama, sentados a corta distancia de la Madre Teresa en la plataforma, no estaban aplaudiendo. Tampoco aplaudían el vicepresidente Gore y su esposa. Parecían como las estatuas sentadas de Madame Tussaud. Brillaban bajo la luz, pero no movían un músculo, mirando a la oradora de una forma estudiadamente semiagradable...

Ahora bien, es posible que la Madre Teresa no conociera las normas de conducta de las capitales del mundo, ni supiera tampoco que después de haber dicho lo que tenía que decir y captado el momento, se esperaba de ella que regresara a unas afirmaciones más ligeras y menos dramáticas, con las que todos estuviéramos de acuerdo. En lugar de hacerlo, dijo esto: "(El aborto) es en realidad una guerra contra el niño, y yo detesto el asesinato del niño inocente; un asesinato cometido por la propia madre. Y si aceptamos que la madre puede matar hasta a su propio hijo, ¿cómo les podemos decir a otras personas que no se maten entre sí?... Todo país que acepte el aborto, no está enseñando a sus habitantes que se amen unos a otros, sino que usen la violencia que sea necesaria para conseguir lo que quieren. Por eso, el aborto es el mayor destructor del amor y de la paz."

Después de esto, habló de combatir el aborto con la adopción; de decirles a los hospitales, a las estaciones de policía y a las jóvenes asustadas: "Por favor: no mate al niño. Yo lo quiero. Démelo. Estoy dispuesta a aceptar cuanto niño vayan a abortar, y entregárselo a un matrimonio que lo ame y sea amado por él."

Tal vez no lo sabía, o no le importaba, pero sus palabras no eran "sanadoras", como dicen, sino "sembradoras de discordia"; no sólo dividían a protestantes y católicos, y a católicos entre sí. Todo aquello era tan tristemente carente de adornos, tan explícito, tan poco político. Y era maravilloso, como cuando se toma un trago de agua fresca, recibir vigor de su franqueza y su tono carente de concesiones...

Y al parecer, la Madre Teresa ni lo notaba, ni le importaba. Terminó su discurso, recibió una ovación en pie, y se marchó como había entrado, en silencio, atravesando una cortina, en un destello de blanco y azul... por supuesto, ella podía hacer algo así, porque tenía una autoridad natural y desconocida.[3]

Me encanta esta historia. Me encanta la imagen mental que evoca. Imagíneselo. Una diminuta mujer ligeramente encorvada, de pie sobre un cajón para que se la pudiera ver sobre el atril, dirigiéndose a algunos de los hombres y mujeres más poderosos del mundo. Y dentro de aquel cuerpo ya anciano, suficiente autoridad moral para derrotar a todo el que se atreviera a levantar un dedo en su contra. Ése es el poder de la autoridad moral.

Es imprescindible que los cristianos desarrollemos y mantengamos nuestra autoridad moral. Hemos sido llamados a influir. Y el mundo nos está observando. Cristo no nos mandó a convertirnos en autoridades para que le pudiéramos decir a la gente cómo debe vivir. Nos llamó a influir por la forma en que vivimos, de manera que la gente desee tener lo que nosotros tenemos.

LA RECETA

El desarrollo y mantenimiento de la autoridad moral exige tres cosas: carácter, sacrificio y tiempo.

Carácter

El carácter consiste sencillamente en la decisión de hacer lo que sea correcto, tal como Dios lo define. Nehemías no exigió la asignación de víveres a la que tenían derecho legal, porque no era correcto hacerlo en aquellas circunstancias. Se les enfrentó a los funcionarios de la ciudad y a los nobles, porque en su calidad de gobernador, tenía la responsabilidad de proteger al pueblo. Se había comprometido en primer lugar y por encima de todo a hacer lo que fuera correcto. Su dedicación a la reconstrucción de los muros era secundaria con respecto a su compromiso de hacer lo que fuera correcto.

Aquí la cuestión está en el sometimiento. Para ser una persona de carácter, usted necesita someterse a las normas, los valores y los principios de Dios. El carácter exige que sigamos en ese estado de sometimiento, cuando la ley de Dios parece tener sentido, y cuando no. Da por sentado que usted va a permanecer en su Palabra cuando lo beneficie, y cuando signifique un retroceso. Los hombres y mujeres de carácter hacen lo que sea correcto hacer, aun cuando hacerlo retrase o desmantele su visión.

En mi primera cita con Sandra, se nos acabaron los temas de conversación al cabo de la media hora. Ella es callada por naturaleza, y yo me sentía nervioso. Después de unos angustiosos momentos de silencio, yo le solté: "Bueno, ¿has servido de modelo alguna vez?"

No tenía idea de dónde me había salido aquella pregunta. Me la podía imaginar regresando a su residencia universitaria aquella noche, despertando a su compañera de cuarto y diciéndole: "Tienes que oír esto". No la podía ni mirar a los ojos siquiera. Que yo supiera, era muy probable que las jovencitas de su residencia tuvieran una lista de frases de poco gusto típicas. Ella iba a ganar algún tipo de premio a costa mía. Durante meses, la gente se me iba a estar acercando para susurrarme al oído: "Bueno, ¿has servido de modelo alguna vez?"

Para sorpresa mía, ella me respondió: "Sí, alguna vez".

Por el tono de su voz, comprendí que tenía alguna historia al respecto. Y su lenguaje corporal me dio a entender que se trataba de un tema delicado. Pero, como no teníamos nada más de qué hablar, seguí adelante.

"¿De veras? Cuéntame."

Poco después de que Sandra se trasladara a Atlanta para estudiar en el Georgia Tech, le dieron la oportunidad de trabajar como modelo para el Atlanta Apparel Mart. Esto le proporcionó otra oportunidad, y otra más tarde. En poco tiempo, el modelaje se convirtió en un trabajo a tiempo parcial. Además de ser una buena fuente de ingresos, era muy divertido. Y, por supuesto, era halagüeño.

Una compañía de Atlanta estaba preparando una gran fiesta de gala. Sandra y dos jóvenes más fueron invitadas a modelar para las damas que habían sido invitadas a la fiesta. Cada una de ellas tenía varios diseños que mostrarle a la asistencia, femenina en su mayoría.

Su primer vestido era una especie de traje de noche. Pero cuando volvió a su camerino para ponerse el segundo, se quedó perpleja. Su segundo vestido era... Bueno, nunca habría querido que la vieran con él puesto. Buscó el siguiente, y no era nada mejor.

Tal como ella lo cuenta, se volvió a poner su propia ropa, buscó al organizador y le informó que no podía salir a desfilar vestida "así". Él se puso furioso. Estaban en plena función. Y además, "sólo eran un montón de mujeres".

Sandra no cedió. Sencillamente, reunió sus cosas y se marchó.

No hace falta decir que me sentí impresionado. Estaba ante una mujer que vivía como hablaba en los ambientes más difíciles, aunque eso significara alejarse de una oportunidad provechosa.

De eso está hecho el carácter. Hizo lo que debía hacer, sin importarle el precio. Lo que no sabía era que la decisión tomada aquella tarde le daría autoridad moral ante centenares de jovencitas adolescentes en los años posteriores. Y algún día, le daría autoridad moral sobre nuestra hija Allie.

Sacrificio

Como dijimos anteriormente, la visión exige por su naturaleza misma unos recursos que no se hallan disponibles. El hombre o la mujer que lleva adelante una visión debe subir a la plataforma y demostrar que está dispuesto a sacrificarse a fin de convertirla en realidad. El sacrificio es la demostración más clara de su compromiso con lo que podría ser.

En términos generales, la gente no invierte en una visión más que aquél que la ha lanzado originalmente. Para lograr que los demás se sacrifiquen al dar, somos nosotros los que debemos abrir el camino.

Cuando usted hace un sacrificio genuino por el bien de su visión, suceden dos cosas:

1. La gente que lo rodea capta un destello de lo que hay en su corazón.

2. Usted también capta ese destello.

Cuando usted se sacrifica por su visión, es como si se estuviera soltando de la baranda para ir a patinar al centro de la pista de hielo. Sabe que se ha comprometido. Y quienes lo rodean, también están seguros de que se ha comprometido.

La entrega que no ha sido probada hace poco para mover el corazón de las demás personas. Pero una vez que usted demuestre su compromiso, sacrificándose personalmente por el bien de la causa, sus posibilidades de influir aumentan de manera considerable. El sacrificio penetra la resistencia superficial y autoprotectora que presentan los que andan buscando excusas para no ayudarlo ni apoyarlo. Con frecuencia, es el sacrificio el que silencia a sus críticos.

Lane Jones, uno de nuestros pastores, me habló de un incidente que se produjo en una clase de oratoria del colegio universitario, y que ilustra el poder que tiene el enlace entre sacrificio y convicción.

Nuestra tarea consistía en preparar un discurso destinado a persuadir. Los temas iban desde vender un producto hasta defender el cristianismo. Una de las jóvenes de la clase era un poco mayor que los demás; tal vez tuviera veintitrés o veinticuatro años. Yo sabía que era cristiana, por otros comentarios que había hecho en clase, así que no me sorprendí cuando escogió hablar de los méritos de la posición contraria al aborto.

Recuerdo la tensión que se sentía. Gran parte de sus argumentos venían de una perspectiva religiosa. Y, como es de imaginar, había gran diversidad en la clase en cuanto a ideas morales y religiosas. Recorrió los argumentos normales contra el aborto. Después, una vez presentados todos sus puntos teóricos (algunos de los cuales ya se habían presentado en otros discursos, puesto que el aborto era un gran tema en aquel trimestre), terminó retando las excepciones "aceptadas" de violación, incesto y peligro para la vida de la madre. Dijo que no estaba de acuerdo con el aborto ni siquiera en casos así.

En aquel punto, hasta los otros defensores de la vida del niño que había en la clase se comenzaron a sentir incómodos.

Y me imagino que los partidarios del aborto estarían pensando que tenían delante un blanco fácil.

Pero después de presentar todos sus argumentos, ella concluyó hablando de la forma en que su propio mundo había sido destrozado un par de años atrás, cuando la habían violado. A consecuencia de la violación, había quedado embarazada. Entonces, sacó una foto ampliada de un niño pequeño, obviamente mestizo, y lo presentó por su nombre.

Dijo que aquel hijo suyo era el gozo de su vida, y que no se podía imaginar la vida sin él. Entonces reiteró su posición de que creía que el aborto no es aceptable bajo ninguna circunstancia.

Recuerdo el silencio que se produjo cuando ella terminó. La mayoría de los demás discursos "controversiales" habían sido seguidos por más debates y ataques partidistas. Esta vez no fue así. No había nada que debatir. Su posición no tenía nada de teórica.

Mi profesor regresó al frente de la clase. Hizo una pausa. Y después comentó lo siguiente: "El argumento más poderoso que puede presentar un orador, es el tomado de su experiencia personal". Una vez más, recordé la verdad de que un auditorio puede estar en desacuerdo con una posición, pero no lo puede estar con la realidad de una convicción convertida en vida.[3]

Cuando usted hace un sacrificio personal por algo en lo que cree, esto le da autoridad moral.

Es posible que los partidarios del aborto que había en la clase de Lane no quedaran convencidos con el relato de aquella joven. Pero ante aquella clase de autoridad moral, supieron que no debían suscitar unas objeciones meramente intelectuales. Tal vez hayan puesto en duda sus ideas, pero no su integridad ni su autenticidad.

Hay algo apremiante en las palabras de aquellos que se han sacrificado por lo que creen. Y el crítico que les responde con simples argumentos intelectuales, suele terminar teniendo el aspecto de alguien superficial y desesperado.

Tiempo

La autoridad moral no se logra de un día para otro. No es algo que se pueda fabricar a voluntad. La autoridad moral se desarrolla a través de una serie de respuestas adecuadas a las circunstancias; a unas circunstancias sobre las cuales no tenemos control.

Usted se podrá dedicar a ejercicios y disciplinas que le fortalecerán el carácter, pero sólo logrará tener autoridad moral cuando ese carácter sea puesto a prueba. Su reacción ante esas pruebas inesperadas es la que va a determinar su autoridad moral.

Nehemías era un hombre de carácter antes de decidir que no se aprovecharía de su cargo como gobernador de Judá. Pero su decisión de no aceptar los víveres que le correspondían le dio autoridad moral. Sandra era una mujer de carácter antes de negarse a modelar los vestidos de aquella tarde, pero su decisión de marcharse fue la que le dio autoridad moral sobre las adolescentes a las que discipularía más adelante.

La experiencia es un componente imprescindible de la autoridad moral. Eso quiere decir que la autoridad moral necesita tiempo. En el caso de la Madre Teresa, hizo falta toda una vida desarrollando su autoridad moral para pronunciar su discurso en el Desayuno Nacional de Oración. Su autoridad moral no se debía a un solo incidente significativo en su vida, sino que se apoyaba en años de generoso servicio a los pobres de Calcuta.

Va a tener docenas de oportunidades para demostrar que está decidido a caminar como habla. Cada vez que manifieste en público que hay alineación entre ambas cosas, aumentará su credibilidad. Su mensaje adquirirá mayor fuerza.

Aunque es usted quien tiene el control sobre su reacción ante estas oportunidades, no le va a ser posible marcar su llegada en ningún calendario. Por eso, debe tener cuidado en cuanto a su manera de vivir. Cada nuevo día representa otra oportunidad en potencia para desarrollar o para destruir su autoridad moral.

MANÉJESE CON CUIDADO

Cuando yo era adolescente, un hombre de treinta y tantos años aceptó disciplinarnos a mí y a varios de mis amigos. Lo llamaré Jim. Era excelente como maestro de Biblia. Cada semana se reunían centenares de jóvenes para escuchar sus enseñanzas. Por eso, nos sentimos honrados de que estuviera dispuesto a pasar un tiempo con nuestro pequeño grupo.

Además de reunirse con nosotros en su hogar para discipularnos y orar, Jim nos llevaba de acampada, y a navegar en balsa por los ríos. En nuestra última acampada sucedió algo que me desanimó tan profundamente, que me salí del grupo, y a partir de aquel momento ya no fui capaz ni de acudir a sus estudios bíblicos. En aquellos momentos, no supe cómo llamarlo, pero Jim tomó una decisión que hizo que perdiera su autoridad moral conmigo.

Estábamos acampando en la zona norte de las montañas de Georgia. Éramos cinco: Jim, tres amigos más y yo. Jim era dueño de una propiedad que formaba parte de un nuevo centro residencial y de golf. En aquellos tiempos no había casas allí, sino sólo terrenos llenos de árboles. La única señal real de civilización era que había un club, una piscina y un arroyo artificial destinado a funcionar como tobogán de agua. El tobogán estaba hecho con piedras pulidas, y el agua salía de la laguna como si fuera un arroyo de verdad.

Como ya se podrá imaginar, nos pasamos la mayor parte de la tarde en el tobogán. Pero no estábamos solos. Había allí también docenas de familias más. Por consiguiente, la fila se fue haciendo cada vez más larga a medida que avanzaba el día. Jim no era la persona más paciente del mundo. Todos lo sabíamos. Y me imagino que fue su impaciencia, combinada con su amor a la aventura, la que desató el incidente que se produjo.

A diferencia de los toboganes de agua modernos, en realidad no había forma de cerrar aquél. Al fin y al cabo, era un arroyo. Así que, a las seis de la tarde, ponían una cadena con un gran cartel que decía CERRADO. Muchas personas, eso fue todo lo que necesitaban.

A eso de las cinco, Jim nos reunió y nos dijo: "Miren, muchachos. Cierran el tobogán a las seis. Vamos a comer, regresamos cuando ya esté cerrado, y nos divertimos hasta que sea de noche."

Yo me sentí estupefacto. No por la idea de regresarnos al tobogán después de que estuviera cerrado. De hecho, estoy seguro de que yo mismo habría sugerido que lo hiciéramos, tanto si Jim lo aceptaba, como si no. Ciertamente, no estaba exento de la idea de quebrantar unas cuantas normas para pasar un buen rato.

Lo que me sorprendió fue que Jim, nuestro líder, sugiriera algo así. No lo podía creer. Estaba tan destruido, que después de cenar no me fui con ellos. Preferí nadar solo en la laguna.

Al recordar aquello ahora, en mis cuarenta años de edad, creo que juzgué a Jim con demasiada dureza. Sin embargo, a mis dieciséis años, esperaba más de mi líder espiritual. A partir de aquel instante, se me hizo difícil oírlo hablar. Lo que decía no estaba de acuerdo con lo que hacía. En aquellos momentos, no comprendí por completo la dinámica de lo sucedido, pero a todos los efectos, Jim había perdido su autoridad moral sobre mí. Y nunca lo supo. Su carácter había sido puesto a prueba, y había tomado una decisión incorrecta.

La autoridad moral es algo frágil. Se puede perder en una sola decisión.

HALLAR LO PERDIDO

Cada vez que hablo del tema de la autoridad moral, me preguntan si es posible recuperarla una vez perdida. Creo que en muchos casos sí es posible, pero el precio es alto. Conseguir el perdón de la gente es una cosa, y recuperar nuestra autoridad moral es otra totalmente distinta. Muchos se detienen en el perdón, y no caminan lo suficiente para recuperar su autoridad moral. Permítame que se lo explique.

¿Recuerda a Zaqueo, aquel hombrecito tan pequeño? ¿Qué tal si después de su encuentro con Jesús hubiera reunido a la gente a la que le había hecho daño, y les hubiera dicho: "Les tengo una buena noticia. Me he encontrado con Jesús, y Él me ha perdonado todos mis pecados. Me doy cuenta de que he abusado de mis derechos como recaudador de impuestos y, como consecuencia, muchos de ustedes han sufrido en su economía. Quiero que sepan lo mucho que lo siento. Les ruego que me perdonen. Les prometo ser más cuidadoso a partir de este momento".?

¿Cómo habría reaccionado usted ante un discurso así, procedente de un hombre que se ha enriquecido a base de cobrarle unos impuestos excesivos? ¿Lo habría perdonado? Es posible. ¿Lo habría invitado a cenar? Lo más probable es que no. ¿Habría llevado su familia a la sinagoga el sábado siguiente para escucharlo mientras daba su testimonio? No lo creo.

Aun después de haber pedido perdón con toda sinceridad, Zaqueo no habría tenido autoridad moral. No habrían existido acciones que respaldaran sus palabras. Peor aún: durante años, sus acciones habían manifestado un corazón lleno de codicia y engaño.

En cambio, imagínese lo que pensó la gente de su comunidad cuando anunció que les iba a dar la mitad de sus posesiones a los pobres (Lucas 19:8). La mitad. No el diez por ciento. La mitad. Ni siquiera los líderes religiosos hacían eso. Nadie lo hacía.

Pero aquello sólo era el principio. Además, le devolvería su dinero a todo aquél al que le hubiera cobrado unos impuestos excesivos. Y no se detendría allí. A cada persona a la que había engañado, le pagaría cuatro veces lo que le había quitado ilegalmente.

Zaqueo fue mucho más allá de lo que era justo y equitativo. Fue mucho más allá de lo que tenía que ver con el perdón. Restituyó. Y nadie esperaba una restitución de aquella magnitud. Fue más allá de lo que muchos habrían considerado razonable. Pero al final de todo aquello, me imagino que adquiriría autoridad moral. La gente tomó en serio su fe. Cuando hablaba de encontrar a Jesús, la gente lo escuchaba.

Cierto: Zaqueo no había perdido su autoridad moral. Para comenzar, nunca la había tenido. Pero me parece que usted captará la idea. Para que lo tomaran en serio, tenía que hacer más que limitarse a pedir perdón. Aquello no era suficiente.

Si usted ha perdido su autoridad moral, recuperarla le va a costar. Las palabras solas no van a lograrlo. La reconstrucción de su autoridad moral va a exigir los mismos tres ingredientes de los que hablamos en la sección anterior. Pero le va a llevar más tiempo y le va a exigir más sacrificio.

Es necesario que se haga plenamente responsable de sus acciones, y de las consecuencias de éstas. La segunda parte de esta ecuación es la que hace tropezar a la gente. El arrepentimiento de corazón le ganará el favor de Dios, pero no el de los hombres. Para recuperar su autoridad moral, es necesario que se haga responsable de las ramificaciones prácticas que hayan tenido sus acciones. Esto podría significar la necesidad de una restitución. Puede estar seguro de que va a significar algún tipo de sacrificio.

La gente con autoridad moral no pasa inadvertida. Usted que es padre o madre, manténgala ante sus hijos al precio que sea. Usted que es líder, viva de tal forma que su vida corrobore sus palabras y sus creencias. Siempre habrá gente que no va a creer lo que usted cree. Pero no les dé motivos para dudar de que usted crea lo que dice creer. Nuestra vida siempre va a hablar más alto que nuestras palabras. Como Nehemías, asegurémonos de que ambas dicen lo mismo.

Todos los grandes líderes, todos los padres y madres que tienen éxito, todos los visionarios que han recibido y llevado adelante con éxito una visión que les ha dado Dios, han tenido credibilidad e influencia porque su caminar ha correspondido a lo que hablaban. Su vida ha sido persuasiva. Han tenido autoridad moral.

VISIOINGENIERÍA

PROYECTO # 13

1. ¿Hay discordancia entre lo que usted dice y lo que hace en cuanto a su visión?

2. A la luz de sus puntos fuertes y débiles, ¿dónde se halla la mayor posibilidad de que aparezca esta discordancia?

Yo exhorto constantemente a la gente de nuestra iglesia a que hagan una inversión en la vida de los no creyentes con la meta de invitarlos a algún acto en el cual escuchen una clara presentación del evangelio. A esto lo llamamos "Estrategia Evangelística de Inversión e Invitación".

Yo considero que tengo la posibilidad de presentar una discordancia en cuanto a absorberme tanto con "la gente de la iglesia", que no invierta en la vida de los que no asisten a ella. Si esto llegara a suceder, perdería mi autoridad moral en cuanto a llevar adelante esa parte de nuestra visión.

3. ¿Hay algún aspecto de la vida en el cual usted haya perdido o dañado su autoridad moral?

Piense en los diversos papeles que desempeña y las distintas relaciones que tiene en la vida:

- ¿Qué tal la autoridad moral ante su cónyuge?
- ¿Qué tal la autoridad moral ante sus hijos?

- ¿Qué tal la autoridad moral ante la gente con la cual trabaja?
- ¿Qué tal la autoridad moral ante aquellos que se le unen para apoyar su visión?

4. ¿Qué pasos necesita dar usted para reconstruir su autoridad moral?

Capítulo catorce

LAS DISTRACCIONES

Yo hago una gran obra, y no puedo ir.
NEHEMÍAS

Todos los años oficio en unas siete bodas. Antes de aceptar oficiar en el matrimonio de una pareja, les pido que se comprometan a reunirse conmigo por lo menos cuatro veces para darles consejería prematrimonial. En la mayoría de los casos, están ansiosos por reunirse. A lo largo de los años, he aprendido que es sabio comenzar la consejería tan pronto como sea posible. ¿Por qué? Porque a medida que se acerca la fecha de la boda, la pareja piensa menos en el matrimonio, y más en la ceremonia. Esto es especialmente cierto en el caso de la novia, y es comprensible que así sea. La planificación de una boda no es empresa fácil. La responsabilidad de planificar el día de la boda suele caer sobre los hombros de la novia. Por consiguiente, es ella quien siente la mayor parte de la presión relacionada con ese gran día.

Por comprensible que sea esa dinámica, sigue siendo lamentable. Con frecuencia, la celebración de la boda distrae la atención de la boda, apartándola de lo principal, que es su matrimonio. Para una pareja que espera compartir la vida entera, el matrimonio es una visión. Ambos se acercan al día de la boda con la imagen mental de lo que podría y debería ser. Ambos tienen sus expectaciones. Muchas veces, esperan una relación muy diferente a la que han experimentado sus padres. En muchas ocasiones, saben más sobre lo que no quieren, que sobre lo que quieren. En toda la extensión de la palabra, el matrimonio es una visión.

Lo lamentable es que la mayoría de las parejas pasan mucho más tiempo preparándose para la boda, que para el matrimonio. Sin embargo, si usted le fuera a preguntar a la pareja promedio ya comprometida para casarse sobre cuál de las dos cosas es más importante, si la boda o el matrimonio, todos estarían de acuerdo en que el matrimonio es lo que realmente importa.

Nunca he visto una boda desagradable, pero sí he visto muchos matrimonios muy desagradables.

En más de una ocasión les he sugerido a las parejas que pospongan la boda. En todos estos casos, menos uno, las objeciones presentadas por la pareja tenían que ver con la ceremonia de bodas.

"Pero si las invitaciones ya están impresas."

"Pero es que tenemos parientes y amigos que han cambiado sus vacaciones para estar aquí en esa fecha."

"Es demasiado tarde para eso. Todo ya está planificado."

Nadie ha discutido conmigo en base a mi evaluación sobre su relación. Siempre me aseguran que van a poder resolver sus problemas después de casados. El problema siempre está en los planes para la boda. La pareja considera que es demasiado tarde para cancelarla. Un acontecimiento —la boda— se convierte en la fuerza propulsora dentro del proceso de toma de decisiones, en lugar de serlo la visión original: una vida de felicidad juntos.

Me encanta lo que le dijo mi padre a mi hermana inmediatamente antes de escoltarla por el pasillo de la iglesia. Tenga presente que también iba a ser él quien oficiara en la ceremonia. Le dijo: "Becky, si estás allí ante el altar y cambias de idea acerca de todo esto, sólo tienes que hacerme un guiño. Yo me tiro al suelo como si me desmayara, y así detengo toda la ceremonia."

La vida está llena de distracciones. Con frecuencia, las visiones se pierden entre las numerosas luces que aparecen en el horizonte de la vida. Se sacrifican las cosas importantes a favor de las urgentes. Lo que podría ser se pierde muchas veces en medio de la agitación de lo que es. Lo que debería ser queda sepultado bajo lo que tiene que ser. Al fin y al cabo, las bodas son urgentes. Los matrimonios, en cambio, son... bueno, son matrimonios.

Cualquiera que sea la naturaleza de su visión o sus visiones, si usted se descuida, se va a distraer. El afán diario de la vida es muy duro con las visiones. La vida se vive en el presente. Las cuentas hay que pagarlas ahora. Las crisis se producen en este momento. La visión es para después. Es fácil perder de vista lo principal; sacrificar lo mejor en aras de lo bueno. Todos corremos el riesgo de permitir que unas cuestiones que son secundarias nos roben el gozo de ver cumplida nuestra visión. Las distracciones pueden matar lentamente una visión.

En este capítulo vamos a hablar acerca de tres tipos concretos de distracciones: las oportunidades, las críticas y los temores. Éstas fueron las tres clases de distracciones con las que se tuvo que enfrentar Nehemías mientras trabajaba para terminar los muros que rodeaban a Jerusalén. Son tres distracciones principales a las que se enfrentan las personas con visión mientras luchan por convertir en realidad aquello que podría y debería ser.

UNA SINIESTRA INVITACIÓN

La última vez que vimos a Nehemías, estaba resolviendo otro brote de disturbios en la población. Una vez resuelto aquello, todo el mundo volvió al trabajo en los muros. Pocos días más tarde, terminaron la mayoría de la reconstrucción. Sólo les quedaba volver a poner las hojas de la puerta (6:1).

Precisamente cuando las cosas iban mejorando, los enemigos de Nehemías en el exterior comenzaron a crear problemas de nuevo. Sanbalat y sus amigos se dieron cuenta de que a Nehemías sólo le faltaban días para terminar el proyecto. Estaban asombrados y enojados. Sus amenazas militares no habían servido de nada. Y al parecer, no habían sido capaces de reunir todo el valor necesario para atacar de verdad a los trabajadores. Así que idearon otro plan.

En lugar de tratar de distraer o intimidar a los trabajadores, decidieron centrar su atención en Nehemías. Si lograban distraer al líder, sabían que esto impediría el progreso de todo el proyecto.

> Cuando oyeron Sanbalat y Tobías y Gesem el árabe, y los demás de nuestros enemigos, que yo había edificado el muro, y que no quedaba en él portillo (aunque hasta aquel tiempo no había puesto las hojas en las puertas), Sanbalat y Gesem enviaron a decirme: Ven y reunámonos en alguna de las aldeas en el campo de Ono. (Nehemías 6:1-2a)

Sanbalat y sus secuaces invitaron a Nehemías a una reunión. Su plan era sacarlo del proyecto, alejarlo de sus partidarios y matarlo. Al principio, Nehemías no conocía todo el plan. Todo lo que sabía era que querían tener una reunión. Que él supiera, lo que querían era lograr algún tipo de acuerdo de paz. Todo el mundo tenía claro que se iba a terminar el proyecto. Tenía sentido que las provincias que rodeaban a Jerusalén comenzaran a normalizar sus relaciones con aquella ciudad, ahora que estaba adquiriendo categoría dentro de la región. Pero veamos la respuesta de Nehemías.

> Mas ellos habían pensado hacerme mal. Y les envié mensajeros, diciendo: Yo hago una gran obra, y no puedo ir; porque cesaría la obra, dejándola yo para ir a vosotros. Y enviaron a mí con el mismo asunto hasta cuatro veces, y yo les respondí de la misma manera. (vv. 2b-4)

Me encanta su respuesta: "Yo hago una gran obra, y no puedo ir".

Ahora, estimado lector, quiero que haga algo un poco fuera de lo corriente. Quiero que lea de nuevo esta declaración, esta vez en voz alta. ¿Listo? Ya.

Yo hago una gran obra, y no puedo ir.

Vuélvalo a leer en voz alta, pero esta vez, dele énfasis a la palabra "gran".

Yo hago una gran obra, y no puedo ir.

Nehemías sabía que aquello que estaba haciendo, era de Dios. Era importante. Estaba haciendo una *gran* obra. No tenía tiempo para reuniones. No iba a permitir que lo distrajeran de su *gran* obra. Iba a seguir centrado en ella. No se iba a dar descanso. Iba a ser infatigable con respecto a aquello que Dios lo había llamado a hacer.

Tomarse un momento para reunirse con Sanbalat no tenía nada de "malo". Normalmente, se considera que hacer las paces con el enemigo es una buena idea. Pero Dios lo había llamado a reconstruir los muros. Aquella oportunidad, él la consideraba como una distracción. Y es bueno que así fuera, puesto que Sanbalat no tenía intención alguna de hacer las paces.

DISTRACCIÓN # 1: LAS OPORTUNIDADES

Todos los días de su vida y de la mía, aparecen oportunidades que tienen el potencial necesario para distraernos de las cosas principales que Dios nos ha llamado a hacer. Oportunidades en cuanto a diversión, atletismo, economía, relaciones, religión, inversiones, carrera, negocios, vacaciones... La lista es interminable.

En mi mundo, las oportunidades que tienen el mayor potencial para distraerme son casi siempre buenas oportunidades. Cosas que puedo justificar con facilidad: reuniones de planificación, consejería, compromisos de ir a hablar a algún lugar, funciones de la comunidad, conferencias. Me podría pasar seis noches por semana fuera de mi casa, aprovechando las "buenas" oportunidades. Al igual que usted, podría andar más ocupado aún de lo que estoy, progresando menos aún hacia la realización de las pocas cosas que sé que Dios me ha puesto delante para que las haga.

Para realizar las cosas importantes, es necesario que aprenda a negarse en cuanto a algunas cosas buenas. Lo más frecuente es que sean las buenas cosas las que tienen el mayor potencial para distraernos de las mejores; de las que tienen que ver con la visión. Si Nehemías hubiera aceptado la invitación de Sanbalat, sus enemigos lo habrían matado. De igual manera, hay citas, entretenimientos, relaciones e invitaciones que, si usted los aprovecha, van a matar su posibilidad de convertir en realidad su visión.

La historia de Grant

Tengo un buen amigo al que llamaré Grant. Lo considero mentor además de amigo. Tiene cincuenta y seis años de edad. Cuando tenía poco más de veinte años, comenzó a trabajar para otro hombre en el negocio de la publicidad al aire libre. Grant es el tipo de persona capaz de venderle lo que sea a cualquiera. Así que le fue bastante bien en aquel trabajo. Pero había un problema.

El hombre para el cual trabajaba, esperaba que sus empleados trabajaran seis días a la semana. Vivía para su negocio, y pensaba que también lo debían hacer todos los demás. Si usted no estaba en la oficina de lunes a sábado, había algo que andaba mal. Usted no era fiel a la compañía. Como incentivo, le había prometido al círculo más allegado de empleados una parte importante de las ganancias si alguna vez vendía la compañía, cosa que terminó por hacer.

A Grant no le importaba trabajar duro. Y por supuesto, no le molestaba que lo compensaran bien por su trabajo. Pero tenía con su esposa una visión para su familia que iba más allá de ser dueños de una gran casa y un par de automóviles nuevos. Y el que trabajara todos los sábados eliminaba en gran parte las esperanzas que tenían de crear el ambiente familiar que tenían pensado. Así que decidió renunciar a esta "excelente" oportunidad.

Cuando Grant presentó su renuncia, su jefe le preguntó qué iba a hacer. Él le dijo que no sabía. Y realmente, no lo sabía. Pero sí sabía una cosa: Lo que hiciera a continuación apoyaría su visión sobre lo que podría y debería ser con respecto a su familia, en lugar de competir con ella.

Comenzó su propia compañía de publicidad al aire libre en otro lugar del país. Dios bendijo su valentía y su dedicación. Sus negocios han florecido, pero lo más importante de todo es que él y su esposa han visto convertirse en realidad su visión con respecto a sus hijos.

Tal como ya mencioné, su antiguo jefe terminó por vender su compañía. Los hombres que permanecieron con él todos aquellos años recibieron un cheque por una fuerte suma. Pero la mayoría de ellos habían perdido la familia en el camino. Un par de ellos se fueron a la bancarrota unos pocos años después de recibir su compensación.

El dueño de la compañía, también tuvo que pagar un precio en cuanto a sus relaciones. Sus hijos ya son mayores y se han ido del hogar. Su interacción con ellos es poco frecuente y superficial.

Una tendencia positiva

Cada vez más estoy viendo hombres y mujeres que están tomando la decisión de renunciar a "buenas" oportunidades en su carrera por el bien de su familia. Es una tendencia maravillosa. En muchos casos, he visto cómo Dios ha bendecido a estas familias, no sólo en cuanto a sus relaciones, sino también en cuanto a su economía.

No permita que las "buenas" oportunidades le roben a usted su visión acerca de su familia. Cuando ponga en cama a sus hijos por la noche, dígase a sí mismo: "Yo hago una gran obra, y no puedo ir". Cuando se sienta tentado a tomar el teléfono para decirle a su esposa que va a llegar tarde del trabajo (otra vez), mire la foto de ella en su escritorio y susurre: "Yo hago una gran obra, y no puedo ir". Después levántese, tome sus llaves y váyase al automóvil.

Señora, cuando luche con la tentación de meter una "buena" actividad más dentro de un calendario que está reventando de cosas, piense en su familia y dígase: "Yo hago una gran obra, y no puedo ir". No permita que le distraigan unos sucesos, unas organizaciones, unos entretenimientos o unas actividades que no hacen nada para llevar adelante la visión que le dio Dios cuando hizo sus votos matrimoniales y cuando Él lo bendijo con sus hijos.

Si está soltero, no se deje distraer de la visión que tiene sobre lo que podría y debería ser en cuanto a sus relaciones. Permitir que Dios le dé forma a su carácter mientras usted espera que Él traiga la persona adecuada a su vida, es una gran obra. Guarde su pureza y su integridad a todo precio. Usted está demasiado ocupado para ir.

No es sólo su familia la que es sacrificada en el altar de la oportunidad. Yo conozco personas que tienen la visión de salir de deudas, pero que continuamente se dejan distraer por la atracción de cosas nuevas. He visto casas junto a lagos que han distraído a hombres y mujeres de su visión con respecto al ministerio. Muchos cristianos captan la visión de alcanzar a sus amigos y vecinos que no son creyentes, pero permiten que los entretenimientos y diversos tipos de espectáculos los distraigan.

Por cada visión, hay docenas de distracciones posibles. Tenga el cuidado de no permitir que las buenas oportunidades le roben el gozo de ver su visión convertida en realidad. Trabaje duro para distinguir entre las cosas buenas y las principales; entre las buenas oportunidades y aquello a lo que se siente llamado.

DISTRACCIÓN # 2: LAS CRÍTICAS

Las críticas fueron el segundo tipo de distracción al que se enfrentó Nehemías. Podemos estar seguros de que ya a estas alturas, Nehemías se estaba acostumbrando a ellas. Pero aquellas críticas no iban dirigidas a los trabajadores, ni a la posibilidad de realizar el proyecto. Iban dirigidas a él.

Aquellas críticas llegaron bajo la forma de acusaciones falsas. Sanbalat le mandó a Nehemías la misma invitación cinco veces.

Las cuatro primeras veces, Nehemías respondió de la misma forma: "Yo hago una gran obra, y no puedo ir". Sin embargo, la quinta vez, Sanbalat envió algo más, además de la invitación.

> Entonces Sanbalat envió a mí su criado para decir lo mismo por quinta vez, con una carta abierta en su mano, en la cual estaba escrito: Se ha oído entre las naciones, y Gasmu lo dice, que tú y los judíos pensáis rebelaros; y que por eso edificas tú el muro, con la mira, según estas palabras, de ser tú su rey; y que has puesto profetas que proclamen acerca de ti en Jerusalén, diciendo: ¡Hay rey en Judá! Y ahora serán oídas del rey las tales palabras; ven, por tanto, y consultemos juntos. (vv. 5-7)

En aquellos tiempos se escribían las cartas en papiro o en cuero. Se acostumbraba enrollar el material donde se escribía, atarlo con una cuerda y sellarlo con lacre. Sin embargo, aquella carta iba abierta (v. 5). Sanbalat descuidó sellarla a propósito, para que conociera su contenido todo aquél a cuyas manos llegara. Por supuesto, su meta era esparcir el rumor de que Nehemías se estaba tratando de proclamar rey de Judá.

Nada habría podido estar más lejos de la verdad, pero la gente no suele estar interesada en la verdad. Si se corría la voz de que Nehemías estaba poniendo las bases para proclamarse rey, se enfrentaría a una hostilidad procedente de todas partes. En primer lugar, su propia gente no estaba interesada en romper sus lazos con el gobierno persa. Además, si aquel rumor llegaba a oídos del rey Artajerjes, Nehemías sabía que se vería de vuelta en Susa con una soga alrededor del cuello. Comoquiera que fuese, Sanbalat se sentiría feliz. Quería quitar del medio a Nehemías. No le importaba quién hiciera el trabajo sucio.

Nehemías se habría podido justificar con facilidad, yéndose a la defensiva. Era mucho lo que estaba en juego. Los reyes no era muy pacientes con los gobernadores que permitían que sus aspiraciones políticas se les fueran a la cabeza. Además, los trabajadores de Jerusalén andaban buscando una excusa para dejar su trabajo. Pero una vez más, Nehemías permaneció centrado en la tarea que tenía ante sí. No se dedicó a defenderse. No le preocupaba lo que se pudiera producir. Siguió trabajando para lograr lo que podía y debía ser.

He aquí su respuesta.

Entonces envié yo a decirle: No hay tal cosa como dices, sino que de tu corazón tú lo inventas. (v. 8)

Él sabía lo que se traían entre manos Sanbalat y sus secuaces.

Porque todos ellos nos amedrentaban, diciendo: Se debilitarán las manos de ellos en la obra, y no será terminada. (v. 9a)

En lugar de dedicarse a perseguir rumores, Nehemías volvió su atención a Aquél que lo había llevado a todo aquello. "Ahora, pues, oh Dios, fortalece tú mis manos" (v. 9b).

Tal como ya hemos observado, nada hace aparecer gente crítica más que una visión. Si usted es apasionado acerca de algo que aún no es, siempre habrá alguien que lo critique a usted y ponga en tela de juicio sus motivaciones.

La gente no va a entender la intensidad con la que usted se centra en su visión. En nuestra sociedad, no estamos acostumbrados a que los líderes desechen las buenas oportunidades por algo que aún no existe. Hay una desconfianza general en cuanto a los que están tratando de hacer algo nuevo o de renovar, sobre todo si afirman estarlo haciendo por una razón que no sea su provecho personal.

Unos dardos mal dirigidos

Lo que hace que esto sea tan doloroso es que con frecuencia se acusa a las personas con visión de tratar de hacer exactamente lo opuesto a aquello a lo que se refiere su visión. Piense en la situación de Nehemías. He aquí un hombre que deja una posición de gran influencia a la diestra del rey. Al llegar a Jerusalén, se niega a explotar su cargo de gobernador. Ni siquiera acepta su asignación de víveres. Y entonces, descubre que lo acusan de estar hambriento de poder.

Yo veo repetirse este esquema una y otra vez. Es una dinámica que hace más agudo el dolor de las críticas. Por consiguiente, es más difícil de ignorar. Se convierte en una cuestión emocional. Al fin y al cabo, no es sólo que lo estén acusando a uno, sino que lo están acusando de lo mismo que está luchando por no hacer. Eso duele.

He aquí el peligro para su visión. La ira es un estilo de enfoque. Distrae. Las emociones que hacen brotar las palabras de sus críticos tienen el potencial de distraerlo de la visión que Dios le ha puesto delante. Piénselo. ¿Qué habría podido irritar más a Nehemías que la acusación de que estaba tramando algo para adquirir más poder? Sanbalat dio en el blanco. Añada a esto el hecho de que puso esas acusaciones en el equivalente antiguo de la Internet. Nehemías debe haberse sentido furioso.

Sin embargo, en lugar de tomar su espada y salir en busca de Sanbalat, una vez más canalizó su frustración hacia Dios: "Ahora, pues, oh Dios, fortalece tú mis manos". O parafraseado, "Dios mío, defiende tú mi reputación. Mientras tanto, yo voy a seguir haciendo aquello para lo cual tú me trajiste aquí".

No deje que las críticas lo distraigan. Ponga sus frustraciones y su ira en las manos de Aquél que fue quien lo metió en el asunto. El tiempo dirá quién estaba en lo cierto. Lo peor que usted puede hacer es permitir que la ira lo desenfoque. Yo he desperdiciado mucho "tiempo de visión" muy valioso tratando de responder a los que me criticaban y de descubrir la fuente de los rumores. Derrame su corazón ante el Padre, y después vuelva al trabajo.

Lentes sucios

Hay otra dinámica también en funcionamiento. No sólo lo van a acusar de aquello mismo que está tratando de evitar, sino que es probable que lo acusen de todo aquello de lo cual son culpables sus acusadores.

Sanbalat es un excelente ejemplo. Él era el que tenía hambre de poder. La razón por la que lo puso tan furioso el éxito de Nehemías fue que vio amenazado su propio poder. Entonces hizo lo que hacen tantos de los que critican: Dio por supuesto en cuanto a Nehemías algo que era cierto en cuanto a él mismo. Por supuesto que Nehemías tenía en mente sus propios intereses. ¿Qué otra razón podría tener para entregarse de esa manera a la reconstrucción de los muros?

La gente que tiene motivaciones impuras pone en duda las motivaciones de quienes la rodean. Esto se llama "proyección". Puesto que sus acciones son movidas por sus propias ambiciones egoístas, dan por sentado que lo mismo sucede con todos los demás. Estas personas examinan el celo de usted a través de sus lentes, dedicados a su propio servicio, y dan por supuesto lo peor. No es posible convencerlos de lo contrario. No vale la pena intentarlo. También ahora derrame sus frustraciones ante el Padre y siga trabajando.

Mientras menos abstracta sea su visión, más probabilidades hay de que reciba críticas. Cuando comience a actuar para convertir en realidad el futuro que usted prefiere, cuídese.

"Todo lo que haces es trabajar."

"¿Por qué no vas?"

"¿Por qué no te quieres quedar?"

"Es que eres tan religioso..."

"Claro que la familia es importante, pero no es para tanto. Es una sola noche."

"Te has vuelto un aburrido."

"¿Hasta dónde piensas llegar con esa cosa?"

"Yo conozco a uno que intentó eso mismo una vez."

La gente necesita una explicación sobre la conducta poco usual de la persona que tiene una visión. Lamentablemente, con frecuencia no está dispuesta a aceptar la verdad. Por eso la desecha y piensa otra cosa. Si usted decide darle prioridad a su familia por encima de sus negocios, y comienza a limitar su horario, es posible que lo acusen de no tener la capacidad necesaria para abrirse campo en el mercado. Yo conozco hombres solteros que han sido acusados de ser homosexuales, porque han decidido permanecer sexualmente puros hasta el matrimonio. A las madres que deciden dedicarse a su casa se las acusa con frecuencia de hacerlo porque carecen de capacidad para entrar al mercado.

Siempre va a haber acusaciones cuando uno se centra en la realización de una visión. Las personas con visión se destacan entre las demás, y eso hace sentirse incómoda a la gente. La corriente de la sociedad siempre se mueve hacia la conformidad.

La solución

La mejor forma de silenciar a sus críticos es seguir adelante hasta que se realice su visión por completo.

Permítame adelantarme por un momento en nuestra historia. Observe el cambio en los críticos de Nehemías una vez que quedaron completos los muros que rodeaban a Jerusalén.

Fue terminado, pues, el muro, el veinticinco del mes de Elul, en cincuenta y dos días. Y cuando lo oyeron todos nuestros enemigos, temieron todas las naciones que estaban alrededor de nosotros, y se sintieron humillados, y conocieron que por nuestro Dios había sido hecha esta obra. (vv. 15-16)

Estoy seguro de que le ha encantado esto. Los críticos de Nehemías perdieron su arrogancia, porque se dieron cuenta de que Dios estaba metido en el asunto. Nada silencia más a los críticos como una visión que ha quedado realizada por completo.

Si Dios es la fuente de su visión, llegará el día en que incluso a sus críticos más acerbos se les va a hacer difícil hallarle una explicación fácil a lo que Él ha hecho a través de usted. Es difícil discutir con el éxito. Más difícil aún es discutir con el éxito divino.

No permita que las críticas lo distraigan. Si llega el caso, desahóguese con el Padre y después canalice su exceso de energía en aquello mismo que Él le ha ordenado hacer. Usted no tiene que responder ante sus críticos, aunque ellos harán cuanto esté en su poder para hacerle pensar lo contrario. Usted tiene que responder ante Aquél que lo ha invitado a colaborar con Él para crear lo que podría y debería ser.

El apóstol Pablo animó con estas palabras a los creyentes de Tesalónica a mantener su visión de una conducta semejante a la de Cristo: "Fiel es el que os llama, el cual también lo hará" (1 Tesalonicenses 5:24).

Lo mismo podemos decir de toda visión que sea de inspiración divina. Lo que Dios ha decidido que sea, será. A nosotros nos toca la responsabilidad de permanecer fieles.

DISTRACCIÓN # 3: EL TEMOR

Nehemías se enfrentó a una tercera distracción en potencia. Además de las oportunidades y las críticas, se vio en una situación que podía significar una amenaza contra su vida. Una vez más, era Sanbalat el que estaba trabajando tras bambalinas. Esta vez la idea era asustar a Nehemías para que hiciera algo que lo desacreditara ante los ojos de los habitantes de Jerusalén.

Sanbalat se dio cuenta de que no iban a lograr que Nehemías saliera donde estaban ellos, así que encontraron alguien que estaba dentro para tenderle una trampa.

Vine luego a casa de Semaías hijo de Delaía, hijo de Mehetabel, porque él estaba encerrado; el cual me dijo: Reunámonos en la casa de Dios, dentro del templo, y cerremos las puertas del templo, porque vienen para matarte; sí, esta noche vendrán a matarte. (Nehemías 6:10)

Semaías, un judío que vivía en Jerusalén, invitó a Nehemías a su casa para una reunión. Cuando llegó Nehemías, inventó una historia acerca de un complot para matarlo. Según su historia, Sanbalat estaba haciendo planes para enviar a la ciudad un asesino que matara a Nehemías mientras dormía. Su única esperanza, según Semaías, era correr al templo y asirse del altar.

Era una intriga bien ingeniosa. Verá: sólo a los sacerdotes se les permitía entrar en la zona del templo donde se hallaba el altar. Nehemías no era sacerdote. Si violaba el templo de aquella forma, habría quedado desacreditado entre los judíos.

Esta regla tenía una excepción. Según la ley, había ciertas circunstancias bajo las cuales alguien que no fuera sacerdote podía entrar al templo en busca de refugio. Si alguien mataba accidentalmente a otra persona y la víctima tenía un pariente del que se esperaba que tomara venganza, se le permitía entrar al templo y asirse del altar para obtener refugio. El que había matado estaba a salvo allí, hasta que un juez atendiera el caso (Números 35:6-15).

O sea, que había oportunidades en las que se podía entrar al templo en busca de asilo. Sin embargo, estaba claro que ésta no era una de ellas. Semaías estaba tratando de engañar a Nehemías, de manera que éste tomara una decisión que lo desacreditaría ante todo el pueblo de Israel. Correr al templo en busca de refugio no sólo iba a ser una violación de la Ley, sino que socavaría su autoridad como líder. Se regaría la voz de que el gobernador estaba escondido en el templo, huyendo de un posible asesino. Esto no serviría precisamente para infundirles confianza a los trabajadores, sin mencionar el hecho de que no había tal asesino.

Una vez más, Nehemías se negó a que lo distrajeran de su trabajo. Su respuesta nos habla de la forma en que se veía a sí mismo en relación con su visión.

> Entonces dije: ¿Un hombre como yo ha de huir? ¿Y quién, que fuera como yo, entraría al templo para salvarse la vida? No entraré. (v. 11)

Si Nehemías hubiera estado metido en aquello sólo por intereses personales, habría tenido todas las razones habidas y por haber para huir. Pero no se trataba sólo de que él hubiera abrazado aquella visión, sino que también la visión lo había abrazado a él. Comparada con la gran obra a la que había sido llamado, la amenaza de un asesinato parecía trivial. Era otra manera de decir: "Estoy realizando una gran obra. No puedo bajar, ni siquiera para proteger mi vida. Aquí hay algo en juego que es mayor que mi propia seguridad".

Nehemías comprendía la magnitud y la importancia de su visión. "Un hombre como yo, ¿ha de huir? Un hombre al que se le ha dado esta responsabilidad sagrada —esta tarea de origen divino—, ¿va a abandonar la tarea para salvar su propia vida?" Él reconocía que formaba parte de algo que era mayor que su propia persona. Sabía que era reemplazable, así que se negó a huir.

Es probable que sospechara desde el principio que se trataba de otro intento más por parte de Sanbalat para distraerlo de su trabajo. Y en algún momento, sus sospechas quedaron confirmadas.

> Y entendí que Dios no lo había enviado, sino que hablaba aquella profecía contra mí porque Tobías y Sanbalat lo habían sobornado. Porque fue sobornado para hacerme temer así, y que pecase, y les sirviera de mal nombre con que fuera yo infamado. (vv. 12-13)

Toda visión comprende elementos que son desconocidos. En las primeras etapas, es más lo desconocido que lo conocido. Lo desconocido es campo fértil para el temor. Por consiguiente, todo el que tenga una visión se debe enfrentar a unos cuantos escenarios del tipo "y si...", y resolverlos.

"Él no es exactamente lo que estoy buscando, pero ¿y si no viene nadie más?"

"En realidad, necesito renunciar, pero ¿y si no puedo encontrar otro trabajo?"

"Yo sé que tengo que negarme, pero ¿y si me cuesta mi regalía?"

"Yo sé que Dios quiere que yo comience esta relación, pero ¿y si me rechazan?"

"Necesito levantar un poco de capital, pero ¿y si no puedo conseguir inversionistas?"

Y después, se halla el más grande de todos. El "y si" que entierra más visiones que todos los demás: ¿Y si fracaso?

Como la ira, el temor es una forma de enfoque. Nos podemos centrar de tal forma en lo que podría suceder, que perdemos de vista lo que podría y debería ser. El temor puede causar que comencemos a evaluar nuestra situación a partir de las cosas malas que podrían llegar a suceder, y no de las cosas buenas que queremos que sucedan.

Si cedemos, comenzamos a apartarnos de la visión. Nos bajamos del muro, nos apartamos de nuestra gran cosa y corremos a buscar la seguridad del altar.

No permita que el temor a lo desconocido haga que se pierda lo que Dios quiere hacer por medio de usted. No le permita al temor que le robe su visión con respecto a su matrimonio, su economía, sus relaciones, su carrera o su ministerio. No permita que el temor lo distraiga de lo que usted cree que podría y debería ser. No permita que lo que podría suceder haga que usted deje de buscar lo que se debería producir.

A la luz de lo que Dios lo ha llamado a hacer, ¿se debería echar atrás una persona que se encuentre en su posición? Cuando usted piensa en el bien potencial que podría producir su visión, ¿le parece que alguien que se halle en su situación deba salir huyendo por temor a lo que podría suceder? No lo creo. Y en su corazón, es muy probable que usted tampoco lo crea.

Una escuela demasiado difícil

En la secundaria, yo era un estudiante mediocre. Después de mi primer semestre en el colegio universitario, recibí una carta del Decano de estudiantes, en la que me informaba que me estaban poniendo en alerta académica. Si no subía mi promedio a un 2,5 en el semestre siguiente, me pondrían a prueba. Así que me sometí y comencé a estudiar, pero después de mi segundo semestre, recibí otra carta en la que se me informaba que me habían puesto a prueba. Un mal semestre más, y me sacarían del colegio.

Por fortuna, me fue mejor en el tercer semestre. Esto tuvo más que ver con el número de horas de clase que tomé, que con mis avances académicos. Comoquiera que fuese, me permitieron quedarme en el colegio universitario. Necesité cinco años para terminarlo. Tomé cursos de verano todos aquellos años. Todo esto para decir que no soy el personaje más listo del mundo. Nunca me fue fácil sacar buenas notas. Puedo recordar cuando estaba en grupos de estudio y pensaba: "¿Cómo se las arreglan éstos para aprender tan rápido?"

Cuando decidí ir a la escuela de posgraduados a fin de prepararme para el ministerio, me animaron a solicitar plaza en el Seminario Teológico de Dallas. En mi corazón, allí era donde quería ir. El plan de estudios encajaba a la perfección con las cosas que me interesaban. Algunos de mis predicadores y escritores favoritos habían estudiado allí. Hasta mis padres me estaban animando a inscribirme allí.

Pero había dos problemas: El primero, que era un programa de cuatro años, a diferencia del tradicional de tres años de seminario. Cuatro años más de estudios parecían algo impensable. El segundo, que el STD tenía la reputación de ser muy fuerte en lo académico. Exigían tres años de griego y dos de hebreo. La mayoría de los seminarios exigían la mitad. El sistema de puntuación no se parecía a nada que yo hubiera visto. Les exigían a los que querían ser estudiantes que hicieran el examen GRE. Yo sabía que eso sería un desastre (y lo fue... ¡dos veces!). Si por fin me las arreglaba para entrar, estaba seguro de que no iba a poder seguir adelante con lo académico.

Así que hice lo que cualquier cobarde habría hecho. Tiré a la basura mi solicitud para el STD y solicité en otros dos lugares. En resumen, que estaba asustado e intimidado. El STD estaban tan alejado de toda posibilidad, que en el verano anterior a comenzar las clases, volé hasta Texas para conocer una escuela en Fort Worth, pasé a Dallas para ver la ciudad, y nunca me molesté en hallar el STD.

Dos meses antes de que comenzaran las clases, mi padre me llamó de fuera de la ciudad para informarme que había estado orando por mí con respecto al seminario que yo iba a escoger. Era extraño que él orara por eso, si se tenía en cuenta que yo ya había tomado mi decisión semanas antes de aquella conversación. Hasta ya tenía compañero de cuarto y el horario de clases. ¿Por qué seguía orando por mi decisión? Esa decisión ya estaba tomada.

Pero mientras pensaba allí, sentado al borde de mi cama, sobre nuestra conversación, me vino a la mente que había escogido el lugar basándome más en mi temor de que algo pudiera pasar en Dallas, que en el deseo de ir al otro lugar. Así no se tomaban las decisiones. A la mañana siguiente, llamé al STD y pedí un formulario de solicitud.

Mientras iba pasando por el proceso de admisión, fui viendo con claridad que el STD era el lugar donde debía estar. Seguía teniendo miedo. Pero tenía la visión del tipo de ministerio en el que quería involucrarme. El STD me prepararía para convertir en realidad aquella visión. Así que fui. Era más exigente aún de lo que yo había imaginado. Pero era allí donde debía estar. Dios fue bondadoso. Me gradué a su debido tiempo. Pero una vez más tuve que permanecer allí todos los veranos, tratando de mantenerme a la par de un horario académico muy duro.

No permita que el temor a lo desconocido lo aleje de lo que Dios le ha puesto en el corazón que haga. Peor que el fracaso es vivir lamentándose de no haber nunca dado el paso de fe para seguir su visión. Además de que la persona a la que Dios le ha encomendado una visión tan importante, no tiene necesidad de echarse atrás por temor.

BLOQUE DE CONSTRUCCIÓN # 15

No se deje distraer

No se deje distraer. No permita que las buenas oportunidades, las críticas o el temor lo desvíen en la búsqueda de su visión. Mantenga los ojos centrados en la meta.

Al final de este capítulo hay un lugar donde puede hacer una lista de las oportunidades que lo distraen constantemente, impidiéndole hacer la cosa o cosas que Dios le ha puesto en el corazón que haga. Espero que se tome unos minutos para hacer un buen examen de conciencia. No le gustaría despertarse un día para darse cuenta de que ha *gastado* su tiempo en lugar de *invertirlo*.

Cuando lleguen las distracciones, recuerde estas tres cosas:

- Usted está haciendo una gran obra, y no puede ir.
- El éxito les calla la boca a los críticos.
- La importancia de su llamado hace que deseche la opción de echarse atrás.

Hace algún tiempo, compartí este principio con la congregación de North Point. Después recibí por correo electrónico el siguiente mensaje de Vicky, una de nuestras líderes. Vicky es una actriz extraordinariamente talentosa. Sin embargo, por el momento había decidido dejar en suspenso sus aspiraciones profesionales para dedicarse a atender su casa. Su esposo Paul trabaja por su cuenta como comentarista deportivo y personalidad de la televisión.

Estimado Andy:
Quiero que sepa lo que me sucedió hace unos días, después de su sermón tan alentador. Yo había leído por teléfono con Paul un libreto, porque algunas veces él hace una de las voces. Después de leerla, me dijo: "Es probable que te lo ofrezcan *a ti*. Tú eres muy buena en esto".
Una semana más tarde, le devolví una llamada en nombre de Paul a este mismo agente, y la señora con la que hablé me comentó lo estupenda que le parecía mi manera de leer el libreto. Su compañera de trabajo le había dicho que no sabía que la esposa de Paul hacía esto, y me dijo que si alguna vez quería hacer alguno de estos trabajos, sólo tenía que llamarla.
Fue muy halagüeño para esta ama de casa que nunca va más allá de la escuela primaria cristiana, donde hace de maestra sustituta por un poco de paga y trabaja muchas

horas como voluntaria con unos niños que le encantan. Yo conocía muy bien la diferencia en cuanto al pago. Y en Atlanta hay muchas oportunidades de hacer este tipo de trabajo.

Le di las gracias y le dije que tal vez cuando Lindsay fuera mayor, pero que ahora mismo, no lo podía hacer. No luché conmigo misma al decir esto. Colgué el teléfono, sonreí y dije en voz alta: "Estoy haciendo una gran obra, y no puedo ir".

Le agradezco que les haya dado alientos a las señoras que tal vez habrían luchado realmente para decir esto. Es lo que tengo la esperanza de que comprendan muchas madres, y su sermón fue alentador para todas nosotras. Para darle toda la información, le diré que cuando se lo conté a Lindsay, ella me tuvo apretada la mano por un buen rato. Ella sabe que hemos sacrificado cosas para que yo me pudiera quedar en casa.

Pero lo mejor de todo llegó el Día de las Madres. Yo siempre insisto en que ella me haga la tarjeta en lugar de comprarla, porque hace unas tarjetas increíbles. Ésta no fue la excepción. En el frente había dos manos acercándose una a otra. Las palabras que había escrito a través de aquel dibujo eran: "Yo hago una gran obra..." La parte posterior era parecida, pero en aquel dibujo, las manos se tocaban, y el letrero decía: "Y no puedo ir".

Era toda la información que necesitaba.

Gracias.

Vicky

VISIOINGENIERÍA
PROYECTO # 14

1. ¿Cuáles son las oportunidades que lo distraen continuamente de su visión (o visiones)?

2. ¿Qué piensa hacer al respecto?

3. ¿Cómo reacciona usted cuando critican su visión? ¿Cómo reacciona cuando la gente pone en tela de juicio su motivación?

4. Dentro del contexto de su visión, ¿cuál es su temor más grande?

5. Dentro del contexto de su visión, ¿qué es lo peor que podría suceder?

6. Imagínese por un instante que usted fracasa rotundamente en lo que está tratando de hacer. ¿Cuáles serían las consecuencias?

Capítulo quince

LA VIDA INEXPLICABLE

*Aquellos nidos vacíos a la orilla del agua contaban
una historia que pocos podían creer y
nadie podía explicar...*
STEPHEN CURTIS CHAPMAN

Mientras escribo este capítulo, Sandra y yo le estamos enseñando a leer a Garrett, nuestro pequeño de cinco años. No estoy convencido de que los niños de cinco años necesiten saber leer, pero Garrett nos ha asegurado que ya es hora de que él sepa hacerlo. Al fin y al cabo, su hermano mayor sabe leer. Así que nosotros aprovechamos el poder de la rivalidad entre hermanos, y nos metimos con él en los libros.

El otro día llegué a casa, y él estaba ansioso por leerme algo. Subimos al cuarto, nos sentamos en el suelo, y él comenzó a leer.

Un hombre le dio un abrigo viejo a un chivo viejo. El chivo viejo dijo: "Me voy a comer este abrigo viejo". Y se lo comió. "¡Qué divertido!", dijo. "Me comí el abrigo viejo, y ahora tengo frío." Y ahora el chivo viejo está triste.

Necesitó como tres minutos para leer esas tres líneas. A mí me parecieron treinta. Cuando terminó, le hice unas pocas preguntas acerca de lo que había leído, para ver si lo comprendía. La conversación fue algo así:

"Garrett, ¿qué le dio el hombre al chivo?"

"¿Qué hombre?"

"El hombre del cuento. El hombre del cuento le dio algo a un chivo viejo. ¿Qué le dio?"

"No sé."

"Le dio un abrigo. El hombre le dio un abrigo al chivo. ¿Qué hizo el chivo con el abrigo?"

"¿Ponérselo?"

"No; se lo comió."

"Qué gracioso, papá."

Más adelante se hizo obvio que Garrett y yo tenemos dos agendas distintas. Yo quiero que Garrett lea y comprenda. Garrett sólo quiere que las palabras suenen bien. Todo aquello me trajo a la memoria unos desagradables recuerdos de los tiempos de la escuela primaria. Todavía recuerdo cuando me llamaban a leer frente a toda la clase. Como Garrett, mi meta no era más que pasar las páginas que me asignaban sin pronunciar mal ninguna de las palabras.

En la escuela primaria de Henderson Mill todo el mundo sabía que una mala lectura frente a toda la clase tenía terribles consecuencias. Como verá, yo tenía un compañero de clase al que llamábamos "Mary Jane". Yo nunca supe su verdadero nombre. En realidad, nunca pensé en preguntárselo. Pero sí sabía la saga sobre la forma en que adquirió el apodo.

Cuando estaba en primer grado, estaba leyendo un cuento frente a la clase. Llegó a un pasaje que decía: " 'Hola', dijo ella. 'Me llamo Mary Jane.'" Lamentablemente, no leyó aquello de "dijo ella". Leyó: "Hola; me llamo Mary Jane". Eso fue todo lo que hizo falta. A partir de aquel momento, fue Mary Jane. No hace falta decir que la comprensión no era lo más importante en la escuela primaria de Henderson Mill. Todo lo que queríamos era decir las palabras correctamente.

Pero mientras nosotros nos centrábamos con ahínco en que las palabras nos salieran correctas, algo se estaba produciendo tras bambalinas. Con lentitud y firmeza a un tiempo, estábamos aprendiendo a comprender. Por supuesto, ésta era la meta de nuestros maestros y padres. Ellos sabían que una vez que fuéramos capaces de comprender lo que estábamos leyendo, se nos abriría todo un mundo nuevo. Por eso, no se contentaban con dejarnos salir del apuro pronunciando las palabras correctamente. Nos iban llevando centímetro a centímetro hacia la comprensión. Al final, fue la agenda de ellos la que ganó.

UNA CORRIENTE MÁS PROFUNDA

Mientras usted se halla ocupado en el proceso de seguir su visión, tras bambalinas se está produciendo algo de lo cual es posible que no se esté dando cuenta. Es algo que no se puede ver. Tal vez no se haga evidente hasta que se haya realizado su trabajo. Mientras a usted lo consumen los detalles para hacer funcionar su visión, Dios está trabajando en un plan paralelo que va a terminar completando la visión o las visiones que absorben su atención, y dándoles un significado más profundo.

Somos como Garrett, en el sentido de que estamos centrados en la tarea que tenemos entre manos. Pero como un padre que le está enseñando a leer a su hijo, nuestro Padre celestial tiene en mente una agenda más amplia y significativa. No se trata de agendas en competencia. Al contrario; tal como descubriremos, una es la precursora necesaria de la otra. En realidad, las visiones que nosotros tratamos de convertir en realidad con tanto esfuerzo preparan el camino para algo mucho mayor.

Ciertamente, Nehemías sabía lo que era sentirse consumir con los detalles de una visión. Después de algún tiempo, se debe haber sentido como Bill Murray en la película *Groundhog Day* ["El día de la marmota"]. Todos los días le deben haber parecido iguales al día anterior. Más piedras que quitar. Más escombros que sacar. Más disturbios civiles que resolver. Habría sido fácil perderse en la rutina diaria de la reconstrucción de los muros, pero Dios estaba obrando en el fondo de todo, realizando cosas de las que él ni siquiera se daba cuenta.

Para comprender la agenda paralela de Dios en los días de Nehemías, necesitamos echarles un vistazo a sus propósitos iniciales cuando formó la nación llamada Israel.

UNA LUZ PARA LAS NACIONES

La intención definitiva de Dios con respecto a Israel era colocarlo como luz para las naciones vecinas. El profeta Isaías lo dijo de esta forma:

También te di por luz de las naciones, para que seas mi salvación hasta lo postrero de la tierra. (Isaías 49:6b)

La idea era que las naciones paganas vieran la actividad de Dios en la vida de Israel y llegaran a una conclusión: "¡El Dios de Israel es Dios!" Israel debía ser un faro encendido. Un rayo de luz. Debía servir como memorial constante de la grandeza y el poder de Dios. Él les quería manifestar su carácter a través de Israel a los que entraban en contacto con la nación, o incluso llegaban a oír hablar de ella. De esta forma, Israel le traería gloria a Dios, y les llevaría la salvación a las naciones vecinas.

Vemos suceder esto a lo largo de todo el Antiguo Testamento, comenzando por el momento en que Moisés sacó de Egipto al pueblo de Israel, y siguiendo hasta los días de Nehemías. Una y otra vez, Dios le hizo conocer su presencia al resto del mundo a través de Israel.

Esto explica algunas de las narraciones más bien extrañas que hallamos esparcidas por todo el Antiguo Testamento. Por ejemplo, las plagas de Egipto. ¿Para qué fueron? Cuando uno lee esta historia, le parece como que se anduvo con muchos rodeos. Si Dios sabía qué haría cambiar la mente del faraón, ¿por qué no se limitó a comenzar con la décima plaga y terminar de una vez?

Dios tenía una agenda que iba más allá de la liberación de su pueblo de la esclavitud. Le quería enseñar una lección al pueblo de Egipto. Humanamente hablando, Egipto era la nación más poderosa del mundo en aquellos tiempos. El faraón se consideraba a sí mismo un dios. No había un lugar mejor que Egipto en toda la tierra para que Dios comenzara a demostrar su poder a través de sus elegidos.

Una imagen tras otra; un ídolo tras otro, el Dios de Israel desenredó todo el sistema religioso de Egipto. Cada una de las plagas iba dirigida a algo que los egipcios consideraban sagrado. Por ejemplo, adoraban al Nilo. Dios convirtió sus aguas en sangre (Éxodo 7:20). Adoraban al sol. Dios produjo tres días de tinieblas sobre gran parte del territorio egipcio (10:22). La precisión de Dios era desesperante. Todos sus dioses reunidos no se comparaban al Dios de Israel.

Cuando el pueblo de Egipto despertó en medio de la noche para encontrar que sus primogénitos habían sido matados por un ángel de la muerte, no tuvieron otro remedio que admitir que el Dios de Israel era el Dios verdadero. Y el faraón sucumbió ante la presión para que dejara ir al pueblo de Moisés.

El mundo antiguo estaba saturado de religiones y cultos paganos. Cada nación tenía su propio dios (o dioses). El poder de aquellos dioses se decidía en el campo de batalla. No era raro que un ejército llevara consigo un ídolo o una imagen de su dios cuando iba a entrar en batalla. Una victoria para ese ejército era una victoria para su dios, y viceversa. Cuando dos ejércitos entraban en batalla, daban por supuesto que el ejército cuyo dios fuera más poderoso sería el que tendría la ventaja.

En este clima altamente supersticioso y militarista fue donde Dios decidió darse a conocer. Así que a lo largo de la historia de Israel, hallamos a Dios interviniendo militarmente de maneras que humillaban y dejaban atónitos a sus enemigos.

¿Por qué le dijo Dios a Josué que marcharan alrededor de Jericó, en lugar de atacar de frente a la ciudad? Porque Él andaba buscando algo más que la simple destrucción de una ciudad cananea. Tenía que demostrar algo. Quería que las naciones vecinas se sintieran espantadas, no ante el poderío militar de Israel, sino ante su Dios.

¿Por qué le mandó a Gedeón que redujera su ejército a un puñado de soldados antes de permitir que atacaran el campamento de los madianitas (Jueces 7)? Por la misma razón. ¿Por qué hizo que un pastorcillo con una honda matara a un guerrero experimentado (1 Samuel 17)? ¿Por qué le indicó a Josafat que pusiera el coro delante del ejército cuando marcharan a la batalla (2 Crónicas 20:21)? En todos estos casos, Dios estaba haciendo algo detrás del escenario. Estaba usando a Israel como espejo para reflejar su gloria y su poder.

De vez en cuando, el espejo se manchaba. Israel olvidaba la fuente de su fortaleza y su gloria. Perdía de vista su carácter sagrado y abrazaba la idolatría de sus vecinos.

Como todo buen padre, Dios disciplinaba de inmediato a su pueblo. La disciplina solía aparecer bajo la forma de una invasión extranjera. Cuando se asomaba al horizonte la amenaza del caos militar y político, los reyes de Israel muchas veces se arrepentían, Dios obraba nuevamente con poder y salvaba a la nación. Era como si estuviera diciendo: "Hay gente mirando. No puedo dejar que se salgan con su desobediencia. Es mi reputación la que está en juego. Esto no es sólo un asunto de ustedes. Es asunto mío también".

Al final, los líderes de Israel se negaron a ablandar el corazón con respecto a Dios. Nabucodonosor invadió la nación, destruyó su infraestructura y se llevó a los líderes mejores y más brillantes a Babilonia. Por medio de la cautividad y la pérdida de su independencia, Dios disciplinó a Israel por su idolatría y su infidelidad general. Tal como es posible que haya adivinado, esta cautividad fue la que preparó el escenario para el regreso de Nehemías a Jerusalén años más tarde.

Mientras Nehemías estaba ocupado en la reconstrucción de los muros, Dios estaba preparando el escenario una vez más para manifestar su poder ante las naciones. Observe la reacción de los vecinos de Israel cuando quedaron terminados los muros.

> Fue terminado, pues, el muro, el veinticinco del mes de Elul, en cincuenta y dos días. Y cuando lo oyeron todos nuestros enemigos, temieron todas las naciones que estaban alrededor de nosotros, y se sintieron humillados, y conocieron que por nuestro Dios había sido hecha esta obra. (Nehemías 6:15-16)

Las palabras "se sintieron humillados" significa literalmente "cayeron mucho ante sus propios ojos". En otras palabras, la alta opinión de sí mismos que tenían recibió un serio revés.

Era el mismo grupo que había sido tan arrogante anteriormente. Era el grupo que había acusado a los constructores de no tener el valor que hacía falta para realizar el trabajo. Los habían intimidado y amenazado mucho. Pero todo aquello se detuvo de repente cuando fueron puestas las puertas en su lugar. Y observe quién fue el que se llevó la gloria. No fue Nehemías, ni tampoco los constructores. "Conocieron que por nuestro Dios había sido hecha esta obra."

Con la ayuda de Dios, Nehemías y su equipo de trabajo hicieron en cincuenta y dos días lo que algunos decían que era imposible de hacer. Y, por supuesto, eso era lo que Dios había querido mostrar desde el principio. Una vez más, los vecinos de Israel se enfrentaban al poder y la presencia de su Dios.

Como dije anteriormente, lo más alentador de esta historia es que no hay milagros abiertos. Está claro que Dios intervino, pero no se produjo nada sobrenatural. No se abrió ningún mar, ni hubo terremotos o plagas. Sólo trabajo duro, buen liderazgo, y el toque divino.

SU OPORTUNIDAD

Mientras usted se consume con los detalles que exige el seguir la visión de Dios para su vida —ser buen padre o cónyuge fiel, permanecer puro, buscar la persona perfecta para casarse, convertirse en esa persona perfecta, o levantar un negocio o un ministerio—, Dios tiene la intención de lograr algo de lo cual es posible que usted ni se dé cuenta. Lo que era cierto en el pasado con respecto a Israel, es cierto ahora con respecto a usted.

En el Nuevo Testamento se produjo una importante transición. Dios transfirió la responsabilidad de ser luz para las naciones, de Israel a la Iglesia y a cada creyente.

Jesús lo explica de esta forma:

Vosotros sois la luz del mundo; una ciudad asentada sobre un monte no se puede esconder. Ni se enciende una luz y se pone debajo de un almud, sino sobre el candelero, y alumbra a todos los que están en casa. Así alumbre vuestra luz delante de los hombres, para que vean vuestras buenas obras, y glorifiquen a vuestro Padre que está en los cielos. (Mateo 5:14-16)

Mientras que el enfoque era en el pasado alrededor de Israel y de sus victorias militares, ahora se halla centrado en nuestro estilo de vida y nuestro carácter personal. Mientras andamos chapoteando entre los ladrillos y el mortero en esa fase del cumplimiento de nuestra visión, debemos llevar una vida que refleje el carácter de Cristo. Nos debemos conducir de tal forma, que la gente se dé cuenta. Y después de examinarnos más detalladamente, deben llegar a la conclusión de que hay algo divino en nuestra vida. En resumen, tenemos que llevar una vida inexplicable.

BLOQUE DE CONSTRUCCIÓN # 16

Hay un potencial divino en todo lo que usted tiene la visión de realizar.

El plan definitivo de Dios para su vida va más allá de las visiones que le haya dado para su familia, su negocio, su ministerio y su economía. Él lo ha situado en su cultura como un punto de luz singular. Un faro en un mundo que necesita con urgencia ver algo divino; algo que esté claro que no es de este mundo.

Por encima de todo lo que logre con su visión, lo que Él quiere es atraer a la gente hacia sí. Nuestras visiones son medios para alcanzar un fin superior. Este fin es la gloria de Dios y la salvación de los seres humanos. He aquí su objetivo definitivo; su anhelo final.

Me temo que la mayoría de los creyentes nunca han visto esta importante relación. Por consiguiente, nuestras iglesias están llenas de hombres y mujeres que tienen la vida dividida en compartimentos. Hacen diferencia entre lo religioso y lo secular. Lo religioso comprende todos nuestros deberes para con Dios; lo secular comprende todo lo demás.

Para complicar más aún las cosas, subestiman el interés de Dios en sus empresas de tipo secular —al fin y al cabo, la reconstrucción de los muros que rodeaban a Jerusalén no tenía mucho de "religiosa"—, y sobrestiman su interés en sus empresas de tipo religioso.

La verdad es que nuestras empresas seculares tienen más potencial para el reino que las religiosas. Porque en el ámbito de nuestra actuación secular es donde la gente secular nos está observando. El mercado, el club y el salón son los ambientes que necesitan con tanta urgencia un roce con lo divino. Allí es donde Dios quiere manifestar su poder a través de los que estén dispuestos a ser usados de esa forma. En el contexto de esos lugares es donde el "factor reverencia" tiene el potencial de llegar a ser mayor.

Por esa razón, los que comprenden este potencial más amplio para sus visiones, no ven distinción alguna entre lo religioso y lo secular. Cumplen con sus deberes sagrados y seculares en el mismo escenario, y con la misma meta en su mente. Se ven a sí mismos como luces en todos los momentos y dentro de todos los contextos. Para estas personas tan exclusivas, todo papel, toda relación y toda responsabilidad lleva consigo un potencial divino.

Éstos son los pocos que no han sustituido lo real por los trucos y las tradiciones. Me temo que son demasiados entre nosotros los que se contentan con distinguirse por los letreros que ponen en el guardabarros de su automóvil, o por sus horarios. Todavía estoy esperando escuchar la historia de algún automovilista cristiano que haya sido detenido por otro automovilista que se sintió conmovido hasta el corazón al ver un pez en la parte posterior de su auto. Y ciertamente, nuestras rutinas de los domingos por la mañana no han dejado al mundo pasmado y lleno de reverencia ante nuestro Dios.

PARA DESTACARSE

En los días de Nehemías, la terminación de los muros hizo destacar la presencia y el poder de Dios. La pregunta en la que debemos meditar mientras seguimos las diversas visiones que Dios ha puesto ante nosotros es ésta: ¿Qué hay en mi visión que tenga el potencial de señalar hacia la presencia y el poder de Dios? Utilizando las palabras de Nehemías, ¿qué tendría que suceder para que la gente se diera cuenta de que este trabajo ha sido realizado con la ayuda de Dios?

Yo he tenido el privilegio de conocer a docenas de hombres y mujeres que comprendían la relación entre las visiones que Dios les había dado, y lo que Él quería hacer finalmente por medio de ellos. De todos aquéllos en los que estoy pensando en estos momentos, no hay uno solo que sea ministro profesional. Sin embargo, todos ellos se consideran ministros.

Al examinar sus vidas, me he dado cuenta de tres cosas que atraen constantemente la atención de aquéllos que se hallan fuera de la fe y los observan. Estoy seguro de que hay otras. Pero he aquí tres que es difícil no ver, y casi imposible ignorar. Son las señales de una vida inexplicable.

1. La paz

La paz es una mercancía poco abundante. La gente pierde grandes cantidades de tiempo y de dinero tratando de fabricarla por medios artificiales. La paz producida con sustancias químicas es un gran negocio. La paz genuina se destaca. Pica la curiosidad de la gente. Hace surgir preguntas.

"¿Cómo es posible que te quedes allí sentado tan tranquilo?"

"¿No te asusta eso?"

"¿No lo odias?"

"¿Que la perdonaste?"

"¿No te sientes preocupado?"

"¿Acaso no te das cuenta de todo lo que está en juego?"
"¿No los vas a llevar a los tribunales?"
"¿Cómo haces para dormir por la noche?"
"¿Siempre estás así de tranquilo?"

Gill y Jimmy

Un amigo mío llamado Jimmy me pidió que almorzara con él y con Gill, otro hombre al que le había estado hablando de Cristo durante nueve años. ¡Nueve años! En fin; durante el transcurso de nuestra conversación, le pregunté al no creyente qué había mantenido vivo aquel diálogo de nueve años entre él y Jimmy. Me parecía que después de nueve años, habría debido estar listo para decirle que lo dejara en paz.

Él se rió. "Muy sencillo", me dijo. "Él tiene algo que yo quiero. No se preocupa."

La paz forma parte de esa luz que hemos sido llamados a lanzar desde lo alto de la colina en nuestros ambientes seculares. Desde la perspectiva de Dios, la paz que mantengamos mientras seguimos nuestra visión puede ser más importante que el cumplimiento de la visión misma. Esto me produce convicción a mí mismo. Con demasiada frecuencia, permito que los detalles y las presiones de la vida me roben la paz y el gozo.

Pero, ¿y si mi paz y mi gozo no son sólo para beneficio mío propio? ¿Y si la paz y el gozo son los rayos de luz que Dios quiere usar para hacer que se detengan maravillados aquéllos con los cuales entro en contacto? ¿Y si mi paz y mi gozo son los elementos que hacen auténtica mi fe para alguien? ¿Y si la razón de ser de esas circunstancias tenebrosas es darles a mi paz y mi gozo una oportunidad de brillar más que lo normal y atraer más atención que en los días sin arrugas, en los que todo marcha bien?

¿Sabe por qué resplandece tanto la paz en este mundo? Porque todo aquél con el que entramos en contacto entró a la edad adulta con una imagen de lo que esperaban que sería el futuro. El aspecto emocional de esa imagen incluía la paz. No pensaban en ella así, sino que la calificaban de felicidad. Más que nada, querían ser felices.

Ahora, después de años de búsqueda, la vida no es lo que ellos querían que fuera. Han acumulado una buena parte de las cosas que querían adquirir. Pero en cuanto a las relaciones, las cosas no van bien. Y en lo emocional, están vacías. No son felices. No tienen paz. No se pueden acostar por la noche, mirar al techo y dar un suspiro de alivio. Llevan por dentro cosas que no están bien, pero no saben qué hacer al respecto.

Cuando por fin se encuentran con alguien que tiene paz, toman nota. La paz en la vida de otra persona hace destacar más aún su vacío. Sus tinieblas quedan al descubierto. Y se hallan frente al hecho de que es posible alcanzar la paz.

Así que, ¿cómo anda de paz en estos días? ¿Cómo se va manteniendo su paz bajo las presiones relacionadas con sus diversas visiones? La presencia de la paz en su vida es importante. Desde el punto de vista de Dios, su visión podría ser solamente una oportunidad para exhibir su paz.

2. Unas relaciones sanas

Una segunda cosa que hace que este mundo preste atención y observe, es una relación exitosa. Vivimos en un mundo de desafíos en cuanto a relaciones. Me asombro continuamente ante lo irracionales que son las personas cuando se trata de las relaciones. Como consecuencia, abundan las formas incorrectas de funcionar.

La gente se siente desilusionada en cuanto a las relaciones. Sus sueños sobre ellas no se están convirtiendo en realidad. La vida no es como debería ser. La gente va por la vida sacándoles cuanto amor y cuanta aceptación pueden a las personas que les rodean, sin saciarse nunca.

Entonces, ven un matrimonio sano, una familia feliz, unos hijos a los que les encanta volver al hogar en las fiestas. Y se ven forzados a hacerse preguntas.

¿Por qué ellos, y no yo?

¿Dónde está la diferencia?

¿Cómo llegaron a tener algo así?

¿Cuál es su secreto?

"¡Qué suerte tienen!"

Por eso es tan importante que usted tenga una visión para su matrimonio, tanto si está casado, como si no lo está. Necesita una visión con respecto a su familia. Necesita una clara imagen de lo que podría y debería ser en cuanto a sus relaciones.

No sacrifique sus relaciones en aras de un negocio o un ministerio, o si vamos a esto, por cualquier otra visión. Los negocios y los ministerios abundan. Ni siquiera los negocios y los ministerios que triunfan se hallan en la lista de especies en peligro de extinción. En cambio, los matrimonios fuertes son realmente escasos. Las familias sanas son la excepción, y no la regla.

Hay una gran cantidad de hombres de empresa exitosos cuya familia es un desastre. Nadie llega desde esas situaciones a la conclusión de que sin Dios, el plan del negocio nunca habría tomado forma. Un negocio o un ministerio construido a expensas de un matrimonio o de una familia, no tiene nada de único.

En cambio, encuéntreme alguien que haya levantado una gran organización, y cuya familia ha florecido, y yo le mostraré una oportunidad para que Dios atraiga fuertemente la atención hacia sí. Entonces es cuando los que no están en el asunto se detienen a hacer preguntas. Entonces es cuando la gente se ve casi forzada a llegar a la conclusión de que Dios está involucrado en lo que sucede.

¿Cómo son las relaciones clave de su vida? ¿Qué me dice de su matrimonio? ¿Qué tal su relación con sus hijos? Si no está casado, ¿qué tal le va en el aspecto de la pureza moral? Padre o madre, ¿ve usted a su familia como una oportunidad para que Dios manifieste su poder y su gracia ante aquéllos que los están observando?

"¿Y eso qué tiene que ver con la visión?", me preguntará. No somos gran cosa como luz en la colina si sacrificamos gente y pureza por tratar de alcanzar nuestra visión. Cuando lo hacemos, le quitamos a Dios cuanto incentivo haya tenido para bendecir nuestra labor. Nos volvemos imposibles de bendecir, porque nos hemos hecho imposibles de usar. En ese punto, no hay nada significativo hacia lo cual Dios pueda atraer la atención.

Richard y Curt

Tengo un amigo llamado Richard que desarrolla proyectos de condominios. Richard tiene un socio llamado Curt. A lo largo de los años, han hecho mucho dinero. Richard tiene cincuenta y dos años, y ha sido cristiano por veinte años. Es uno de los hombres más generosos que he conocido jamás. Es evidente para todos los que conocen a Richard y a su esposa, que ellos ven su éxito en los negocios como la forma que ha tenido Dios de situarlos de tal manera que puedan invertir en empresas para el reino. Su éxito le ha dado cierta notoriedad. Una y otra vez, ha tenido oportunidades de darle públicamente a Dios la gloria por toda su buena fortuna.

La otra cualidad sobresaliente que posee Richard es una dedicación inconmovible a hacer lo que sea correcto. He escuchado varias historias sobre cómo se ha negado a realizar ciertos negocios lucrativos que habrían exigido concesiones en cuanto a su integridad. De hecho, ésa es la razón por la que a Curt le gustaba hacer negocios con Richard. Sabía que se podía confiar en él.

A pesar de la fe de Richard, de su carácter y de sus fuertes relaciones familiares, Curt (su socio en los negocios) no estaba interesado en las cosas espirituales. Richard sabía que no debía forzar el tema. En lugar de hacerlo, seguía viviendo su vida.

Durante once años, Richard oró por Curt. Finalmente, en un viaje de negocios al oeste del país, Curt se volvió hacia Richard de pronto y le dijo: "Me hice cristiano". Fue un momento tan lleno de emoción, que ninguno de aquellos dos hombres pudo mirar siquiera al otro. Sólo se quedaron mirando al frente, sin decir una sola palabra. Pasaron varios días antes de que Richard supiera toda la historia.

La familia de Curt se había ido deslizando lentamente hacia el desastre. Él sabía que había problemas, pero no sabía cómo resolverlos. Podía comprar, vender y desarrollar condominios mientras dormía, pero cuando se trataba de reconstruir su familia, no estaba seguro de lo que debía hacer.

Cuando se vio obligado a hospitalizar a su hijo a causa de una adicción, llegó al final de sus fuerzas. Las presiones producidas por el derrumbe de su familia lo quebrantaron. Pero a lo largo de todo aquel proceso de quebrantamiento, había estado observando a Richard y a su familia. Era la imagen que Curt siempre había deseado, pero no había sido capaz de lograr por su propia cuenta. Cuando todo se vino abajo, él sabía que su mejor opción era pedirle ayuda a Dios.

Hoy en día, Curt y su familia están avanzando enormemente hacia una vuelta a la normalidad. Curt nunca se pierde un culto en la iglesia y se lee todo lo que Richard le pone en las manos. Su hijo ya está fuera del hospital. Él y su esposa están reconstruyendo su matrimonio.

No sacrifique las relaciones clave mientras sigue su visión. Es tentador economizar en las relaciones cuando uno se siente consumido con los detalles de una visión. Al fin y al cabo, las relaciones no son urgentes, mientras que muchos elementos de nuestras visiones sí lo son.

Sin embargo, recuerde que sus relaciones podrían ser *aquello* que les dé un potencial divino a sus visiones que en otros sentidos son seculares.

3. El carácter

Una tercera cosa que nos sitúa como luz en una colina es el carácter. Para el cristiano, la posesión de carácter comprende hacer lo que sea correcto, tal como Dios lo define, sin importar el precio.

El carácter es algo tan poco corriente, que la gente lo ve con suspicacia. Da por supuesto que existe una agenda escondida. Hacer el bien por el bien mismo es algo inaudito. Yo he visto manifestaciones de carácter que en realidad han puesto incómoda a la gente. Es algo que va por completo contra la falta de moralidad y de principios absolutos que hay en nuestra sociedad. Por supuesto, esto es precisamente lo que atrae tanto la atención, y le da tanto potencial para el reino.

Al igual que nos pasa con nuestras relaciones básicas, nos es fácil dejar que el carácter se deslice cuando sigamos nuestros sueños. Como hablamos antes, todas las visiones tienen atajos asociados con ellas. Por lo general, un atajo exige concesiones en cuanto a la integridad. Lo irónico acerca de estas concesiones aparentemente insignificantes es que al mismo tiempo que aceleran nuestro progreso, socavan nuestros éxitos. Los atajos nos permiten disminuir el tiempo que hace falta para alcanzar nuestro destino, pero las concesiones en cuanto a la integridad convierten en vacía nuestra celebración una vez que llegamos allí.

Cuando usted sacrifica su carácter en aras de una visión, Dios se aparta de todo el proceso. Él no puede honrar algo que se haya edificado sobre el engaño. Hacerlo equivaldría a honrar el engaño. Las concesiones hacen que no nos pueda bendecir. Una vez que hacemos concesiones en cuanto a nuestro carácter, disminuimos gravemente el potencial de nuestra visión para el reino.

Nick y Allison

Nick es presidente de un negocio de servicios informativos de tamaño mediano en Atlanta. Cuando se casó, tomó la decisión de no comer ni viajar en automóvil solo con una mujer que no fuera su esposa. Había visto demasiadas relaciones de "negocios" convertirse en algo distinto. Tenía una visión para su matrimonio y su familia. Aquella decisión era su forma de proteger su sueño.

Por nobles que sean sus intenciones, está descubriendo que su decisión es muy incómoda. Como presidente de la compañía, se espera de él que desarrolle relaciones con los vendedores y los clientes. Eso significa un buen número de almuerzos. Hallar la forma de no enredarse en reuniones de almuerzo con mujeres que sean representantes de cuentas es un poco delicado a veces. Como se puede imaginar, en nuestro mundo de lo políticamente correcto, sus normas son casi imposibles de explicar sin ofender a alguien. Sin embargo, sigue firme en aquello que considera que es lo que debe hacer.

Una de sus responsabilidades consiste en fomentar y proteger las relaciones de su compañía con su banco. La representante de cuentas asignada a su compañía era una joven soltera llamada Allison. A causa del éxito de la compañía de Nick, Allison se sentía altamente motivada a mantener una buena relación con su cliente. Por consiguiente, siempre estaba invitando a Nick a almorzar. Al principio, Nick rechazaba cortésmente la invitación sin dar explicaciones. Pero Allison seguía insistiendo.

Al poco tiempo, Allison se dio cuenta de que Nick no quería salir con ella. Esto causó cierta tensión en sus relaciones. Nick decidió que lo mejor sería explicarle a Allison lo que estaba sucediendo, así que le habló de su decisión. Le aseguró que no tenía nada que ver con ella, y que mantenía esta posición ante todas sus clientas.

En lugar de sentirse ofendida, Allison se sintió intrigada. Comenzó a hacer preguntas. La conversación pasó con rapidez de los negocios a cuestiones más personales. Le dijo a Nick que nunca se había encontrado con un hombre que fuera tan serio en cuanto a mantener la fidelidad a su matrimonio. En su mundo, lo contrario solía ser lo acostumbrado.

En un momento de su conversación, Nick se sintió en libertad de compartir con Allison su fe en Cristo. Una vez más, ella se sintió intrigada. Nick entonces compartió con ella el Evangelio. Estaba visiblemente conmovida. Nick le preguntó si quería recibir a Cristo como Salvador. Para su asombro, ella dijo que sí quería hacerlo. Inclinaron sus rostros y Allison puso su confianza en Cristo como Salvador suyo.

Sólo en las películas

Tal vez usted esté pensando: "¡Ese tipo de cosas nunca me suceden a mí!" Hasta es posible que piense: "¡No creo que eso le pasara a Nick!" Y alguien por ahí andará diciendo: "No creo ni siquiera que exista ese tal Nick".

¿Por qué no le suceden a usted este tipo de cosas? Bueno, no me lo tome a mal, pero tal vez su carácter no haga que se fijen en usted muchas personas. Podría ser que no hay nada en su conducta que atraiga la atención de nadie... el tipo correcto de atención, por supuesto. El carácter que no hace concesiones en el mercado hace brotar tarde o temprano en alguien un "¿Por qué?" o un "¿Qué se trae éste?" Sencillamente, es algo tan raro, que nunca pasa inadvertido.

La visión de Nick con respecto a su familia fue el catalizador que usó Dios para llevar a cabo su agenda primaria. Esto es, para atraer la atención hacia sí mismo. Cuando Nick tomó la decisión de limitar el tipo de personas con las que comía, estaba pensando en función de la visión que tenía para su familia. Pero aquella decisión, junto con el hecho de que se negara a hacer concesiones, lo puso en la misma posición que una luz sobre una colina.

Así es como Dios funciona.

UNA CIUDAD SOBRE UNA COLINA

¿Ha orado alguna vez de una forma parecida a ésta: "Padre que estás en los cielos, haz que mi luz resplandezca ante los hombres de tal manera que vean mis buenas obras y te glorifiquen a ti" (Mateo 5:16)?

No escucho oraciones como ésta con mucha frecuencia. Nuestras oraciones giran cerca de nuestras visiones y nuestros sueños personales. Con demasiada frecuencia centramos nuestras energías al orar en tratar de lograr que Dios bendiga algo, cambie a alguien o nos conceda el éxito en algún proyecto. Él está mucho más interesado en la constancia de su luz en ambientes donde no se aprecia la luz. Todos nuestros proyectos, sueños y visiones sólo son oportunidades potenciales para que el Padre atraiga la atención y las personas hacia sí.

Cuando ore por su familia, no se limite a pedir "protección" y "bendición". Ore para que Dios pueda convertir a su familia en una luz dentro de su comunidad. Pídale que use las relaciones familiares que usted se esfuerza tanto en fomentar y mantener, para atraer la atención. Pídale que permita que otras personas detecten un elemento divino en la vida y el estilo de su familia.

Cuando ore para pedir el éxito en su economía y en sus negocios, pídale a Dios que se lo conceda de tal forma que aquéllos que no creen se interesen y observen. Tomando prestada la idea de Nehemías, ore para que la gente que lo rodea se dé cuenta de que usted logró el éxito con la ayuda de su Dios.

Una de las razones por las que no tomamos en serio esta clase de cosas, es que no creemos que nadie nos esté observando. Puede estar seguro de que no es así. Ellos lo están observando a usted, de la misma forma que usted los está observando a ellos. Nos encanta observarnos mutuamente y hablar los unos de los otros. Es algo que está en la naturaleza humana.

Cuando usted se marcha de la casa de sus vecinos, ellos hablan de usted, de la misma forma que usted habla de ellos mientras va rumbo a su casa.

"Me parece que están viviendo juntos."

"¿Oíste cómo les habló a sus hijos?"

"¿Te diste cuenta de la forma en que ella lo miró cuando él sacó el asunto de...?"

"De veras que se ven felices."

"¿Te parece que hayan limpiado alguna vez esas alfombras?"

En la oficina, usted observa la forma en que trabajan sus compañeros. Si usted es el patrono, está vigilando constantemente la forma en que sus empleados representan a su compañía. Si es padre, observa la forma en que otros padres se comportan con sus hijos. Si está casado, observa la forma en que otros matrimonios se tratan entre sí. Si es soltero, observa a todo el mundo.

Todos nos estamos observando unos a otros. Notamos lo bueno y lo malo. Nos comparamos física, económica y socialmente. Codiciamos. Queremos cosas. Murmuramos. Criticamos. Y envidiamos. ¿Por qué? Porque todos somos observadores de gente. Así que enfrente la realidad: La gente lo está vigilando, está hablando de usted, lo está criticando y de vez en cuando hasta lo envidia.

La cuestión es ésta: ¿Qué ven? ¿A quién ven? ¿Les pueden atribuir todo su éxito al trabajo duro y la buena suerte? ¿O hay algo en su vida que hace que se detengan a reflexionar?

La gente lo está vigilando. Está buscando algo auténtico. Está buscando algo que funcione. Y cuando lo vea, va a terminar haciendo preguntas.

Tengo un buen amigo llamado Pete, que ha sido cristiano durante dos años. Es de la antigua Unión Soviética. Nunca había oído el nombre de Jesús hasta que tuvo diez años. Su familia se trasladó a los Estados Unidos cuando tenía doce. Sus padres eran agnósticos y por consiguiente, nunca habían animado a Pete a explorar nada que tuviera que ver con religión.

Cuando yo conocí a Pete, él no era cristiano, pero estaba repleto de preguntas sobre el cristianismo. Yo le dije que respondería con todo gusto tantas preguntas como pudiera. Comenzamos a almorzar juntos cada dos semanas o así. Aquello duró diez meses.

Durante nuestra primera reunión, le pregunté por qué estaba tan interesado en el Evangelio. Esto es lo que me dijo.

"Yo tengo negocios con varias familias que tienen el tipo de matrimonio que yo quiero llegar a tener algún día. Todos ellos son cristianos. Sé que sus familias son así, gracias a su cristianismo."

Después de diez meses de estudio y debate sobre la Biblia, Pete oró para recibir a Cristo. ¿Por qué? Porque varias parejas llevaban adelante su matrimonio y sus negocios de una forma que era diferente a la norma. Y al examinarlos detenidamente, Pete captó un destello de algo divino. Sus vidas hicieron nacer en él una visión sobre lo que podría ser cierto con respecto a su propio matrimonio algún día. Eran vidas que valía la pena observar y, sin que ellos lo supieran, Pete los estaba observando.

La responsabilidad que una vez estuvo en manos de Israel, ha sido puesta sobre sus hombros. Usted está aquí para ser una luz en su mundo. Usted es una ciudad sobre una colina.

Usted es un faro en esta noche tenebrosa.

El éxito que Dios le conceda no es sólo para usted. Es un medio para alcanzar un fin mucho mayor. Un fin divino y eterno. Hay un potencial divino en todo lo que usted hace. Cuando las naciones vecinas vieron aquellos muros terminados, llegaron a la conclusión de que aquella obra había sido hecha con la ayuda de Dios. Le deseo que la gente de su mundo mire a su vida y llegue a la misma conclusión.

VISIOINGENIERÍA
PROYECTO # 15

1. ¿Qué potencial divino tienen sus visiones actuales? ¿Qué hay en esas visiones que tenga consecuencias eternas?

2. ¿Qué puede hacer usted para aumentar el potencial con respecto al reino en lo que está haciendo?¿Cómo puede actuar más intencionalmente para ser una luz sobre una colina?

3. ¿Ha perdido su paz mientras sigue su visión?

Recuerde:

- Por lo general, la paz sigue a la perspectiva, así que dé marcha atrás y recupere un poco de perspectiva

- La paz es fruto del Espíritu, así que sométase al Espíritu Santo.

4. ¿Está usted sacrificando su carácter en aras del logro de su visión?

- Deje de hacerlo. Está echando a perder su propia celebración.

- Hay una correlación directa entre su integridad y el potencial de su visión para el reino.

5. ¿Está usted economizando sus relaciones para seguir su visión?
   - Pídales perdón a las personas que ha descuidado.
   - Dele permiso a alguien para que le pregunte periódicamente acerca de sus relaciones clave.

6. Comience a orar de esta forma: "Padre que estás en los cielos, haz que mi luz resplandezca ante los hombres de tal manera que vean mis buenas obras y te glorifiquen a ti".

Capítulo dieciséis

El final de la línea

Dios siempre se revela en medio de unas visiones de las cuales es Él el autor. Cuando lo hace, la atención suele pasar de *lo que* se ha logrado *al que* alimentó esos logros. Éste es el secreto mejor guardado con respecto a las visiones que gozan de la sanción divina.

BLOQUE DE CONSTRUCCIÓN # 17

El fin de una visión dispuesta por Dios, es Dios mismo

Si usted está siguiendo una visión que Dios ha hecho nacer en su corazón, habrá momentos en el camino cuando se sentirá maravillado ante lo que Él ha hecho a favor suyo. En esos momentos, su atención va a ir de la obra que tiene entre manos, a la fidelidad de su Padre celestial.

Sus visiones no son sólo caminos que Dios va a usar para hacer algo a través de usted. También son caminos que Dios va a usar para hacer algo en usted, porque la respuesta natural a su intervención es la adoración, la rendición y la obediencia.

Cuando Dios se presenta, todo el que está cerca queda afectado. Creyentes, incrédulos, consagrados, no consagrados... no importa. El poder de su presencia, aun incluso en pequeñas dosis, deja su huella. Por eso Pablo pudo escribir con toda firmeza que llegaría un día en que "se doblaría toda rodilla, y toda lengua confesaría a Dios" (Romanos 14:11). En el día del juicio, su gloria será irresistible. Nadie va a ser capaz de quedar en pie.

Mientras tanto, Dios sigue dando a conocer su presencia y su gloria de formas pequeñas y breves. De vez en cuando se presenta en nuestros pequeños mundos, que de no ser así serían insignificantes, y nos permite ver un destello de su gloria. Y cuando lo hace, somos transformados.

¿Recuerda aquella vez que Jesús le dijo a Pedro que lo llevara a pescar? Pedro había estado pescando toda la noche, y todo lo que podía mostrar eran unas redes enmarañadas. El pensamiento de volver a remar hasta el centro del lago era más de lo que él podía soportar. Además, aquella vez tenía un público. Jesús había atraído una numerosa multitud. Y todo el mundo sabía que no se pescaba con redes en medio del día. El agua estaba demasiado caliente. Los peces estarían en las partes más profundas y frescas del lago. Pero Pedro cedió ante la petición de Jesús y, antes que se diera cuenta, su red estaba tan llena de peces, que tuvo que pedir ayuda.

Mi parte favorita en este relato es la reacción de Pedro. Cualquiera esperaría algo como: "¡Miren cuánto pescado! No voy a tener que trabajar en toda una semana". Pero Pedro acababa de experimentar de primera mano el poder de Dios. Lucas describe de esta forma su reacción: "Viendo esto Simón Pedro, cayó de rodillas ante Jesús, diciendo: Apártate de mí, Señor, porque soy hombre pecador." (Lucas 5:8).

Cuando se presenta Dios, el enfoque cambia. Las redes repletas pierden su importancia cuando el Dios del cielo y la tierra hace conocer su presencia. De igual manera sucede con la reconstrucción de unos muros que han permanecido en ruinas durante generaciones.

EL DESPERTAR

Sanbalat y sus colegas no fueron los únicos que reconocieron que Dios había intervenido a favor de Israel. El pueblo de Israel también lo reconoció. Pero al parecer, fueron un poco lentos para captarlo.

Una vez terminados los muros, los trabajadores regresaron a sus hogares en los poblados y las aldeas de los alrededores. Los dos meses anteriores habían significado una interrupción total de la vida tal como ellos la habían conocido. Además, tenían que pensar en la cosecha del año próximo.

Pero cuando trataron de volver a su rutina de siempre, comenzaron a darse cuenta de la significación que tenía lo sucedido. Al darse cuenta de que Dios los había protegido y bendecido durante aquellos cincuenta y dos días de intensa labor, se sintieron abrumados con sentimientos de culpa y de gratitud. Culpa, porque durante años habían ignorado la Ley de Dios. Gratitud, porque sabían que a pesar de su desobediencia, Dios había decidido bendecirlos. Estaban claramente conscientes de que sin la intervención divina no habrían tenido unos muros. Por consiguiente, el pueblo comenzó a experimentar una fuerte sensación de remordimiento por sus años de apatía espiritual.

Los muros fueron terminados seis días antes del comienzo del año nuevo. Según la Ley, aquél era el momento señalado para que los judíos celebraran la Fiesta de las Trompetas. Pero para la mayoría de los judíos que vivían en Israel en aquellos días, esta Fiesta sólo era una excusa para no trabajar. No le daban significado religioso alguno a la fiesta.

No obstante, en aquel Año Nuevo, la conciencia de la nación necesitó alguna atención. Espontáneamente, sin que Nehemías los tuviera que empujar, el pueblo salió de sus hogares en los poblados y las aldeas de la zona y se comenzó a reunir en la plaza de Jerusalén. Al parecer, no se había planificado ninguna celebración cívica o religiosa. Era una reunión espontánea del pueblo. Dios los había visitado. Y había llegado el tiempo de darle a Él la atención y la consagración que merecía.

Finalmente, alguien en la multitud tuvo la idea de que necesitaban oír palabra de Dios, así que llamaron al escriba Esdras para que sacara la Ley y se la leyera.

Y se juntó todo el pueblo como un solo hombre en la plaza que está delante de la puerta de las Aguas, y dijeron a Esdras el escriba que trajese el libro de la ley de Moisés, la cual Jehová había dado a Israel. Y el sacerdote Esdras trajo la ley delante de la congregación, así de hombres como de mujeres y de todos los que podían entender, el primer día del mes séptimo. Y leyó en el libro delante de la plaza que está delante de la puerta de las Aguas, desde el alba hasta el mediodía, en presencia de hombres y mujeres y de todos los que podían entender; y los oídos de todo el pueblo estaban atentos al libro de la ley. (Nehemías 8:1-3)

Durante cinco o seis horas, permanecieron allí de pie, escuchando a Esdras mientras éste leía la Ley. Observe su reacción cuando él comenzó a leer.

Abrió, pues, Esdras el libro a ojos de todo el pueblo, porque estaba más alto que todo el pueblo; y cuando lo abrió, todo el pueblo estuvo atento. Bendijo entonces Esdras a Jehová, Dios grande. Y todo el pueblo respondió: ¡Amén! ¡Amén! alzando sus manos; y se humillaron y adoraron a Jehová inclinados a tierra. (vv. 5-6)

Era como si aquella nación despertara de pronto a la realidad de su triste estado espiritual. Como Adán y Eva, se dieron cuenta de que estaban desnudos. Y al darse cuenta de esto, los inundó una sensación de vergüenza. Nehemías dice que lloraban mientras se leían las Escrituras (v. 9).

El aspecto más notable de esta escena es que en ningún momento se hace mención alguna de los muros. Está claro que la reconstrucción había servido de catalizador para que se renovara el interés del pueblo en Dios y en su Ley. Pero es casi como si hubieran olvidado los muros. No se menciona una celebración. Nadie sugiere que se haga una fiesta. Cualquiera se habría imaginado que se produciría por lo menos algún tipo de ceremonia para conmemorar el éxito del proyecto. Pero nadie parecía estar interesado en lo más mínimo en algo así. Su atención había pasado de la visión de unos muros reconstruidos, al autor mismo de su visión.

Es Pedro y sus redes repletas de nuevo. Dios llega. Cuando interviene, los peces y los ladrillos son lo último de lo que la gente querría hablar. Son inconsecuentes. En ambas ocasiones, Dios captó por completo la atención de todos los involucrados. Así hace Él las cosas.

Una fiesta olvidada

Después de seis horas de permanecer de pie oyendo leer a alguien, nos podemos imaginar que aquella gente estaría ya cansada. Pero al día siguiente, la mayoría de los hombres regresaron para otra sesión.

Mientras Esdras leía partes del Levítico, se quedaron estupefactos al descubrir que Dios le había ordenado a la nación que celebrara otra fiesta durante aquel primer mes del año. En el Levítico se le da a esta fiesta el nombre de Fiesta de los Tabernáculos o de las Cabañas (Levítico 23:34, 39).

Aquella celebración estaba destinada a recordarle al pueblo su liberación de Egipto y la forma en que Dios cuidó de la nación en el desierto. Dios sabía que terminarían construyendo hogares permanentes en Canaán. Una vez asentados, sabía que se olvidarían de la forma en que Él los cuidó y les proveyó de lo necesario durante sus años de nómadas.

Era una fiesta de siete días. Durante ese tiempo, el pueblo debía vivir en tiendas de campaña o cabañas hechas de ramas. Eran lugares de habitación semejantes a los usados por sus antepasados mientras iban recorriendo el desierto.

Israel no había celebrado esta fiesta de la forma correcta desde los días de Josué, centenares de años antes. Al parecer, no la creían importante. Además, era terriblemente incómodo acampar en su propio patio delantero.

Dios había establecido aquella fiesta como una ayuda visual —un memorial físico— de que Él estaba dispuesto a cuidar y proteger a los que le siguieran, e intervenir a favor de ellos. Al descuidar aquel memorial, olvidaron su promesa. Por fin, terminaron olvidándolo a Él también.

Pero aquellos días eran tiempos de renovación espiritual. Se pusieron a construir sus cabañas. ¿Por qué? Porque Dios decía que lo hicieran. Bastaba con eso. Como la nación del pasado, ellos habían experimentado su poder de manera directa. Un simple mandato era toda la razón que necesitaban.

> Salió, pues, el pueblo, y trajeron ramas e hicieron tabernáculos, cada uno sobre su terrado, en sus patios, en los patios de la casa de Dios, en la plaza de la puerta de las Aguas, y en la plaza de la puerta de Efraín. Y toda la congregación que volvió de la cautividad hizo tabernáculos, y en tabernáculos habitó; porque desde los días de Josué hijo de Nun hasta aquel día, no habían hecho así los hijos de Israel. Y hubo alegría muy grande. (Nehemías 8:16-17)

VISIOINGENIERÍA

Cuando Dios interviene, la atención se centra en Él. La intervención divina, cuando se la reconoce, tiene por consecuencia una adoración auténtica y una obediencia absoluta. Ésta es la agenda definitiva de Dios con respecto a las visiones que le ha dado a usted. Él se halla al final de las visiones que ha iniciado. Sus visiones son para su gloria. Él es el final de la línea.

Dios quiere llevarlo a donde llevó a la nación de Israel. A un punto en el cual la adoración es sincera y espontánea. Un lugar donde la obediencia se desborda de un corazón agradecido. La visión es uno de sus instrumentos principales para lanzarnos a ese tipo de experiencia.

Todos los padres que han visto cómo sus hijos se inclinaban para recibir a Jesús como Salvador, saben de lo que estoy hablando. Ése es un momento con el que sueñan todos los padres cristianos acerca de sus hijos. Sin embargo, vivimos conscientes de que somos limitados en cuanto a lo que podemos hacer para llevar a nuestros hijos al punto de tomar una decisión. Es necesario que Dios intervenga en el corazón de ese hijo para que la visión se convierta en realidad.

Mientras escuchaba a Andrew, mi hijo mayor, cuando le pedía a Jesús que entrara en su corazón, mis pensamientos no estaban centrados en las cosas que Sandra y yo habíamos hecho para guiarlo hasta aquel momento. Al contrario. Estaba lleno de gratitud hacia el Padre porque había intervenido a favor de Andrew. Lo adoraba mientras mi hijo oraba.

Lo que yo sabía que podía y debía ser se estaba convirtiendo en realidad. Pero mi papel en este proceso quedaba eclipsado por la obra que era obvio que la gracia de Dios había hecho en el corazón de mi hijo de seis años. Mi adoración y mi sumisión en aquellos momentos sólo eran una reacción ante la intervención divina en la vida de mi hijo. En aquel momento de encuentro, fui llevado a un punto en el que estaba adorando a Dios por sí mismo.

A este punto de "Dios por sí mismo" es al que el Padre nos quiere llevar. En esos momentos adoramos, no porque se nos haya indicado que lo hagamos. Lo hacemos, porque es lo único que parece adecuado. En ese punto, la fe no conoce límites. En ese punto, no confiamos por *lo que se nos ha prometido*, sino por *el carácter* de Aquél en quien se nos ha llamado a confiar.

Más importante que el cumplimiento de su visión es el cumplimiento de la visión de Dios para usted. Puesto que usted es hijo suyo, Él lo ve ya maduro en su pensamiento, fe y conducta, hasta el punto en que pueda ser considerado como conformado a la imagen de Cristo. Alguien cuyo carácter, perspectiva y conducta reflejen los del Salvador.

En su carta a los cristianos de Éfeso, Pablo lanza en nombre de Dios una visión con respecto a todos los creyentes. Informa a sus destinatarios que el propósito de Dios al concederle dones espirituales a la iglesia es

> la edificación del cuerpo de Cristo,... hasta que todos lleguemos a la unidad de la fe y del conocimiento del Hijo de Dios, a un varón perfecto, a la medida de la estatura de la plenitud de Cristo. (Efesios 4:12b-13)

La visión de Dios con respecto a usted y a mí es la madurez. La madurez espiritual se mide por lo prontamente que respondemos a la persona de Dios, más que a sus promesas. Comprende el que lleguemos a un punto en el que *quien* pide sea más importante que *lo que* nos está pidiendo. Su visión es la avenida que Dios va a usar muy probablemente para llevarlo hasta ese punto. Y una vez allí, si Dios le dice que edifique una cabaña en su patio delantero y viva en ella durante una semana, usted va a comenzar a recoger ramas sin hacer pregunta alguna.

CHICK-FIL-A

Truett Cathy, fundador de la cadena de restaurantes Chick-fil-A, es un hombre cuyas actitudes y estilo de vida reflejan la gratitud por todo lo que Dios hizo durante sus años de pionero en el negocio de los restaurantes.

En 1945, Truett y su hermano Ben tuvieron la visión de construir y operar juntos un restaurante. Después de unir sus ahorros, vender el auto de Truett y hallar favor con el First National Bank de Atlanta, pudieron juntar $10.600.

En su libro *It's Easier to Succeed Than to Fail* ["Es más fácil triunfar que fracasar"], Truett describe los obstáculos a los que se enfrentaron en los años posteriores a la Segunda Guerra Mundial, cuando los materiales de construcción escaseaban. Los grandes contratistas eran los primeros en recibir cuanto hubiera disponible. Por consiguiente, Truett y su hermano se vieron forzados a comprar materiales de construcción usados. Los clavos eran tan difíciles de hallar, que tenían que enderezar clavos viejos y usarlos.

Cuando su edificio estaba casi terminado, se enfrentaron con un segundo obstáculo. No podían comprar suficiente comida para su parrilla. Una vez más, la economía posterior a la Segunda Guerra Mundial hacía difícil conseguir carne. Los restaurantes mayores y más establecidos habían hallado formas de pasar por encima de las restricciones y los controles del gobierno. Pero un par de personajes que estaban empezando de la nada, no tenían influencia alguna en el negocio de la comida, tan fuertemente controlado.

A pesar de estos obstáculos, Truett y Ben abrieron el Dwarf Grill como tenían planificado en mayo de 1946. Mientras caminaba alrededor del edificio en el día de apertura, Truett se sintió sobrecogido ante el cuidado providencial y la intervención de Dios. Reconoció que sin la ayuda divina, el Dwarf Grill (que dos años más tarde recibió el nombre de Dwarf House) nunca habría pasado de ser una buena idea.

Caminé solo alrededor del edificio, con el corazón lleno de una felicidad que no podía expresar. Le di gracias a Dios por ayudarnos y por darnos el valor necesario para comenzar y seguir adelante.[1]

En los años posteriores, la visión de Truett creció. Como él dice: "Las ideas vienen de Dios, pero no permanecen. Hay que actuar de acuerdo con ellas".[2] En 1967, Truett actuó a partir de su nueva idea. Construyó e inauguró su primera unidad de Chick-fil-A. En los años que siguieron, Truett y su equipo convirtieron el Chick-fil-A en una cadena internacional de restaurantes con unos ingresos anuales que se aproximan a los mil millones de dólares.

Las personas cercanas a Truett dan testimonio de que él nunca ha olvidado la fidelidad de Dios en los primeros días. Se sigue sintiendo maravillado ante la intervención de Dios a favor suyo. Esta sensación de gratitud se refleja en la declaración de propósitos de su corporación:

Glorificar a Dios como fieles mayordomos de todo lo que nos ha encomendado. Tener una influencia positiva sobre todos los que entran en contacto con Chick-fil-A.[3]

Es interesante saber que esta declaración fue redactada cuando la compañía se enfrentaba a su primera disminución anual en las ventas. Casi de un día para otro, Chick-fil-A se enfrentó al tipo de incertidumbre económica que lleva a la corporación promedio a abandonar sus valores básicos en busca de lo práctico y provechoso. Humanamente hablando, Truett habría tenido toda la razón del mundo para hacerlo.

No podía pasar por alto las pobres cifras de las ventas. Nuestras ventas reales habían caído, a pesar de que teníamos más restaurantes. Miré el problema al que nos enfrentábamos. Había cinco centros comerciales que debían abrir, pero los constructores los habían retrasado durante meses. Nosotros habíamos dirigido todo nuestro programa hacia las fechas fijadas por los centros comerciales. Eso significaba que les teníamos que pagar a unos Operadores que no tenían restaurante...

Encima de eso, la economía de los Estados Unidos se volvió loca, con una inflación increíble. Las tasas de intereses subieron hasta el veintitrés por ciento, que es lo que tuvimos que pagar durante un tiempo. Sentía que me estaban exprimiendo. Temía a las deudas, pero había firmado un contrato de alquiler con respecto a algunas propiedades, y no me podía desentender de ellas. Dondequiera que mirara, o que me diera la vuelta, la situación se iba haciendo peor. No podía comprender lo que estaba sucediendo.[4]

En medio de aquellos tiempos tan difíciles, Truett y su personal tomaron la decisión de abrazar y publicar la primera declaración de propósitos de la corporación. Sabían que si hablaban con tanta valentía acerca de su fe cuando el futuro de la compañía estaba en peligro, habrían encontrado resistencia e incluso el ridículo de parte de gente que estaba dentro de la organización. Pero Truett y su familia habían experimentado la intervención de Dios en demasiadas ocasiones para abandonar su visión. Así que desarrollaron una campaña para asegurarse de que todos los Operadores y miembros del personal de Chick-fil-A tuvieran una copia de su declaración de propósitos.

Seis meses más tarde, las ventas de la compañía habían aumentado en un cuarenta por ciento con respecto al año anterior. Dios honró la fidelidad de Truett. Como en los primeros tiempos en Dwarf House, Truett se sintió abrumado por la intervención de Dios a favor suyo.

> Muchas veces venimos a darnos cuenta de lo que ha hecho Dios mucho más tarde, cuando reflexionamos sobre los acontecimientos. Y si no tenemos cuidado, lo aceptamos todo como algo que somos nosotros los que lo hemos hecho. Nos olvidamos de la forma tan bondadosa en que Dios se ha involucrado. Tal vez yo también lo hubiera hecho, de no haber sido por la forma en que se produjeron las cosas. Les hicimos nuestro compromiso público a los Operadores en un punto bajo de nuestra economía. Esa declaración nos habría podido acarrear el ridículo y malas reacciones de nuestra gente, pero teníamos que proclamar nuestra posición. Y entonces, todo lo demás se comenzó a resolver.[5]

Truett nunca olvidó "la forma tan bondadosa en que Dios se había involucrado". Por consiguiente, él y su equipo de líderes han permanecido fieles a su visión y propósito cuando las circunstancias han hecho más atractivas otras opciones. No es fácil encontrar una compañía con los ingresos y la participación en el mercado que tiene Chick-fil-A, y que esté dispuesta a darle crédito público al que lo merece. Su decisión de hacerlo parte del reconocimiento de la fidelidad de Dios en sus primeros tiempos.

EL DILEMA DE LA GLORIA

El fin de una visión de inspiración divina es el mismo Dios. Siempre sigue regresando a Él. Pero esta noción no deja de tener problemas ni críticos.

En el pasado, el pensamiento de que Dios reclamara para sí todo el crédito me hacía sentir incómodo. ¿Cómo es posible que algo que parece tan centrado en sí mismo sea un atributo de un Dios perfecto? ¿Cómo es que a mí se me indica que debo ser desprendido, pero Aquél que me está dando esa indicación se siente libre para reclamar todo el crédito?

El pensamiento de que la agenda definitiva de Dios pueda ser su propio engrandecimiento es algo casi nauseabundo. Al fin y al cabo, el engrandecimiento propio es la menos deseable de todas las características humanas. Puedo aceptar casi todo con mayor facilidad, que la presunción descarada. Sin embargo, a lo largo de todas las Escrituras, Dios no esconde el hecho de que todo, hasta el dolor, es finalmente para gloria suya.

El su brillante librito llamado *Hot Tub Religion* ["Religión de bañera caliente"], J. I. Packer se refiere al dilema del derecho de Dios a la gloria.

A primera vista, nos es difícil creer la afirmación de que Dios siempre trata de glorificarse a sí mismo. Nuestra acción inmediata es una incómoda sensación de que una idea así es indigna de Dios; que la preocupación por sí mismo, de cualquier forma que sea, es incompatible con la perfección natural, y en especial con la naturaleza de Dios, que es amor...

> Si es correcto que el ser humano tenga como meta la gloria de Dios, ¿puede ser incorrecto que Dios tenga esa misma meta? Porque si el ser humano no puede tener una razón de ser más alta que la gloria de Dios, ¿cómo puede tener otra Dios mismo? Si es incorrecto que el hombre busque un fin inferior a éste, también sería incorrecto para Dios. La razón por la que no puede ser correcto que el hombre viva para sí mismo, como si fuera Dios, es que no es Dios. En cambio, no puede ser incorrecto que Dios busque su propia gloria, sencillamente porque Él es Dios.[6]

La idea de un Dios que toma para sí el crédito es incómoda. Sin embargo, tal como señala Packer, es la única opción lógica. Y la única segura. Cuando perdemos de vista el propósito definitivo de Dios, que es su gloria, es inevitable que comencemos a tratar de reclamar para nosotros mismos lo que por derecho le corresponde a Él. Una vez que cruzamos esa línea, hay un sentido en el que se vuelve un riesgo que Dios intervenga a favor nuestro. Hacerlo sería prepararnos el terreno para un nuevo delito.

Nuestro innato afán de aprobación, crédito, atención y gloria es lo que causa que muchos visionarios bien intencionados secuestren la visión de Dios para usarla en sus propios fines egoístas. Todos lo hemos visto. Desde líderes de fama nacional, hasta hombres y mujeres de nuestras comunidades.

El esquema es muy semejante. Dios le da a una persona una idea de lo que podría y debería ser. Esa persona lanza una visión atrayente. La gente apoya la causa. Las cosas comienzan a funcionar. Pronto, está disfrutando de la notoriedad y las recompensas que acompañan al éxito. Y entonces, algo cambia.

El líder desarrolla una amnesia espiritual. Comienza a dar por segura la bendición de Dios. Poco a poco, se comienza a arrimar al foco de luz. Con el tiempo, llega a sentir que es indispensable para la visión.

Esto suele ir seguido por una erosión del carácter. Con mucha frecuencia, los hombres y mujeres que pierden de vista el hecho de que Dios está involucrado en su caminar hacia el logro de su visión, comienzan a representar el papel de dioses.

Pero las cosas no tienen por qué ser así.

TERMINAR BIEN

Nuestra generación tiene el privilegio de observar cómo uno de los siervos escogidos de Dios termina bien. Durante más de cincuenta años, el Dr. Billy Graham ha permanecido fiel a la visión que Dios le dio. Su fidelidad ha tenido por consecuencia oportunidades para predicarles personalmente a más de doscientos millones de personas. Millones de personas más han quedado impactadas por su ministerio a través de la radio y la televisión. La perspectiva del Dr. Graham con respecto a sus logros es refrescante.

Con frecuencia he dicho que lo primero que voy a hacer cuando llegue al cielo es preguntar: "¿Por qué yo, Señor? ¿Por qué escogiste a un muchacho campesino de Carolina del Norte para alcanzar a tanta gente, para tener un equipo tan maravilloso de ayudantes y para participar en lo que estabas haciendo en la segunda mitad del siglo veinte?"

Sin embargo, cuando miro atrás, sé que mi sentimiento más profundo es una abrumadora gratitud. No puedo tomar crédito alguno por cuanto Dios ha decidido realizar a través de nosotros y de nuestro ministerio; sólo Dios merece la gloria, y nunca le podremos agradecer lo suficiente las grandes cosas que ha hecho.[7]

El fin de una visión de origen divino es Dios mismo. Cuando Él intervenga, usted también se va a encontrar preguntando: "¿Por qué yo?"

VISIOINGENIERÍA
PROYECTO # 16

La sensación de reverencia que sigue a un encuentro con Dios sólo puede ir tan lejos como vaya nuestra memoria. La experiencia personal da testimonio del hecho de que es fácil olvidar la fidelidad de Dios en el pasado. Cuando se cruzan su fidelidad y nuestra fe, salimos de ese encuentro seguros de que nunca vamos a ser los mismos, y que nunca vamos a volver a dudar de Él. Sin embargo, el tiempo y las circunstancias tienen su manera de emborronar el pasado. Los nuevos retos hacen nacer nuevas dudas.

Por esta razón, usted necesita un registro escrito; un relato detallado de aquellos momentos en los cuales Dios actuó a favor suyo. Necesita llevar un diario.

Chuck Swindoll describe el diario como "un registro íntimo del viaje que el Señor y yo vamos haciendo juntos".[8] El diario es la historia de su vida con Dios. Es una forma de documentar las lecciones que Dios nos ha enseñado, así como las experiencias de las que nos ha sacado con bien.

Además, lo que escribimos en el diario nos da puntos destacados... marcadores históricos, fechas que especifican las formas profundas en que Dios ha actuado en la profundidad de nuestra alma, así como las cosas que ha hecho a favor nuestro. Necesitamos conservar un registro escrito de estas intervenciones divinas.[9]

La razón por la que no escribimos estas experiencias, es que no nos imaginamos que las vayamos a olvidar jamás. Sin embargo, lo hacemos, sobre todo en los detalles.

Peor que olvidar, tenemos la tendencia a reinterpretar los acontecimientos de nuestro pasado. Cuando Dios parece distante, es fácil recordar los sucesos a los cuales les hemos dado una significación espiritual especial, y preguntarnos si fue realmente de Dios lo que experimentamos. En cambio, un relato escrito y detallado es algo que nos obliga. Es mucho más fácil discutir con nuestra memoria, que con las palabras escritas en una página.

La intervención divina, cuando *se reconoce,* tiene por consecuencia una adoración auténtica y una obediencia absoluta. La intervención divina, cuando *se recuerda,* puede dar los mismos resultados. Escriba su diario y recuerde.

Capítulo diecisiete
_____

Mantener el curso

La prueba final de un líder es que deja tras sí
en otros la convicción y la decisión de seguir
adelante con la obra
WALTER LIPPMAN

Cuando yo era niño, nuestra familia tenía una caravana de viaje de unos cinco metros y medio de largo. Todos los veranos, los cuatro metíamos en él nuestro equipaje y nos dirigíamos a la playa. Nuestro lugar favorito para acampar era la serie de playas que hay fuera de Naples, en la Florida. A mediados de los años sesenta no había allí nada más que arena. No había casas, ni condominios, ni lugares para acampar marcados. Sencillamente, íbamos conduciendo la caravana por la playa junto a la línea de los árboles, hasta que encontrábamos un lugar que nos gustaba. Muchas veces pasábamos días sin ver a ninguna otra alma viviente.

El mar junto a esa parte de la costa de la Florida es hermoso, pero la resaca puede ser muy fuerte. Si usted no está atento, se puede hallar a centenares de metros de donde entró. Más que ser peligrosa, causa miedo. Todavía recuerdo que cuando niño miraba a la orilla y me preguntaba por qué mis padres habían trasladado nuestro campamento.

Como medida de precaución, papá apilaba una docena o más de cocos a unos quince metros de la caravana, y nos indicaba que debíamos permanecer entre la caravana y los cocos. Si la marea nos llevaba más allá de los cocos, teníamos que salirnos del agua y volver caminando por la playa hasta estar frente a la caravana. Entonces podíamos volver a entrar.

De vez en cuando mirábamos a la orilla para asegurarnos de que todavía estábamos dentro de los límites. Si así era, seguíamos con lo que estábamos haciendo. Si no, volvíamos a la orilla y caminábamos de vuelta por la playa.

Al caminar tras las diversas visiones que Dios ha puesto ante usted, tendrá la tendencia a irse apartando. En cierto sentido, todos somos como niños jugando con la resaca. Vivimos, trabajamos y jugamos en la resaca. Hay una corriente que nos está empujando constantemente hacia las concesiones, la autosuficiencia y la conveniencia. Sin un punto de referencia claro, nos es fácil racionalizar y justificar prácticamente todo. Esto es especialmente cierto cuando las concesiones parecen ser un medio necesario para lograr nuestra visión.

Para compensar ese constante empuje hacia las concesiones morales y espirituales, usted necesita desarrollar una clara norma de creencias y de conducta para tenerla como punto de referencia a lo largo del camino. Sus creencias y formas de conducta básicas funcionan como aquel montón de cocos. Le sirven como barandas morales y éticas mientras usted trata de convertir en realidad su visión.

PRESENTAR UNA NORMA

La última vez que vimos a nuestros amigos judíos, estaban acampando en sus patios. Cuando se acercaba el final de la Fiesta de los Tabernáculos, se les ocurrió a varios líderes de la comunidad que era tiempo de hacer unos cuantos cambios prácticos en la forma de dirigir la comunidad. Reconocieron que el impulso de su avance espiritual no era suficiente para impedir que se deslizaran de vuelta al letargo espiritual del que acababan de salir. Necesitaban unos cuantos cocos en la playa.

Aquellos líderes comprendían que sus problemas se debían a que sus antepasados habían decidido abandonar la Ley de Dios. Fueron lo suficientemente sabios como para reconocer que era la desobediencia, y no la debilidad militar, la razón decisiva por la que habían invadido sus fronteras. Los líderes de la comunidad sabían que si Dios había permitido una vez que echaran abajo los muros, nada impediría que permitiera que los derrumbaran por segunda vez.

Así que desarrollaron un pacto escrito entre Dios y ellos. En el pacto, prometían entrega al Señor Dios y a su Ley (9:38). Los líderes lo firmaron, y todos juraron cumplir con su parte del trato (10:28-39). Aquél era su montón de cocos. El documento serviría como norma objetiva y clara por la cual medir su conducta y sus creencias.

El pacto tenía que ver con tres aspectos concretos que habían sido la raíz de la decadencia moral y espiritual de Israel en el pasado: sus relaciones con los extranjeros, su respeto por el día de reposo y el cuidado del templo.

Para cumplir lo prometido, el pueblo se vio obligado a dar algunos pasos radicales en cuanto a sus relaciones y a su economía. En cuanto a las relaciones, no seles permitió casarse con personas extranjeras, y en algunos casos, ni asociarse siquiera con ellas. Esto fue especialmente embarazoso para los que ya tenían esposa extranjera.

En lo económico, hicieron varias concesiones costosas. Para comenzar, aceptaron cerrar sus negocios en el día de reposo. Su mayor concesión económica tenía que ver con sus prácticas agrícolas. El pueblo decidió honrar el mandato de Dios en el Éxodo con respecto al descanso sabático para la tierra (Éxodo 23:10-11). Esta ley les prohibía a los campesinos que sembraran en uno de cada siete años. La idea que había tras esta ley era obligar al pueblo a confiar en que Dios lo sostendría con su mano, y no a través de su labor. Como se podrá imaginar, no era una ley que le interesara cumplir a nadie.

Si se toma un momento para leer todo el relato, verá que el pueblo que vivía en Jerusalén tenía una visión renovada con respecto a su nación. Estaban comenzando a ver a Israel como podía y debía ser. Por consiguiente, estaban decididos a mantener el impulso desarrollado durante el proceso de reconstrucción.

Estaban comenzando a identificarse con el Israel del pasado; la nación de la que tanto habían oído en su niñez. El Israel cuya entrega a Dios servía como invitación abierta para la intervención divina; la nación conocida por su dependencia del Señor Dios y su fidelidad a Él.

Nehemías y su consejo de gobierno fueron lo suficientemente sabios para reconocer que el tiempo tiene su forma de erosionar la pasión inicial asociada con un avance espiritual. El desarrollo de aquel pacto era su forma de salvaguardar la visión. Era su forma de mantener vivo el sueño. Si se alejaban por completo de las influencias extranjeras, confiaban en que Dios proveería, tanto en lo económico como en lo agrícola, y volvían a convertir el templo en el centro de la comunidad, se convertirían en un pueblo al que se podría bendecir. Con estas cosas en su lugar, podrían vivir para ver el día en que Israel cumpliera una vez más el papel que Dios le había asignado.

La reorganización social y religiosa de Israel señala hacia un axioma absolutamente crítico para el éxito de toda visión. Los visionarios deben fijar un conjunto de formas de conducta y creencias básicas, y adherirse a él.

BLOQUE DE CONSTRUCCIÓN # 18

Para mantener una visión hace falta adherirse a un conjunto de creencias y formas de conducta básicas.

Para mantener la visión en movimiento y en la dirección correcta, los involucrados en ella deben abrazar un código de conducta que todos ellos hayan aceptado. En el mundo de los negocios se suele llamar "valores" a estos principios. Cualquiera que sea la terminología que se utilice, por medio de la observación y la experiencia se ha llegado a establecer que se deben mantener unos límites en la conducta para proteger la integridad de una visión.

En su éxito de librería *Built To Last* ["Construido para perdurar"], Jim Collins presenta los resultados de una búsqueda de seis años destinada a identificar e investigar el desarrollo de unas compañías a las que él llama "visionarias". Marriott, 3M, Boeing, Merck, Sony y Walt Disney son unas cuantas de las compañías que aparecen en su lista.

> Las compañías visionarias son instituciones de primera clase —joyas de la corona— en sus industrias respectivas, ampliamente admiradas por sus iguales, y con un historial de haber logrado un impacto significativo en el mundo que las rodea.[1]

La pregunta que trató de responder la investigación de Jim fue ésta: ¿Qué hace que una compañía sea visionaria? ¿Qué tienen estas compañías que las ha capacitado para permanecer a la cabeza de su industria durante tantos años?

Encontró varias características, denominadores comunes, que compartían todas estas compañías visionarias. Una de esas características es una fidelidad sin concesiones a un conjunto de valores básicos. Él define estos valores como "los principios esenciales y permanentes de la organización; un pequeño conjunto de principios generales destinados a guiarlas".[2] En las compañías visionarias se entiende que nunca se deben hacer concesiones en cuanto a estos principios, ni siquiera para obtener ganancias económicas.

Collins incluye una cita de Tom Watson Jr., antiguo jefe ejecutivo de la IBM, en la que se subraya lo importante que es un conjunto de principios orientadores para la visión de una organización.

Creo que toda organización, para sobrevivir y lograr el éxito, necesita un sólido conjunto de creencias que les sirva de premisa a todas sus normas y actuaciones. Después, creo que el factor más importante de todos en el éxito de una corporación es la adhesión fiel a esas creencias... Las creencias siempre deben ir por delante de las normas, las prácticas y las metas. Es necesario alterar estas últimas, si se ve que violan las creencias fundamentales.[3]

Esto parece algo como lo que yo le diría a mi congregación. "Las creencias siempre deben ir por delante de las normas, las prácticas y las metas." Para mantener su visión, es necesario que adopte un conjunto de esas cosas que Tom Watson llama "creencias". Esas creencias son las que fijan las líneas normativas dentro de las cuales usted y su equipo van a operar mientras convierten en realidad su visión.

Jim Collins y Tom Watson se han tropezado con un principio que ha sido válido desde que Dios puso a Adán y Eva en el huerto del Edén. Las creencias básicas y las formas de conducta que las siguen son las que han mantenido viva a la iglesia durante dos mil años. Esta dinámica de causa y efecto que Collins y Watson han observado en funcionamiento dentro del mercado forma parte de toda relación u organización duradera.

Jesús lo dijo de esta forma: "Todo reino dividido contra sí mismo, es asolado, y toda ciudad o casa dividida contra sí misma, no permanecerá" (Mateo 12:25).

Podríamos sustituir la palabra *reino* por los términos *organización, familia* o *ministerio*. Ninguna de esas instituciones puede sobrevivir a la división. En el capítulo 12 hablamos de la cuestión de la alineación. Allí señalamos que las visiones florecen en un ambiente de unidad, mientras que mueren en un ambiente atormentado por las divisiones. Las visiones no pueden mantenerse bajo la presión de unos períodos prolongados de desunión entre los miembros del equipo.

Sólo se puede mantener la unidad donde hay acuerdo acerca de un conjunto de creencias y formas de conducta básicas, y fidelidad a ellas. Estas creencias y formas de conducta son las que fijan las expectaciones de los miembros del equipo. Cuando se las viola o abandona, se sacuden los fundamentos mismos de la organización o la familia. Ya nadie sabe qué esperar. Se ha violado la confianza. La visión sufre.

EL FACTOR DE SER BENDECIBLES

Con todo, no es la unidad lo único que se halla en riesgo. Tal como lo descubrieron Nehemías y el pueblo de Israel, hay otra importante dinámica que los líderes no se pueden dar el lujo de pasar por alto. La adhesión a un conjunto predeterminado de creencias y formas de conducta hace que sus visiones sean bendecibles. Hay ciertas cosas que Dios ha decidido bendecir. Por ejemplo, la obediencia. Y hay también otras cosas que se niega a bendecir. Por ejemplo, la desobediencia.

El problema de Israel era que su desobediencia lo había colocado fuera de la esfera de lo bendecible. Amado, sí; bendecible, no. Además, la desobediencia hizo que el pueblo perdiera de vista la visión que Dios había establecido para él.

En su condición de visionario, es imprescindible que usted permanezca bendecible. Traduciendo, esto quiere decir que se debe adherir a un conjunto de creencias y formas de conducta que reflejen los principios de las Escrituras, y llevar a su equipo a adherirse también a ellas. Es posible que su negocio o ministerio quiera desarrollar unas aplicaciones concretas de estos principios que los conviertan en algo distinto a sus competidores o a las organizaciones similares. Pero como mínimo, es necesario que abrace las normas presentadas en las Escrituras. Reflexione en las consecuencias que tiene el siguiente versículo en cuanto a sus diversas visiones.

Porque los ojos de Jehová contemplan toda la tierra, para mostrar su poder a favor de los que tienen corazón perfecto para con él. (2 Crónicas 16:9a)

¿Qué importancia tiene para usted que el Señor apoye fuertemente lo que está haciendo? Si es importante, entonces su corazón le debe pertenecer a Él por completo. Cuando abrazamos lo que es importante para Él, ponemos nuestro corazón en alineación con el suyo. Cuando su corazón es totalmente de Él, usted es bendecible.

Sus creencias y formas de conducta básicas se pueden dividir en dos categorías: generales y específicas. Las *generales* son las creencias y formas de conducta a las que se debe adherir todo creyente. Cosas como honradez, pureza e integridad, que debemos abrazar, cualquiera que sea la naturaleza de nuestra visión. Estas cualidades y otras similares son críticas para el éxito de toda visión mandada por Dios. Al fin y al cabo, Dios no bendice la falta de honradez ni la impureza.

El no adherirse a unas normas generales de honradez y de pureza ha hecho que incontables visiones se deshagan por completo. Todos hemos visto visiones dañadas por unos dineros mal manejados y por unos conflictos de relaciones sin solucionar. Estas dos cosas, junto con los fallos en la moralidad, son la razón de casi todas las visiones fallidas que yo conozco.

En todos los casos, ha habido alguien (uno o varios) que se ha aventurado fuera de los límites de una conducta bendecible. Se han olvidado de qué es lo que realmente importa. En palabras de Tom Watson, han permitido que las prácticas se conviertan en creencias. Cuando hay una visión que nos consume, es fácil sacrificar la ética en aras del progreso. Pero cuando lo hacemos, nos salimos del ámbito de lo que Dios está dispuesto a bendecir.

Las creencias y formas de conducta *específicas* son las relacionadas directamente con su visión en particular. Truett Cathy cree que todos los establecimientos de Chick-fil-A deben permanecer cerrados los domingos. Es una creencia específica de Chick-fil-A.

Hace ya años, Billy Graham decidió no recibir honorarios personales por sus conferencias. Todos los cheques de honorarios se deben hacer a nombre de la Asociación Billy Graham. También les pidió a sus asociados que hicieran lo mismo. Ésta es una norma que ellos creen importante para mantener la integridad económica del ministerio, y de esta forma, su visión.

Hace algún tiempo, yo les pedí a los miembros del personal de la iglesia que no se reunieran fuera del recinto con personas del sexo opuesto, estando ambos solos. Fijamos esta norma para proteger la integridad moral de nuestra visión. Creemos que es adecuada para nuestro ministerio en particular. Tal vez no sea aplicable a lo que usted está haciendo.

HAGA SU LISTA

Al final de este capítulo se le dará la oportunidad de desarrollar una lista de creencias y formas de conducta para cada una de sus visiones. Una forma de decidir cuáles deben ser es hacernos las dos preguntas siguientes sobre cada escenario donde usted cree fuertemente que se puede y se debe hacer algo. Se las puede hacer de manera individual (yo, mi) o en función de equipo (nosotros, nuestro).

1. ¿Qué podríamos hacer que, si somos constantes en hacerlo, nos proporcionaría el mayor potencial de éxito?
2. ¿Qué podríamos hacer que aseguraría que nuestra visión nunca llegara a materializarse?

Si piensa sobre estas dos preguntas, va a poder limitar la amplitud de lo que es absolutamente crítico para el éxito de su visión.

Sandra y yo tenemos una visión específica para nuestra familia. Esperamos que llegue un día en el que disfrutemos de una buena relación adulta con nuestros hijos. Hablando en términos prácticos, queremos que a nuestros hijos les agrade pasar tiempos con nosotros una vez que hayan crecido y vivan fuera de casa. Ésa es nuestra visión de padres.

Por su naturaleza misma, las visiones son emocionantes en sus primeras etapas. Pero hace falta algo más que emoción y decisión para terminar con éxito lo que Dios nos ha puesto en el corazón que hagamos. Lo que podría y debería ser no va a llegar a ser sin unos lineamientos morales y éticos claros. El mantenimiento de la visión exige una aceptación sin concesiones de unas creencias y formas de conducta básicas. Reunirlas no es tarea fácil. No es trabajo de una tarde. Por eso, son pocos los que se toman el tiempo necesario para llevar adelante este proceso.

Cuando usted investiga cuántas horas hacen falta para pensar bien y poner por escrito sus creencias y formas de conducta básicas, se sensibiliza en cuanto a los límites que salvaguardan su visión. E igualmente importante, sensibiliza también a los miembros de su equipo. Lo que es "conducta supuesta" para usted, es muy probable que no sea "conducta supuesta" para todos los miembros de su equipo. Y en esas ocasiones en que necesite llamar a cuentas a su equipo, es necesario que existan unas normas establecidas previamente.

En la mayoría de los casos, el desarrollo de sus listas va a ser cuestión de traer a la luz lo que usted ya espera de sí mismo y de los que colaboran con usted. La puesta por escrito de las creencias y formas de conducta trae claridad. Cuando los compartimos con los miembros de nuestro equipo o nuestra familia, estamos ayudando a evitar los choques entre expectaciones en conflicto, que de otra forma resultarían inevitables.

Es fácil dejarse sepultar por los detalles de cualquier visión. Necesitamos unas normas que no cambien, y con las cuales medirnos a lo largo del camino. De vez en cuando, nos hace falta mirar a la orilla. Sólo entonces sabremos que seguimos operando dentro de un territorio bendecible.

VISIOINGENIERÍA

PROYECTO # 17

*Responda las siguientes preguntas para cada una de
las visiones que está tratando de convertir en realidad.*

1. ¿Qué podría hacer que, si soy constante, me proporcionaría el mayor potencial para el éxito de la visión?
2. ¿Qué podría hacer que aseguraría que nunca vea materializarse mi visión?

Haga la lista de las creencias y las formas de conducta que usted cree críticas para el éxito de su visión. Piense en función de aspectos generales y aspectos específicos. Los valores o creencias específicos son los relacionados con su visión en particular.

1. Familia

   Generales:

   Específicas:

2. Ministerio

   Generales:

   Específicas:

3. Carrera

   Generales:

   Específicas:

Capítulo dieciocho

LAS ÓRDENES RECIBIDAS POR EL LÍDER

PERMANECER TOTALMENTE DEDICADO Y ACTUAR CON OSADÍA

*Los líderes deben desafiar el proceso, porque el sistema va
a conspirar de manera inconsciente para mantener
el statu quo y evitar los cambios.*
THE LEADERSHIP CHALLENGE

Ser líder es difícil. Tanto si es usted una madre soltera que guía a su hijo adolescente, como si es el presidente de una corporación, ser líder es difícil. La gente no actúa correctamente. Se le siguen ocurriendo ideas que no son prácticas. Y le cuesta trabajo ver más allá de sus necesidades más apremiantes.

No hay piloto automático en la empresa de la visioingeniería. Para mantener la visión caminando hacia delante hace falta la atención constante del visionario. La conservación de la integridad de una visión exige que su navegante esté totalmente dedicado a ella.

Sin culpa suya, éste fue el único principio que Nehemías violó.

UNA RETIRADA EN MAL MOMENTO

Cuando Artajerjes le dio permiso a Nehemías para dejar de servirlo a fin de ir a reconstruir los muros, le fijó un límite de tiempo (Nehemías 2:6). Es evidente que este rey consideraba a Nehemías como un valioso servidor. Artajerjes no tenía intención de liberarlo permanentemente de sus deberes hacia él.

No sabemos por cuánto tiempo dispuso el rey que Nehemías estuviera en Jerusalén. Lo que sí sabemos es que él se quedó en aquella ciudad doce años antes de regresar a Susa. Cuando se despidió de los habitantes de Jerusalén, todo marchaba bien. Se leía la Ley con regularidad en la plaza y en voz alta. El pueblo se sentía ansioso por mantener un espíritu de sumisión y dependencia con respecto al Señor Dios. El templo se estaba convirtiendo de nuevo en centro de la vida de su sociedad. Todo estaba en orden. Nehemías se debe haber sentido bien en cuanto a marcharse.

La Biblia no nos dice por cuánto tiempo estuvo con Artajerjes en Susa. Pero finalmente, le pidió permiso para regresar a Jerusalén (13:6). Una vez más, el rey fue amable con él y le permitió dejar de servirlo.

Sólo nos podemos imaginar cómo se debe haber sentido Nehemías mientras regresaba a Jerusalén. Sin duda, reflexionaría sobre su primer viaje. En su peregrinaje inicial, no tenía idea de lo que encontraría al llegar. Esta vez, esperaba hallar las cosas más o menos como las había dejado.

Pero lo esperaba una sorpresa. Al parecer, había subestimado lo importante que era su presencia en la ciudad. Había sido el catalizador para la continuidad en el cambio. Al estar él fuera de escena, el clima espiritual y social se había deteriorado. En los momentos en que regresó, la similaridad entre la situación reinante y la que existía cuando él entró por vez primera en la ciudad, era desconcertante.

BLOQUE DE CONSTRUCCIÓN # 19

Las visiones exigen una atención constante.

Para comenzar, los hombres que debían mantener el templo no habían estado recibiendo los víveres que se les habían asignado (13:10). No habían tenido más remedio que irse a casa para ganarse el pan. Con el templo en semejante desorden, el respeto por el día de reposo también se comenzó a derrumbar. Cuando Nehemías llegó, se había convertido en un día de trabajo más (v. 16).

Para complicar más aún las cosas, los hombres de Judá se estaban casando de nuevo con extranjeras (v. 23). Estas madres inmigrantes les habían enseñado a los hijos sus tradiciones y costumbres. En algunos casos, aquellos hijos no sabían ni siquiera hablar hebreo (v. 24).

Sólo había una cosa diferente en la ciudad esta segunda vez. No había ruinas; esas ruinas que durante un centenar de años habían servido para recordar lo que le sucede al pueblo de Dios cuando lo abandona. Pero ahora, aquel memorial había desaparecido. En su lugar se hallaban los muros. Los muros que una vez sólo habían sido una idea; una visión. Los muros que nunca se habrían podido construir, de no haber sido por la intervención de Dios. Servían como memorial visible de la gracia y el poder admirables de Dios. Sin embargo, a su sombra, el pueblo olvidó.

Cuando Nehemías vio lo que estaba pasando, se enojó. Y con razón. Había arriesgado la vida al pedirle permiso al rey para ir a Jerusalén la primera vez. Había puesto cuanto tenía en aquel proyecto de construcción. Su vida se había visto amenazada repetidamente mientras se hacía el trabajo. Y una vez terminada la operación, había hecho grandes esfuerzos por enderezar los males sociales y espirituales que habían sido los causantes de la destrucción de la ciudad. En resumen: Nehemías había hecho una fuerte inversión en la ciudad de Jerusalén y en sus habitantes. No se podía quedar de brazos cruzados mientras todo aquello descendía vertiginosamente hacia el caos.

Por eso, hizo lo que todo visionario competente hace cuando la visión se sale de su curso. Ejerció un liderazgo valiente. Cuando supo que los levitas se habían visto forzados a abandonar sus puestos en el templo porque no se había cuidado de ellos de la forma debida, "reprendió" a los funcionarios de la ciudad (v. 11). Después, llamó a los levitas para que regresaran de sus campos, y les volvió a dar sus puestos.

Actuó de forma igualmente enérgica cuando se trató de arreglar los abusos en cuanto al día de reposo. No era momento para tener misericordia. Era demasiado lo que estaba en juego. Lo que podía y debía ser nunca llegaría a ser, a menos que se tomaran medidas extremas.

> Y reprendí a los señores de Judá y les dije: ¿Qué mala cosa es esta que vosotros hacéis, profanando así el día de reposo? ¿No hicieron así vuestros padres, y trajo nuestro Dios todo este mal sobre nosotros y sobre esta ciudad? ¿Y vosotros añadís ira sobre Israel profanando el día de reposo? (vv. 17-18)

Cuando los mercaderes de las zonas circundantes acamparon fuera de las puertas en un esfuerzo por burlar las prohibiciones recientemente instituidas con respecto al día de reposo, Nehemías los amenazó con el castigo físico. Su amenaza fue tan fuerte, que nunca volvieron a regresar en día de reposo (v. 21).

Sin embargo, nada de esto se compara con la acción que tomó Nehemías acerca de los que se habían casado con extranjeras. Él sabía que este pecado representaba la mayor de las amenazas para la nación. La historia de Israel daba testimonio del hecho de que cuando se introducían extranjeros en la urdimbre social de la nación, sólo era cuestión de tiempo antes de que su religión se infiltrara también. ¿Cuál fue su reacción?

> Y reñí con ellos, y los maldije, y herí a algunos de ellos, y les arranqué los cabellos, y les hice jurar, diciendo: No daréis vuestras hijas a sus hijos, y no tomaréis de sus hijas para vuestros hijos, ni para vosotros mismos. ¿No pecó por esto Salomón, rey de Israel? Bien que en muchas naciones no hubo rey como él, que era amado de su Dios, y Dios lo había puesto por rey sobre todo Israel, aun a él le hicieron pecar las mujeres extranjeras. ¿Y obedeceremos a vosotros para cometer todo este mal tan grande de prevaricar contra nuestro Dios, tomando mujeres extranjeras? (vv. 25-27)

Eso sí que es valentía.

Nehemías trazó la raya en el suelo. Cuando alguien adopta una posición moral en una atmósfera de normas decadentes, siempre va a parecer extremista para aquéllos a quienes se les piden cuentas por su conducta. Cuando un padre ve que el tiempo que conversa su hija adolescente con las amigas está interfiriendo en sus estudios, no tiene ni que pensarlo para reducirle los privilegios en cuanto al uso del teléfono. En cambio, para la jovencita promedio de trece años de edad, semejante acción es una exageración.

Es similar la dinámica que se produce cada vez que un hombre o mujer con visión actúa valientemente en un esfuerzo por rescatar el sueño. La llamada a realizar cambios notables siempre les parecerá extrema a quienes se sienten cómodos con el statu quo. Lo que el visionario considera sabiduría convencional, es conceptuado como radical muchas veces por la gente de a pie. Es de esperarse. Los visionarios ven las cosas de manera diferente.

Cuando le llegue el tiempo de empezar a echar abajo maldiciones y tirarle del cabello a la gente, hay dos cosas que necesita tener presente.

1. El liderazgo valiente se debe basar en la visión

Los grandes cambios deben estar enraizados en una visión. La profundidad de los cambios debe ir relacionada con una claridad equivalente de conexión a la visión. Si no lo está, es fácil que se interprete la decisión como una búsqueda de poder o de control. Los líderes que siguen este principio son acusados con frecuencia de tomar las decisiones para provecho propio.

Nehemías ató de inmediato su fuerte reacción directamente con la visión que habían estado siguiendo todo el tiempo. Observe su respuesta a la violación del día de reposo por parte del pueblo.

Y reprendí a los señores de Judá y les dije: ¿Qué mala cosa es esta que vosotros hacéis, profanando así el día de reposo? ¿No hicieron así vuestros padres, *y trajo nuestro Dios todo este mal sobre nosotros y sobre esta ciudad?* ¿Y vosotros añadís ira sobre Israel profanando el día de reposo? (vv. 17-18, cursiva del autor)

El mal al que se refiere es la destrucción de los muros. Permítame hacer una paráfrasis: "¡Despierten! El descuido del día de reposo fue una de las grandes razones por las que derrumbaron los muros. Si lo siguen haciendo, Dios nos puede mandar otra ola de destrucción, y todo lo que hemos hecho no habrá servido de nada. ¡Así que paren ya!"

No actuó por actuar. No cambió por cambiar. Su decisión no nació de una ambición o preferencia personal. La violación del día de reposo era una amenaza para la visión. Había que hacer algo. Para convertir en realidad su visión, usted tiene que estar dispuesto a tomar decisiones valientes —y muchas veces poco populares— por el bien de lo que podría y debería ser.

Mientras les enseñaba historia de los Estados Unidos a mis hijos, me encontré con el siguiente suceso dentro de la vida de Abraham Lincoln.

El 20 de diciembre de 1860, el estado de Carolina del Sur proclamó su independencia con respecto a la Unión. Entonces les exigió a los custodios de todas las propiedades federales que le entregaran esas propiedades a la convención estatal que se acababa de elegir.[1] El comandante Robert Anderson, quien tenía a su cargo las fuerzas federales de Fort Sumpter envió un mensaje a Washington, preguntando qué debía hacer. Mientras tanto, las tropas confederadas, al mando del general F. W. Pickens, rodearon el fuerte.

Como sólo le quedaban tres meses en el cargo, el presidente Buchanan no quiso tomar una acción decisiva. Durante aquellas semanas de indecisión, la situación siguió empeorando en Carolina del Sur.

Cuando por fin ocupó el cargo Abraham Lincoln en marzo de 1861, el escenario estaba preparado para la primera batalla de la Guerra Civil. Tenía dos posibilidades. Podía sacar de Carolina del Sur las tropas federales, con lo que estaría reconociendo la soberanía de ese estado, o se podía negar a rendir el fuerte, sabiendo muy bien que una decisión así obligaría a actuar al estado rebelde. Sin duda alguna, la consecuencia sería la guerra.

Su gabinete, plenamente consciente de las consecuencias de cualquiera de las dos decisiones, le sugirió una tercera alternativa. Muy de acuerdo con su naturaleza política, le aconsejaron que no hiciera nada.

Inmediatamente después de tomar posesión de su cargo, el presidente Lincoln comenzó a recibir presiones para que liberara a los esclavos; para que usara sus poderes presidenciales, lanzando un decreto que emancipara a los esclavos, tanto en los estados del norte como en los del sur. Aunque él detestaba grandemente la esclavitud, el final de esta práctica barbárica no era su agenda definitiva. Su visión no era que la nación estuviera libre de esclavos. Su visión era una nación unificada. En una carta a uno de sus críticos, escribía:

> Mi objetivo fundamental es salvar la Unión; no es ni salvar ni destruir la esclavitud. Si pudiera salvar la unión sin liberar a los esclavos, lo haría; y si la pudiera salvar liberando a todos los esclavos, también lo haría; y si la pudiera salvar liberando algunos esclavos y dejando en paz a otros, eso es lo que haría.[2]

Lincoln poseía una clara imagen de lo que podía y debía ser. Unos Estados Unidos que realmente fueran unidos. En su mente, la secesión era peor que la esclavitud. Estaba decidido a hacer cuanto estuviera a su alcance para mantener intacta la Unión. Así que hizo lo que hacen todos los buenos líderes cuando tienen clara una visión: actuó con valentía.

Le envió una carta al general Pickens. En ella le informaba que se había enviado un barco lleno de provisiones con destino a Fort Sumpter, con el propósito de reabastecer sus almacenes de víveres, cuyas existencias habían disminuido notablemente. El mensaje estaba claro. Lincoln defendería la Unión al precio que fuera necesario. Pickens respondió abriendo fuego sobre el fuerte. Así comenzó la Guerra Civil.

¿Se habría podido evitar la batalla? Claro. Pero esto habría exigido que Lincoln abandonara su visión de una nación unificada. En lugar de hacerlo, actuó con valentía. No era una valentía por la valentía misma. Su decisión estaba enraizada en su entrega a lo que podía y debía llegar a ser cierto para su amada nación.

En su condición de líder, es esencial que sus decisiones estén enraizadas en su visión. Pero hay una segunda cosa que necesita tener presente cuando las circunstancias ameriten una respuesta valiente.

2. La actuación valiente se debe producir contra un telón de fondo de creencias y formas de conducta claramente definidas

Sus creencias y formas de actuación básicas sirven de norma para medir las acciones y las decisiones de aquellos que comparten su labor con usted. Cuando llegue el momento de actuar con valentía, lo más probable es que los tenga que llamar a un regreso a aquello que usted entiende como creencias y formas de actuación básicas relacionadas con su visión. Si desde el principio no están claras, no va a tener un contexto identificable para lo que esté haciendo.

Sus creencias y formas de conducta definidas previamente determinan las expectativas para aquéllos junto a los cuales usted está trabajando. Esto es cierto en cuanto a su familia, su negocio, su ministerio y cualquier otro tipo de organización en el que se halle involucrado. Si no están claras, usted no va a tener el fundamento que necesita para producir una reforma.

Cuando Nehemías convocó a una reforma en Jerusalén, no estaba introduciendo nada nuevo. No eran ideas recientes que él estuviera tratando de defender. Los estaba llamando de vuelta a una lista previa de creencias y formas de conducta con la que ellos mismos habían estado de acuerdo.

Nehemías tenía la ventaja de un precedente histórico. Sabía, a partir de la experiencia de Israel, cuáles eran las consecuencias cuando se abandonaban el templo, el día de reposo y las restricciones impuestas por Dios sobre el matrimonio. Así que se apresuró a incorporar todo esto en su llamado a la reforma.

> ¿No pecó por esto Salomón, rey de Israel? Bien que en muchas naciones no hubo rey como él, que era amado de su Dios, y Dios lo había puesto por rey sobre todo Israel, aun a él le hicieron pecar las mujeres extranjeras. ¿Y obedeceremos a vosotros para cometer todo este mal tan grande de prevaricar contra nuestro Dios, tomando mujeres extranjeras? (vv. 26-27)

Llamar al cambio sin el beneficio de unas creencias y formas de conducta básicas claramente definidas, es como evaluar el rendimiento de un empleado en su trabajo, sin que éste haya recibido jamás una descripción de sus responsabilidades. El empleado se marcha con una comprensión no muy clara de qué es lo que va mal en su trabajo, pero no tiene una comprensión real de lo que significa triunfar en él.

No basta con comunicar: "Es necesario que las cosas cambien en este lugar". Eso sería como darle una patada a un hormiguero.

Para volver a encauzar las cosas, es necesario que esté extremadamente claro cuál es ese curso por donde deben ir.

BLOQUE DE CONSTRUCCIÓN # 20

El mantenimiento de una visión exige osadía del líder

Tal vez se le ocurra a alguien que este principio va en contra de la gracia, la comprensión, el amor y otros valores del Nuevo Testamento. Al fin y al cabo, nosotros les enseñamos a nuestros hijos a no maldecir, no dar golpes, ni tirarle del cabello a la gente; sin embargo, he aquí un hombre de Dios que está haciendo todas esas cosas.

Pero este principio no se halla fuera de los límites de la conducta y el carácter cristianos. De hecho, Jesús mismo fue modelo de este tipo de liderazgo en uno de sus encuentros más famosos.

> Y entró Jesús en el templo de Dios, y echó fuera a todos los que vendían y compraban en el templo, y volcó las mesas de los cambistas, y las sillas de los que vendían palomas. (Mateo 21:12)

Me parece que eso cae dentro de la categoría de osadía, ¿no le parece? Y observe lo que dijo Jesús para justificar esta forma de conducta tan singular.

> Y les dijo: Escrito está: Mi casa, casa de oración será llamada; mas vosotros la habéis hecho cueva de ladrones. (v. 13)

Apoya sus acciones con la visión del Padre para el templo, y con una creencia tan antigua como el profeta Isaías (vea Isaías 56:7).

Jesús sabía lo que todo visionario termina descubriendo: No siempre las cosas funcionan cuando uno se comporta con amabilidad. Y andar esperando a que la gente eche a andar por sí misma es algo que puede ser devastador para una visión.

Siempre terminarán existiendo tendencias de las que es necesario alejarse, cosas incorrectas que enderezar, cuestiones que resolver y formas de conducta que no se pueden tolerar. Cuando surgen los problemas, el líder se debe alzar a la altura de la situación y actuar de forma decisiva.

SU LLAMADO

Usted va a tener oportunidades de levantarse para llamar al cambio. Si es el líder de su hogar, no evada su responsabilidad de llamar a una reforma cuando las cosas comiencen a deslizarse por donde no deben. Usted es el que mejor conoce lo que podría y debería ser en la familia con la que Dios lo ha bendecido. No se conforme con nada inferior a eso. Sí, va a ser penoso. No; no todos van a comprender. ¿Y qué? Piense en lo que está en juego. Guíe con osadía.

Si Dios le ha dado una visión para un ministerio o un proyecto de negocios de algún tipo, no se conforme con dejar que las cosas vayan tomando un rumbo distinto al que Dios hizo nacer en su corazón en aquellos primeros días. No tenga miedo en cuanto a pedirle cuentas a la gente de acuerdo con las normas previamente acordadas. Si nunca ha formalizado sus creencias y formas de conducta, comience a hacerlo de inmediato. Ellas son las que le proporcionan el apoyo necesario para producir el cambio cuando las cosas se están deslizando en una dirección indebida.

No tolere aquellas cosas que tienen el potencial de desviar su visión. Enfréntese a ellas. Si no lo hace, va a tener la tendencia de comenzarse a distancias de la gente problemática y de los ambientes que no se hayan definido. Entonces, las cosas sólo podrán empeorar. Al fin y al cabo, lo que no se controla se suele volver incontrolable.

Las visiones exigen una atención constante. Permanezca plenamente entregado.

La visioingeniería exige osadía en el líder. Desarrolle una sana intolerancia por aquellas cosas que tienen el potencial de obstaculizar su progreso hacia lo que podría y debería ser; aquellas cosas que Dios le ha puesto en el corazón que haga.

VISIOINGENIERÍA
PROYECTO # 18

1. ¿Qué cosas están pasando ahora mismo en su familia, negocio, ministerio u otra organización, que si no se lo controla, tiene el potencial de descarriar su visión?

   - Familia

   - Carrera

   - Ministerio

   - Otros

2. ¿Qué es necesario hacer para corregir esto?

3. ¿Ha llegado ya el momento de actuar?

4. ¿Qué puede perder usted si actúa?

5. ¿Qué puede perder si no hace nada?

6. Si usted no está seguro de qué debe hacer, siéntese con alguien que tenga más experiencia y pídale que lo aconseje.

CONCLUSIÓN

Todo el mundo termina en algún lugar en la vida. Nehemías terminó en algún lugar a propósito. Lo que él creía que podía y debía ser, se convirtió en una realidad. Las murallas fueron reconstruidas. El pueblo respondió positivamente a su llamado a una reforma social y espiritual. El templo funcionaba. Y se reverenciaba el día de reposo, tal como quería Dios.

Una vez cumplida su visión, Nehemías termina su mensaje de esta forma: "Acuérdate de mí, Dios mío, para bien" (13:31b). Una vez más recordamos el sentido de destino que tenía este hombre. Nunca perdió de vista la naturaleza y la significación divinas de su obra.

MÁS QUE IMAGINACIÓN

Al igual que Nehemías, usted tiene un destino que cumplir. Dios ha puesto ante usted unas oportunidades y unas responsabilidades en las que se desborda la significación divina. Le ha dado dones, talentos y relaciones que están esperando ser aprovechados para su reino. Tiene una imagen mental polifacética del futuro que prefiere. Tiene una visión.

Sin embargo, tal como lo ilustra la historia de Nehemías, hace falta algo más que imaginación y pasión para hacer que aquello que puede y debe llegar a ser, se convierta en realidad. La visión exige más que un solo encuentro con Dios. Porque incluso esas experiencias en las que está claro que Él hace nacer una idea en su corazón, no le van a proporcionar los instrumentos o el impulso que hacen falta para llevarla hasta su realización plena. Tengo la esperanza de que los dieciocho capítulos de este libro hayan presentado esto de una manera abundantemente clara.

La visioingeniería exige paciencia, investigación y planificación. Exige fe en que Dios puede obrar tras bambalinas. Exige la seguridad de que Él va a dirigir la realización de lo que ha originado.

La visioingeniería exige que corramos riesgos y que nos sacrifiquemos. Lo más probable es que va a necesitar compartir su visión con los demás. En esos momentos de revelación pública, va a descubrir hasta qué punto está entregado usted mismo a lo que cree que podría y debería ser.

Las cosas no siempre salen de la forma en que uno espera que salgan. Tenga cuidado de no confundir sus planes con la visión de Dios. Recuerde: los planes hay que revisarlos con frecuencia. No tenga miedo a alterar su estrategia a medida que vayan cambiando las circunstancias a su alrededor.

Como le pasó a Nehemías, usted también va a tener detractores. Habrá quien encuentre que sus visiones son una amenaza. El cambio puede ser perturbador. Responda a las críticas con oración. La oración le ayudará a permanecer centrado en la fuente de su visión.

De vez en cuando se sentirá tentado a hacer concesiones en cuanto a su integridad de carácter por cuestiones de conveniencia. Resístase a hacerlo. Mantenga su autoridad moral. Esa autoridad moral es la que hace que un líder sea digno de que lo sigan. Abandone la visión antes que abandonar su autoridad moral. Proteja su autoridad moral y la de su equipo, desarrollando un conjunto de creencias y formas de conducta básicas. Viva y trabaje dentro de esos límites, aunque hacerlo sea un obstáculo a su progreso. De esta forma, seguirá teniendo la posibilidad de ser bendecido.

Habrá temporadas en las que va a sentir que está progresando muy poco, o nada. En esos momentos, va a ser fácil distraerse. Es entonces cuando se debe unir a Nehemías y proclamar: "Yo hago una gran obra, y no puedo ir". Tanto si su visión está orientada hacia su familia, como si lo está hacia su ministerio o su negocio, exige una atención constante. Manténgase centrado en ella.

Y lo más importante de todo: recuerde que hay un potencial divino en todo lo que Dios le ha puesto en el corazón que haga. El fin de toda visión originada por Dios, es Dios mismo. Su gloria es su agenda definitiva. Permita que su Padre celestial explote para su gloria las visiones que usted está siguiendo.

COMENZAR Y TERMINAR

Cada día de la Independencia de Estados Unidos, más de cincuenta mil corredores se reúnen frente al Lennox Square Mall para participar en la carrera de Peachtree Road. El recorrido de esta célebre carrera de diez kilómetros lleva a los corredores a través del centro de uno de los principales distritos de negocios de Atlanta. Cada mes de marzo, el periódico *Atlanta Journal Constitution* publica una solicitud para entrar en la carrera. A los primeros cincuenta y cinco mil solicitantes que entreguen sus formularios llenos en el Atlanta Track Club, se les permite participar. Por lo general, el cupo está lleno al día siguiente de publicarse la solicitud.

Un año, yo decidí correr en el Peachtree. Envié por correo mi solicitud y mi cheque... y me los devolvieron unas cuantas semanas más tarde. Entonces fue cuando descubrí que hay que meter al correo el formulario antes de que la tinta del periódico haya tenido tiempo de secarse. Nunca más me molesté en volver a solicitarlo. Pero he participado en la carrera durante los seis años pasados.

Aquel primer año aprendí una lección importante. Hay un montón de gente que quiere correr, y que nunca logra pasar más allá del procesamiento de su solicitud. Me imagino que gasten tanta energía para lograr que la solicitud llegue a tiempo, que están demasiado cansados para entrenarse. Por consiguiente, cuando llega el momento de la carrera, hay una gran cantidad de números disponibles para que entremos en la carrera aquellos que no tenemos una conexión interna con el Atlanta Track Club, o que no vivimos junto a la oficina de correos. Un año llegué a tener dos números que ni siquiera tuve a quién dárselos.

Cualquiera que tenga pluma y estampilla de correos puede tomar la decisión de correr en el Peachtree Road Race. Sin embargo, no todo el que tiene pluma y estampilla puede correr diez kilómetros. Sólo los que paguen el precio de prepararse para la carrera.

VISIOINGENIERÍA

Todo el mundo tiene una imagen mental de lo que podría y debería ser en su vida. En cambio, no todo el mundo está dispuesto a pagar el precio para convertir en realidad esa imagen mental.

Si usted se siente consumido con la tensión entre lo que es y lo que podría ser; si se encuentra emocionalmente involucrado... frustrado... descorazonado... tal vez enojado incluso... con respecto a la forma en que son actualmente las cosas, y si cree que Dios está tras su angustia, entonces es muy probable que esté a punto de recibir algo divino. Algo demasiado importante para dejarlo de lado.

Pague el precio.

Abrace la visión.

Al fin y al cabo, todo el mundo termina en algún lugar en esta vida.

Usted tiene la oportunidad de terminar en algún lugar a propósito.

NOTAS

Capítulo uno

1. Orville y Wilbur Wright, "The Wright Brother Aëroplane", revista *Century*, septiembre de 1908.

Capítulo tres

1. Jim Bakker, *I Was Wrong* (Nashville, Tenn.: Nelson Books, 1996), 22.

Capítulo ocho

1. James M. Kouzes y Barry Z. Posner, *The Leadership Challenge* (San Francisco: Jossey-Bass Publishers, 1987), 107.

2. *Defining Moments Series*. Entrevista grabada con Bill Hybles y Lee Strobal.

Capítulo nueve

1. Larry Crabb, *Connecting* (Nashville: Word, 1997), 65.

2. Ibid., 52.

Capítulo diez

1. Tomado de *What is Vision*, cinta grabada de John Maxwell.

2. Tomado de *A Commited Heart*, cinta grabada de Karen Bennett.

3. Ibid..

4. Ibid..

5. Ibid..

Capítulo once

1. *Built to Last*, 147, donde cita a Sam Walton con John Huey en el libro *Made in America* (Nueva York: Doubleday, 1992), 70.

Capítulo trece

1. Ascension Research Center, www.ascensionresearch.org/teresa.html.

2. Subir Bhaumik y Meenakshi Ganguly/ Calcuta, y Tim Marcos Girk/Nueva Deli, "Seeker of Souls", *Time*, 15 de septiembre de 1997, 81-82.

3. Peggy Noonan, "Still, Small Voice", *Crisis*, febrero de 1998, vol. 16, n° 2, 12-17.

Capítulo dieciséis

1. S. Truett Cathy, *It's Easier to Succeed Than to Fail* (Oliver Nelson Books, división de Thomas Nelson Pub., 1989), 50.

2. Ibid., 119.

3. Ibid., 155.

4. Ibid., 154-155.

5. Ibid., 160.

6. J. I. Packer, *Hot Tub Religion* (Wheaton: Living Books, Tyndale House 1993), 27-28.

7. Billy Graham, *Just As I Am* (San Francisco: Harper Collins/Zondervan, 1997), 723.

8. Charles R. Swindoll, *Intimacy with the Almighty* (Dallas: Word, 1996), 65.

9. Ibid.

Capítulo diecisiete

1. James C. Collins y Jerry I. Porras, *Built to Last* (Harper Business, 1994), 1.

2. Ibid., 73.

3. Ibid., 74. Cita a Thomas J. Watson, Jr., *A Business and Its Beliefs* (Nueva York: Columbia University Press, 1963), 5-6, 72-73.

Capítulo dieciocho

1. Paul Johnson, *A History of the American People* (Nueva York: Harper Collins, 1997), 460.

2. Ibid., 461.